장애학생의 체육을 위한 유니버설 디자인

Universal Design for Learning in Physical Education

대표 역자 최승권

공동 강문주 김권일 박병도 이재원 진주연

Rainbow BOOKs

장애학생의 체육을 위한 유니버설 디자인
Universal Design for Learning in Physical Education

인 쇄	2020년 8월 18일
발 행	2020년 8월 21일
저 자	Lauren J. Lieberman, Michelle Grenier, Ali Brian, Katrina Arndt
역 자	최승권, 강문주, 김권일, 박병도, 이재원, 진주연
인쇄처	레인보우북스
주 소	서울특별시 관악구 신림로 75 레인보우B/D
전 화	(02) 2032-8800
팩 스	(02) 871-0935
E-mail	min8728151@rainbowbook.co.kr
홈페이지	www.rainbowbook.co.kr

ISBN   978-89-6206-475-9   (93690)

값 20,000원

목차

대표 역자 서문

장애학생들의 체육수업 참여를 보장하기 위해 오랫동안 다양한 고민과 시도가 있었다. 특수학교에서의 체육수업 뿐만이 아니라 일반학교에서의 통합체육에 대한 다양한 교육환경 개선 노력은 여전히 진행형이다.

그동안 우리나라에서는 특수교육교육과정 체육교과용 도서 개발 및 교육과정 개정 등의 노력(교육부)과 더불어 일반학교 체육교사들의 연수 및 교과용 장비 지원 등을 통한 통합체육 활성화(문화체육관광부) 등 정부 소관업무를 넘어 현장 전문가들의 노력이 발휘될 수 있는 다양한 시도를 해 왔다.

이번에 공동 작업을 통해 소개할 책(Universal Design for Learning in Physical Education)은 통합체육이라는 직접적인 용어를 사용하지 않지만, 체육수업 상황에서 '유니버설 디자인'이라는 개념 적용을 통해 체육환경의 구조화, 교사역량강화 등을 통해 모든 학생들을 체육수업에 원활하게 참여시킬 수 있는 방안들을 제시하고 있는 책이다. 번역서는 원서와 같이 크게 두 부분으로 구성되어 있고, 1부(1장-8장)는 유니버설 디자인의 개념 설명과 체육수업 적용, 평가, 구조화 등을 다루고 있고, 2부(9장-13장)는 다양한 학습계획안을 제시하고 있다. 원서가 미국 상황인 점에서 우리나라 상황에 일부 일치하지 않는 상황이 있음을 감안하더라도, 책에서 소개하고 있는 장애학생의 체육수업을 위한 새로운 접근(통합의 성공적인 환경 구조화)은 우리나라 특수체육 현장에 시사하는 바가 크다고 할 수 있다. 우리 공동 번역자 모두는 우리나라 장애학생들의 체육수업 참여 활성화와 그에 따른 사회인으로서 성장에 도움이 되길 바란다.

끝으로 대표역자인 본인의 32년간의 교수생활을 마무리하는 시점에서 뜻 있는 제자들(강문주, 김권일, 박병도, 이재원, 진주연)의 노력과 성의에 힘입어 함께 책자를 발간할 수 있게 되어 매우 기쁘게 생각한다. 어려운 출판환경에도 불구하고 기꺼이 출간을 허락해 준 레인보우북스 민선홍 사장님과 편집에 밤낮없이 노력해 준 홍청미팀장님, 표지 디자인과 목차 작업에 애써 준 한창헌 과장님에게도 감사의 말을 전한다.

2020년 8월
부아산을 떠나며
대표 역자 최승권

" 우리나라에 장애인체육을 도입하고, 학문적 기반을 갖추는 노력과 더불어 현장과 정책지원
영역에서의 발전을 선도하셨던 故 김의수 선생님의 숭고한 뜻을 기리고, 스승님의 영면을
기원하며 이 책을 바칩니다." - 역자 일동 -

서문

유엔 아동 권리 협약(1989)과 유네스코 Salamanca 성명서(1994)는 장애아동을 포함한 모든 아동에게 동등한 권리가 있고, 존중과 대우를 받을 수 있는 기회가 있음을 선언하였다. 이들이 완전하면서도 효과적으로 사회에 참여하기 위해서는 경험과 교육이 필수적이다. 특히, 통합교육은 문화적 가치에 부합하는 교육 기준이 반영된 정책과 실행을 통해 이루어질 수 있다(Meegan & MacPhail, 2006; Norwich, 2008).

통합교육은 모든 학습자에게 다가갈 수 있는 교육 시스템의 체질을 강화하는 과정이다...전반적인 원칙으로서, 교육은 기본적인 인권이며 보다 공정하고 평등한 사회의 기초라는 사실에서 시작하여 모든 교육 정책과 교육 실무를 안내해야 한다.

(Verma & Kalekin-Fishman, 2017)

Salamanca 성명서는 모든 학생들이 배울 수 있는 최적의 환경을 포함하기 때문에, 학생들이 통합환경 내에서 일반 교육과정에 접근 할 수 있도록 교육자들의 강력한 지지와 정책 노력이 있었다(Norwich, 2008; U.S. Department of Education, 2014). 이러한 조치는 많은 시민 정치 및 사회적 권리를 부여함으로써 장애인들에게도 권한을 부여하는 것을 목표로 한다(Harnacke, 2013). 현대 교육의 특징은 모든 장애 학생들이 일반 교육과정에 접근 할 수 있다는 것이다. 미국 장애인교육법 (Individuals with Disabilities Education Act[IDEA], 1997)은 일반 교육과정을 "비장애 어린이를 위한 동일 커리큘럼"으로 정의했다. 2004년 미국 장애인교육법의(IDEA)의 개정된 내용에는 모든 학생들이 학년별 기준을 바탕으로 해당 학년의 내용을 배우고, 해당 기준의 주(state) 평가에 참여하며, 학생들이 어떻게 일반 교육과정에 참여하고 발전할 것인지를 다루는 개별화교육프로그램(IEP)을 갖도록 규정하고 있다.

2004년 미국 장애인교육법 개정안(Individuals with Disabilities Education Improvement Act)은 교육 환경 및 특히 장애학생이 경험하는 교육적 불평등 문제를 해결하기 위해 고안된 통합(통합교육방법 포함)을 지원한다(Pantic' & Florian, 2015). 통합교육방법의 정의에서는 다음의 내용을 다루고 있다.

일부 학습자의 소외, 소수 민족 학생들, 문화적으로 다양한 배경을 가진 사람들, 모국어를 구사하지 않는 사람들, 추가적 요구가 있는 학생들, 그리고 가난으로 경제적 빈곤을 겪는 사람들과 같은 특정 그룹의 지속적인 배제를 적극적으로 피하면서 나타나는 학습자들 간의 개인차(p. 334).

장애학생들이 일반교육 교실에 통합되면 학습은 학년별 기준에 더 부합하고 수업에 더 많이 참여한다(Kurth & Mastergeorge, 2012; Matzen, Ryndak, & Nakao, 2010). Haegele(2019)에 따르면 통합은 올바르게 구현되기 이전에 받아들여야하는 철학적 개념이다. 우리는 UDL이 체육수업에서 모든 학생들의 교육과정에 접근할 수 있도록 노력하고 있는 교사들을 돕는 최고의 교육방법이라고 믿는다.

머리말

Lieberman, Grenier, Brian 및 Arndt는 체육 교사에게 일상 업무를 안내하는 데 도움이 되는 중요한 자료를 제공했다. 이 책의 제목인 '장애학생의 체육을 위한 유니버설 디자인(Universal Design for Learning in Physical Education)'은 체육수업을 유니버설 디자인(Universal Design for Learning [UDL]) 영역에 연결하는 첫 발걸음을 시작했다. UDL은 1990년 제정된 미국 장애인법인 Americans with Disability Act(ADA)에 뿌리를 두고 있다. 이 체계는 능력, 문화적 지향 또는 언어에 관계없이 모든 학생들에게 학습 경험에 대한 접근과 참여를 제공할 수 있는 교사들의 안내서로 설계되었다. 이러한 취지를 감안할 때, UDL의 핵심은 모든 학생들에게 교과 과정을 배우고 접근 할 수 있는 동등한 기회를 제공하는 것이다.

지금까지 UDL 지지자들은 주로 교실수업 담당 교사들을 지원하는 데 중점을 두었다. 이 책의 저자는 실제로 UDL이 체육 수업에서도 적용될 수 있는 방법을 제시하여 UDL의 영역을 확장하고 있다.

이 책은 체육교사들이 장애학생들의 경험에 긍정적인 영향을 줄 수 있는 방법에 대한 학습 원리와 전략을 유니버설 디자인에 초점을 맞추어 설명하고 있다. 그러나 이것은 UDL의 원칙과 전략이 특정 학생 그룹에만 적용된다는 것을 의미하진 않는다. UDL의 전략은 일반적으로 비장애학생들의 학습경험을 설계하는 목적으로도 동등하게 적용된다. 이것은 각 장의 오프닝 시나리오에서 학생과 교사 간의 상호작용과 관련된 다양한 학습 상황에서 분명하게 나타난다.

1장 '학습을 위한 유니버설 디자인이란?'에서 저자는 일반적인 교육 맥락에서 주요 제안을 포함하여 UDL이 "무엇"인지에 대한 명확하고 간결한 개요를 제공한다. 이 장에서 설명한 요점은 UDL은 자연스럽게 일어나지 않는다는 것이다. 1장의 나머지 부분에서 저자는 독자들이 특정 UDL 원칙과 전략에 친숙해질 수 있도록 관련 내용을 설명한다.

2장 '체육에 유니버설 디자인 가이드라인 적용하기'에서 저자는 체육 수업 내에서 UDL을 어떻게 적용 할 수 있는지에 대한 개요를 제시한다. 학습 환경을 조절하는 것에 대한 중요성을 명확하게 강조하는 것이 눈에 띈다.

3장 '지금 시작하기: 장애학생의 체육을 위한 UDL'은 성공 지향적 학습 환경과 경험을 설계하려고 할 때 교사가 직면 할 수 있는 다양한 장애 요인을 설명하고 있다. 장애학생들과 협력하는데 장애가 되는 주요 요인은 완전통합 교육을 실시하기 위한 준비가 부족하다는 것이다. 이것은 다른 많은 학생들에게도 부정적인 결과를 초래한다. 저자들은 이러한 장애 요인 중 일부를 극복할 수 있는 방법의 예를 제공한다.

4장 '평가, UDL, 표현의 다양한 방법'에서 저자는 체육 수업에서 학생에게 중요한 평가 영역을 다룬다. 일반 교육에서는 교사의 일상 업무 안에서 평가가 널리 사용된다. 불행히도 체육 수업 안에서는 그렇지 않다. 학생들의 학습에 대한 공식적인 평가는 대부분의 체육 교사들에게 일반적인 업무가 아니다. 저자는 교사가 학생들의 학습상태를 평가하고, 보고할 수 있는 방법에 대한 아이디어를 제공한다. 중요한 것은 그들이 전달하는 중심 개념은 행동과 표현이라는 것이다(즉, 학생들이 자신의 학습을 표현할 수 있는 방법). 그렇게 함으로써 저자는 학생들이 자신의 학습을 보여줄 수 있는 방법을 효율적으로 설명한다.

다양한 장애는 체육 수업의 효과적인 지도를 어렵게 만든다. 저자는 5장 '중증 및 중복장애학생에게 UDL 적용하기'에 특별한 주의를 기울였다. 특히 UDL 접근

방식이 중증 또는 중복 장애가 있는 학생들을 어떻게 지원할 수 있는지에 중점을 두고 있다. 그러한 학생들의 발병률이 높지 않을 수 있으며, 학생들을 위한 수업 준비가 복잡할 수 있지만, 저자는 도움을 줄 수 있는 학교와 지역사회 전문가(예: 학교 간호사, 치료사, 보조교사) 외에도 UDL이 중요한 해결책을 제공 할 수 있다고 주장한다. 교사는 혼자서 모든 것을 돌봐야 할 것 같은 느낌이 들지만 가능한 모든 지원 담당자를 알고 연락하면 교사의 스트레스와 불안을 줄일 수 있다.

6장 '학습에 대한 요구와 전환계획'에서 저자는 학생들이 교내 및 교외 프로그램에 접근할 수 있도록 지원하는 것에 대한 요구가 얼마나 중요한지 설명한다. 지역 사회에서 유사한 프로그램과 협력하는 것의 중요성은 체육 수업에서 모든 학생에게 신체적으로 활동적인 생활 방식을 갖게 하기 위한 핵심이다. 저자들은 활동에 접근하고 선택할 때 학생들이 스스로 의견을 제시하는 것에 대한 중요성을 강조한다. 자기 요구(self-advocacy)의 개념은 새로운 것이 아니며, 학교와 그 너머에서 공평한 경험을 하는데 있어 독립적이고 적극적인 주체가 되도록 하는 목표와 일치한다.

저자는 체육 프로그램이 물리적으로, 내용적으로, 사회적으로 통합적인 학습 환경을 반영하는 정도를 평가하는 중요한 수단을 제공한다. 이것은 7장 '체육수업에서 유니버설 디자인의 개선을 위한 LIRSPE'의 핵심이다. 이 검증된 프로그램 수준의 자체 평가 도구를 통해 교사는 자신의 프로그램이 얼마나 우수하고 어디에 장애요인이 여전히 존재하는지에 대한 통찰력을 얻을 수 있다. LIRSPE는 학교가 자원, 프로그래밍 및 지원을 포함하여 학생의 건강과 복지가 최대한 지원되도록 하는 정도를 평가하는 학교보건지표(School Health Index)와 유사하다.

8장 '참여와 표현 원리의 실제 적용'에서 저자는 UDL이 체육수업에 어떻게 적용될 수 있는지에 대한 다양한 예를 통해 여러 가지 UDL의 원칙을 강화한다. 파트 II는 독자에게 초 · 중 · 고(K-12) 환경에서 사용할 수 있는 유니버설 디자인을 적용한 수업 단위 및 수업 계획을 제공한다.

헌신적인 행동주의전문가로서, UDL은 내 귀에 꼭 맞는 음악과도 같다. 환경 배치의 중요한 역할과 학생의 실습 강화에 적용될 수 있는 기술의 명확한 요소를 가지고 있다. 또한, 활동을 계획하고 구현할 때 학습자, 환경 및 과제를 고려하는 역동적 시스템과 사고방식의 모든 기능을 포함한다. 모든 학생들이 신체활동에 참여할 때 더 성공적으로 참여할 수 있도록 환경 및 사회적인 조건을 마련하는데 중점을 두는 것은 UDL과 유사하다.

이 책은 체육교사들에게 학생들이 모든 형태의 신체활동, 춤, 스포츠, 체력 및 야외 활동, 또는 다른 형태의 게임활동에 대해 활발하게 참여하고, 정보를 얻고, 열정적인 체육수업을 받은 성인으로 성장하는데 도움이 되는 유용한 자료가 되기를 바란다. 오늘날의 사회는 재능이 있고 참여할 수 있는 경제적 능력이 있는 사람들에게만 운동의 기회가 증가하는 사회이다. 우리는 경제적 지위, 건강 상태, 연령 또는 기술 수준에 관계없이 모든 사람이 즐길 수 있는 전략에 훨씬 더 집중해야한다. 행복하게 읽기를 바란다.

Hans van der Mars
Arizona 주립대학교 교수

학습을 위한 유니버설 디자인

연방법에서 건물 및 기타 구조물에 대한 보편적 접근을 요구하기 시작했을 때 물리적 장애요인을 제거하기 위한 건축 원칙에서 UDL(Universal Design for Learning)이 등장했다. 이 아이디어를 바탕으로 UDL은 학생들의 학습에 대한 물리적 및 기타 교과와 관련된 장애요인을 제거하기 위한 일련의 원칙으로 이해할 수 있다. UDL은 학생들이 체육 교육과정에 접근 할 수 있는 효율적인 방법이 될 수 있다(Lieberman, Lytle, & Clarcq, 2008). 현장 적용은 교과과정 제작의 설계단계에서 학생들의 능력과 관심의 범위를 고려하고 숙박 시설을 우선적으로 통합한다. 장애학생은 더 이상 자신을 위해 수정된 내용 때문에 드러나지 않는다. 교육과정의 변형은 보편적이며 모든 학생들이 원하는 경우 활용할 수 있다. 광범위한 사용자를 위한 이 맞춤화된 접근은 UDL의 기본 원칙이다(Rapp, 2014; Rapp & Arndt, 2012; Rapp, Arndt, & Hildenbrand, 2019).

교과과정 설계와 관련하여 UDL은 다양한 교육 전략과 활동을 통해 개인차가 있음에도 불구하고 듣고, 말하고, 움직이고, 읽고, 쓰고, 동료와 교류할 수 있는 능력과 관련한 학습 목표를 달성할 수 있도록 한다. 다양하고 도전적인 교과과정을 통해 교사는 각 학생에게 교과과정에 대한 접근 권한을 제공할 수 있다(Lieberman & Houston-Wilson, 2018). UDL의 요소를 충족시키는 장비, 교육 및 환경 변화는 학생들이 교육 과정 프로그래밍에 내재되고 의도된 기술, 지식 및 성향을 배우도록 도와준다(Rapp, 2014).

이 책은 두 부분으로 나뉜다. I부 유니버설 디자인의 기초에서 1장 '학습을 위한 유니버설 디자인이란?' 은 일반 및 특수 교육에 대한 링크와 강의실 실습을 위한 UDL 구성 요소의 중요성, UDL에 대한 개요를 제공한다.

2장 '체육에 유니버설 디자인 가이드라인 적용하기'는 체육 수업에 적용하고 있는 UDL을 CAST 체계로 설명하고 적용한다. 저자는 체육 교사가 수업을 유니버설하게 디자인을 적용할 수 있도록 각 체크포인트의 중요성을 나타내는 설명과 예제를 제공한다.

3장 '지금 시작하기: 장애학생의 체육을 위한 UDL'은 협업 실습, 체육 교육 프로그램 설계 단계, 학생들이 교육과정에 접근하는데 어려움이 있을 수 있는 장애 요인 인식 등 다양한 UDL 학습 전략을 설명한다.

4장 '평가, UDL, 표현의 다양한 방법'은 학생들이 다양한 연습을 통해 자신이 알고, 수행할 수 있는 것을 나타내고 표현할 수 있도록 다양한 평가 전략의 필요성을 설명한다.

5장 '중증 및 중복장애학생에게 UDL 적용하기'는 더 심각한 장애학생들을 지원할 수 있는 실습의 중요성을 강조하며 맞춤형 교육 환경을 통해 이러한 학생들의 학습 요구를 어떻게 수용할 수 있는지 제안한다.

6장 '학습에 대한 요구와 전환계획'에서는 교육자가 UDL 개념을 전환 서비스에 맞추기 위해 장비, 지원 인력 및 자원을 요구해야 할 필요성을 제안한다. 이 장은 또한 학생들이 학교 이외의 지역 사회에 참여할 수 있도록 자기 요구(advocacy)의 개념을 알려줄 것이다. 마지막으로, 이 장에서는 체육교사 양성 프로그램의 지도방법 관련 수업에 UDL 원칙을 적용하는 것이 중요하다고 설명한다.

7장 '체육수업에서 유니버설 디자인의 개선을 위한 LIRSPE'는 통합체육 관련 유니버설 디자인 수준을 평가하고, 필요한 지원을 위해 교사의 현재 수준 평가와 그에 따른 루브릭(rubric)을 제공한다.

8장 '참여와 표현 원리의 실제 적용'에서는 여러 가지 참여 방법과 여러 가지 표현 방법의 두 가지 구성 요소를 설명하고 체육 수업에 적용하기 위한 사례를 공유하며 설명한다.

II부 UDL 기반 체육 수업계획에서는 9장부터 13장까지 모든 학년별(초중고) 기준의 UDL 기반 체육 수업계획을 제공한다. 각 장에서는 초등체육(9장), 스포츠 활동(10장), 체력 운동(11장), 여가 활동(12장) 및 수중 운동(13장)과 같은 특정 콘텐츠 영역에 UDL을 적용하는 방법을 보여준다.

여러분은 모든 학생들을 위한 교사가 되고 싶어 할 것이다. 학습을 위한 유니버설 디자인(Universal Design for Learning) 접근 방식을 사용하면 실현될 수 있을 것이다. 모든 학생들이 신체 활동과 인생에서 잠재력을 최대한 발휘할 수 있도록 고민하고 노력해 준 것에 대해 감사하고 싶다.

웹자료 활용

　여러분은 '체육 수업에서의 학습을 위한 유니버설 디자인' 관련 웹자료(Web Resource[WR])를 참고할 수 있다. 온라인 컨텐츠는 새로운 간행물이나 전자책을 구입하면 무료로 제공된다. 온라인 컨텐츠에 접근하려면 Human Kinetics 웹 사이트에 등록하기만 하면 된다. 다음은 등록 방법에 대한 설명이다.

　웹자료는 책에 포함되어 있는 그림과 표의 일부를 제공한다.

　웹자료에 접근하려면 다음 단계를 거쳐야 한다.

1. www.HumanKinetics.com/UniversalDesignForLearningInPhysicalEducation 방문

2. 해당하는 첫 번째 책 표지 옆의 1쇄(first version)링크를 클릭한다.

3. 페이지 왼쪽 또는 상단의 로그인 링크를 클릭한다. Human Kinetics 계정이 없는 경우 계정을 만들라는 메시지가 나타난다.

4. 등록 후 페이지 왼쪽의 보조 항목 상자에 온라인 제품이 표시되지 않으면 해당 상자에서 암호 코드 입력 옵션을 클릭한다. 대문자와 모든 하이픈을 포함하여 다음 암호를 그대로 입력한다. LIEBERMAN-E6NR-WR

5. 온라인 제품을 잠금 해제하려면 제출 버튼을 클릭한다.

6. 패스 코드를 처음 입력 한 이후에 온라인 제품에 다시 접근하기 위해 패스 코드를 입력할 필요가 없다. 잠금이 해제되면 왼쪽의 메뉴에 제품 링크가 영구적으로 나타난다. 다음 방문에서 온라인 콘텐츠에 접근하기 위해 해야 할 일은 www.HumanKinetics.com/UniversalDesignForLearningInPhysicalEducation에 로그인하는 것이다.

　도움이 필요한 경우 웹 사이트 내의 Need Help? 버튼을 클릭한다.

감사의 글

Lauren J. Lieberman

이 책을 아버지 Stanley Lieberman에게 헌정한다. 지난 수년간 리더십, 지도 및 지원을 해준 Jeff McCubbin 박사에게 감사의 인사를 전하고 Hans Van der Mars 박사에게도 수년간의 지원 및 리더십에 대해 감사의 인사를 전한다. 오랜 시간 동안 모든 지원과 격려를 아끼지 않은 Brockport 대학 (College at Brockport)의 체육교육과(Dept. of Kinesiology, Sport Studies, Physical Education)에도 고마움을 전한다. Cathy Houston-Wilson 박사는 Oregon 주립대학교(Oregon State University) 시절부터 지금까지 흔들리지 않는 우정을 보여주었고 도움을 주었다. 마지막으로, 체육수업에서 학습을 위한 유니버설 디자인을 널리 알리고자 노력한 공동 저자 Michelle Grenier, Ali Brian 및 Katrina Arndt 박사의 비전, 열정 및 헌신에 대해 감사한다.

Michelle Grenier

공동 저자인 여러 박사들에게 감사의 말을 전한다. Lauren Lieberman, Ali Brian 및 Katrina Arndt의 지속적인 지원, 협업 그리고 가장 중요한 우정에 대해 감사를 표한다. 함께 일할 수 있는 특권과 이 책에 많은 영감을 준 교사들에게도 감사를 표한다. 마지막으로, 가족인 David, Martine, Lily 및 Liam에게 고마움을 전한다.

Ali Brian

이 놀라운 기회에 대해 Human Kinetics에게 감사의 말을 전한다. Lauren Lieberman, Michelle Grenier 및 Katrina Arndt 박사의 지속적인 지원, 협력 및 우정에 대해 감사한다. 지칠 줄 모르는 노력을 해준 훌륭한 현재 및 이전 박사 과정 학생들과 대학(University of South Carolina) 동료들의 끝없는 지원에 감사한다. 올바르게 시작할 수 있도록 도와준 Jackie Goodway와 Sue Sutherland 지도교수님을 포함한 Ohio 주립대학교(Ohio State University)의 교수진에게 감사의 말을 전한다. 마지막으로 영감을 느끼게 해준 부모님,

Gary와 Vicki, 여동생 Lauren, 이모 Kathi Henderson에게 감사한다.

Katrina Arndt

'체육을 위한 유니버설 디자인'을 발간하게 해 준 Human Kinetics에게 감사의 말을 전한다. 체육 교사와 코치들에게도 감사한다. Davis씨, Hult 코치 및 Martha 코치는 어려움이 많은 체육수업 환경에서 UDL의 원칙을 사용했다. 저자가 되기 훨씬 전부터 현장에서 UDL을 사용함으로써 도움을 받았다. UDL의 실용화에 앞장서 준 Whitney Rapp 박사에게 감사한다. 마지막으로, 이 책의 개발 과정에서 일관되고 유쾌한 과정과 공동 작업 및 입력을 도와준 공동 저자 Lauren Lieberman, Michelle Grenier 및 Ali Brian박사에게 감사를 표한다.

몇 년 동안, 무엇이 효과가 있었는지 우리에게 피드백을 제공해 준 모든 가족, 학생 및 교사들에게 감사하고 싶다. 우리 프로젝트를 믿고 확고한 지지를 주신 Human Kinetics의 Scott Wikgren에게도 감사한다. 많은 아이디어와 사진을 제공해 준 Rocco Aiello와 Toni Bader(두 명 모두 올해의 전국 특수체육 교사상 수상)에게 많은 감사를 표한다.

South Carolina 대학교(University of South Carolina) 세 명의 동료교수인 Sally Taunton Miedema, Benjamin Miedema, 그리고 Adam Pennell 박사에게 감사하고, 또한 South Carolina 대학교(University of South Carolina)의 Emily Gilbert, Alexandra Stribing, Jenna Fisher, 그리고 Matthew Patey 박사과정 학생들에게도 감사를 전한다. 또한 Brockport 대학(College at Brockport) 석사과정 학생인 Hannah Williams, Kristi Lane 및 Alex Farrell에게 파트 II의 모든 수업계획에 대해 도움을 준 것을 감사하게 생각한다. 훌륭한 자료를 제공해준 Toni Bader(2019년 올해의 전국 특수체육교사상 수상)에게 고마움을 전한다. 마지막으로, 끝없는 헌신 및 현장에 대한 열정을 보여 준 Judy Byrd에게 고마움을 전한다.

PART

I

Foundations of Universal Design

유니버설 디자인의 기초

Chapter 1

학습을 위한 유니버설 디자인이란?

학습목표

▸ 학습을 위한 유니버설 디자인(UDL)의 원리 설명하기
▸ 일반교육과 특수교육 배경 안에서 이러한 원리를 적용하기
▸ 유니버설 디자인과 신체소양 physical literacy 개념 연계시키기

Ross는 뉴욕 주 스테이튼 아일랜드의 고등학교 교사이다. 2교시에, 그는 모국어 보충학습이 필요한 학생 등 다양한 능력을 가진 40명의 학생들을 대상으로 수업을 한다. 40명의 비장애 학생 외에도, 6명의 장애학생들이 수업에 참여하고 있고, 그 중 한 명은 휠체어를 사용한다. 그는 다양한 운동 장비가 있는 대형 체육관에서 수업을 한다. 고등학교 1·2학년 학생에게 지도하는 종목은 배드민턴이다. Ross는 어떻게 지도하는 것이 학생들의 다양한 요구를 만족시킬 수 있는가에 대하여 고민하고 있다. 보다 많은 도움이 필요한 학생은 동행하는 협력교사의 지원을 받을 수 있다. 또한, Ross는 또래지원을 할 수 있다고 생각하는 학생들을 수업에 가장 잘 활용 할 수 있는 방법을 고민하고 있다. 그는 이러한 활용 가능한 지원 중 일부를 활용함으로써 학급의 모든 학생들이 성공적으로 수업에 참여하기를 희망한다. 그는 모든 학생들과 친밀한 관계에 있지만, 폭 넓고 다양한 학생들의 요구를 충족시키는 방법에 대해 걱정하고 있다.

➔ UDL의 역사

응용특수기술센터 The Center for Applied Special Technology [CAST] 는 UDL을 "인간의 학습 방식에 대한 과학적 통찰력을 바탕으로 모든 사람의 교육 및 학습을 개선하고 최적화하는 체계"(CAST, 2018a)로 정의한다. 보다 자세한 정의는 "장애 학생, 모국어 보충학습이 필요한 학생, 다양한 문화적 · 사회경제적 배경을 가진 학생들을 포함하는 모든 교육적 요구를 가진 학생들에게 학습 접근성을 높이고 학습 장애 요인을 줄이기 위한 교육 계획 및 전달 체계"이다(Israel, Ribuffo, & Smith, 2014, p. 6).

IRIS 센터는 1990년 미국 장애인법 Americans with Disabilities Act[ADA] 이 통과 된 직후 건축 분야에서 유니버설 디자인이 시작되었다고 설명한다(Vander-ltlt University, 2019). ADA는 일상적인 활동, 건물 및 모든 사람을 위한 생활 도구에 대한 접근성을 명확하게 규정하고 있다. 전문가들의 자문을 거친 후, 유니버설 디자인에 대한 일곱 가지 원칙이 개발되었다. 이러한 원칙은 아래 그림 1.1과 같다.

유니버설 디자인의 7 가지 원칙은 확장된 사용자를 고려하여 환경을 디자인하는 훌륭한 방법이었다. 이러한 원칙은 완벽하지는 않았지만 사용자가 쉽게 접근할 수 있도록 고려하는 훌륭한 방법이었다. 그 결과 더 많은 사람들이 접근 할 수 있도록 간단한 변경으로 설계된 새로운 건물이 탄생했다. 쉬운 예로 건물 입구에 경사로를 추가하는 것이다. 지면에서 건물 입구까지 곡선으로 된 난간이 있는 경사로는 휠체어 사용자, 유모차를 밀고 가는 사람, 균형 능력에 문제가 있는 사람 또는 난간에 의지하는 모든 사람들이 쉽게 건물에 접근 할 수 있게 해주었다. 난간과 함께 경사로 출입구가 설치된 수영장은 누구나(어린이, 성인, 휠체어 사용자, 노인) 특수 장비 없이 어떻게 안전하게 수영장에 들어갈 수 있는지를 보여 준다(그림 1.2 참조).

이러한 원칙(공평한 사용, 유연한 사용, 단순하고 직관적인 사용, 인식 가능한 정보, 오류에 대한 관용, 최소한의 물리적 노력, 접근과 사용에 적절한 크기와 공간)은 모든 건축 분야에서 현재까지도 매우 유용하게 적용되고 있다(The IRIS Center explores each principle at https://iris.peabody.vanderbilt.edu/module/udl/cresource/q1/p01/udl_01_link_ud/.).

원칙 1 : 공평한 사용
원칙 2 : 유연한 사용
원칙 3 : 단순하고 직관적인 사용
원칙 4 : 인식 가능한 정보
원칙 5 : 오류에 대한 관용
원칙 6 : 최소한의 물리적 노력
원칙 7 : 접근과 사용에 적절한 크기와 공간

그림 1.1 유니버설 디자인의 7가지 원리
출처: http://idea.ap.buffalo.edu/udny/Section3.htm

그림 1.2 접근성이 확보된 수영장: 공평하고 유연한 사용의 예

이러한 원칙이 건축 분야에서 보다 널리 인식되고 적용되면서, 교육 분야에서도 이를 사용하는 방법을 고민하였다. 시간이 지남에 따라 일반 교육 및 특수 교육 전문가들은 UDL의 정의, 구현 방법 및 미래의 방향에 대한 모델, 전략, 평가 및 이론을 개발하였다.

2010년, Edyburn은 UDL에 관련된 진실과 오해를 포함한 UDL의 "두 번째 10년"을 위한 10 가지 명제 prepositions 를 개발하였다(그림 1.3 참조). Edyburn(2010)이 그의 첫 번째 명제에서 언급했듯이 UDL은 "좋은 교수법"이 아니다. UDL은 학생들의 성취 격차를 해소하기 위해 우리가 가르치고 배우는 방법을 근본적으로 변화시키는 것이다. 체육 수업에서 장애 학생이 동료 학생보다 비활동적이면서 건강 상태가 좋지 않을 수 있어 평가결과의 차이가 크게 날 수 있다. 자폐성 장애가 있는 학생은 과체중 또는 비만해질 위험이 더 높다(Egan, Dreyer, Odar, Beckwith, & Garrison, 2013). 시각장애 학생들은 근력과 균형감각 유지에 어려움을 겪고 있으며, 종종 체육 수업에서 소외된 경험을 가지고 있다(Haegele & Sutherland, 2015). 분명히, 우리가 항상 해오던 것들은 효과가 없으며 종종 체육 수업 안에서 성취 격차로 이어진다.

명제 1 : 학습을 위한 유니버설 디자인은 근본적으로 건축학에서 다루는 유니버설 디자인과 다름
명제 2 : UDL은 근본적으로 다양성을 적극적으로 존중함
명제 3 : UDL은 궁극적으로 설계에 관련됨
명제 4 : UDL은 단순히 좋은 지도법이 아님
명제 5 : UDL은 자연스럽게 발생하지 않음
명제 6 : 테크놀로지는 UDL 구현에 필수적임
명제 7 : UDL은 보조 테크놀로지가 아님
명제 8 : UDL의 주효과와 보조효과 측정은 필수적이지 않음
명제 9 : UDL의 효과는 학생의 성취수준 개선을 근거로 평가되어야 함
명제 10 : UDL은 생각보다 훨씬 더 복잡함

그림 1.3 UDL의 '두 번째 10년'을 위한 새로운 방향 제시: 10가지 명제

Edyburn의 두 번째 명제로서 UDL은 자연적으로 발생하지 않는다는 것이다. UDL을 구현하기 위해서는 많은 시간이 필요하다(Edyburn, 2010; Rapp, Arndt, & Hildenbrand, 2019). 이러한 명제는 우리가 UDL에 대해 배우고 효과적으로 사용하려면 시간, 에너지 및 노력이 필요하다는 것을 이해하는 데 도움을 준다.

교사들이 UDL을 알게 됨에 따라 교육자들을 위한 수업 계획 및 실행에 활용할 수 있는 더 많은 자원이 등장했다. 일반적인 UDL 체계에는 다양한 참여 방법, 다양한 표현 수단, 행동 및 표현의 다양한 방법에서 이유와 방법과 내용을 제안하고 각각은 학습의 다른 측면에 주목 한다 **UDL 가이드라인** (CAST, 2018b; UDL-IRN, 2014; 그림 1.4 참조). 서로 다른 과목의 교실에서는 다른 방식에 대한 많은 전략이 존재 한다. 제 1장의 나머지 부분에서 학습의 이유, 방법, 내용 등에 대하여 설명하고자 한다.

학생들에게 다양한 참여 방법을 제시함으로써 동기 유발, 학습 과제에 대한 관심 유지, 자신의 수준 이해 등에 따라 학습 참여로 이끌어야 할 것이다. Rapp(2014)에 따르면, 이 분야에서 가장 먼저 고려해야 할 것은 학생들의 불편함과 산만함을 줄이고 각 학생이 자신이 편안한 영역에서 벗어나지 않고 위험을 감수하도록 촉구하는 것이다(p. 18). 실내 조명, 온도, 가구 또는 장비 배치, 소음 및 정서적 환경(교사와 학생들이 서로 대화하는 방식)과 같은 학생 편의에 영향을 미치는 요소가 해결되면 학생들이 학습에 관심을 갖도록 하는 것에 대한 고려 사항이 다음에 나온다. 학생들의 관심을 끄는 방법에는 여러 가지가 있다. 가장 좋은 방법 중 하나는 학생들에게 의미 있는 선택과 진정한 자율성을 제공하는 것이다(Rapp, 2014). 학생들이 자신의 노력과 끈기를 유지하도록 돕기 위해 명확한 목표를 공유하고 진행 상황에 대한 피드백을 자주 제공하며, 학생들이 학습하면서 스스로를 조절하도록 돕고, 동기를 부여하고 대처 기술에 대해 자각하도록 가르친다(Rapp, 2014).

다양한 참여 방법 제공 정서적 네트워크 학습의 이유	다양한 표현 수단 제공 인지적 네트워크 학습의 내용	행동 및 표현의 다양한 방법 제공 전략적 네트워크 학습의 방법
접근 흥미를 돋우는 다양한 선택 제공 • 개인의 선택과 자율성 최적화 • 학습자와의 관련성, 가치, 현실성 최적화 • 위협이나 주의를 분산시킬 만한 요소들을 최소화	인지방법의 다양한 선택 제공 • 정보의 제시 방식을 학습자에게 맞게 설정하는 방법 제공 • 청각 정보의 대안을 제공 • 시각 정보의 대안을 제공	신체적 표현 방식에 따른 다양한 선택 제공 • 응답과 자료 탐색을 다양화 • 다양한 도구들과 보조공학 기기 이용을 최적화
구축 지속적인 노력과 끈기를 필요로 하는 선택 제공 • 목적과 목표를 뚜렷하게 부각 • 난이도를 최적화하기 위한 요구와 자료들을 다양화 • 협력과 동료집단을 육성 • 성취지향적 피드백 증진	언어, 수식, 기호의 다양한 선택 제공 • 어휘와 기호의 뜻을 명료하게 전달 • 글의 짜임새와 구조를 명료하게 전달 • 문자, 수식, 기호의 해독을 지원 • 범언어적인 이해를 증진 • 다양한 매체를 통해 의미를 설명	표현과 의사소통을 위한 다양한 선택 제공 • 의사소통을 위한 여러 가지 매체 사용 • 작품의 구성과 제작을 위한 여러 가지 도구를 사용 • 연습과 수행을 위한 지원을 점차 줄이면서 유창성 키움
내재화 자기조절능력을 키우기 위한 선택 제공 • 학습 동기를 최적화하는 기대와 믿음을 촉진 • 대처 기술과 전략들을 수월하게 함 • 자기 평가와 성찰을 발전	이해를 돕기 위한 다양한 선택 제공 • 배경지식을 제공하거나 활성화 • 패턴, 핵심 부분, 주요 아이디어 및 관계 강조 • 정보처리와 시각화를 안내 • 정보 적용과 일반화를 극대화	자율적 관리 기능에 따른 다양한 선택 제공 • 적절한 목표 설정에 대한 안내 • 계획과 전략 개발을 지원 • 정보와 자료 관리를 용이하게 명료화 • 학습 진행 상황을 관찰 하는 능력 개선 도움
목적 목적의식과 학습동기가 뚜렷한 학습자	학습자원이 풍부하고 지식을 활용할 수 있는 학습자	전략적이고 목표 지향적인 학습자

그림 1.4 학습을 위한 유니버설 디자인 가이드라인
출처: 한경근 외(2013). '중도중복장애학생교육' 에서 수정

　다양한 참여 방법은 학습의 내용이다-학생에게 정보를 제공하는 방법, 학문의 언어를 사용하는 방법 및 내용을 이해하는 방법이다. 학생들에게 정보를 제공하는 것이 첫 번째 부분이다. 텍스트와 그림, 시범, 예시, 그림, 도표, 3차원 모델 또는 숫자를 사용하여 모든 학생들이 내용을 이해할 수 있도록 지원한다(Rapp, 2014). 두 번째 핵심 요소는 전문 용어와 기호를 명확하게 하는 것이다.

　영어를 처음 배우거나, 학교 밖에서 비학문적 언어를 사용하거나, 대근육 또는 소근육 움직임 기술이 지체되어 있거나, 자신의 학년별 기준 이하의 읽기 능력을 가진 학생이 보다 구체적인 설명을 통해 도움을 받을 수 있다. 또한, 명확하고 명백한 지원을 할 수 있는 분위기를 만드는 것은 모든 학생이 필요에 따라 질문을 하는 것이 편안한 학습 환경을 조성할 수 있다. 마지막으로, 학습 자료가 어떻게 생활에 연결되는지 명확하게 알면 학생들이 이미 알고 있는 정보와 새로운 정보를 연계함으로써 수업 자료를 이해하는 데 도움을 될 수 있다.

그림 1.5 체육 수업에서 행동 및 표현의 다양한 방법으로 받기와 던지기를 실행할 수 있다.

마지막으로, 행동 및 표현의 다양한 방법은 학습 방법을 말한다-물리적 행동을 통합하는 방법, 지원 수준을 추가 하고 정보를 다양한 방식으로 표현할 수 있는 방법, 실행 기능에 대한 옵션이 수업에 포함되는 방법이다. 이 영역에서, 학생들이 점프, 서기, 팔 흔들기, 스트레칭 및 구부리기와 같은 움직일 수 있는 방법을 제공 한다. 학생들이 말하기, 그림 그리기, 다양한 문서 작성을 통해 자신이 알고 있는 것을 표현 할 수 있는 옵션을 제공한다. 정보를 구성하고 새로운 지식을 창출하기 위한 단계적 지원을 포함한다. 학생들이 목표를 설정하고 정보를 관리하고 학습 목표 **자기 조절**를 향한 진행 상황을 관찰하는 방법을 가르친다. 체육 수업에 적용되는 다양한 방식의 행동과 표현수단의 예는 그림 1.5를 참조하면 된다.

UDL 원칙에 대한 우리의 이해와 적용은 SHAPE America의 국가 기준과 일치한다. 신체소양은 학생들이 자유롭게 움직일 수 있고 전반적인 건강과 복지에 기여하는 방식으로 여러 환경에서 자신을 표현할 수 있는 능력이다(Mandigo, Francis, Lodewyk, & Lopez, 2012). 신체소양은 다양한 기술과 환경에서 폭넓게 적용 된다. 학생들의 학습 스타일에 맞는 자료를 사용하고 전달함으로써 학생들과 교류 할 때 학생들이 긍정적인 행복감과 전반적인 건강 증진을 장려하는 방식으로 자신을 표현할 수 있다. 교육 실습을 통해 우리는 학생들이 자신의 학습 및 개발과 관련한 건전한 결정을 내릴 수 있도록 선택지를 제공한다(그림 1.6 참조).

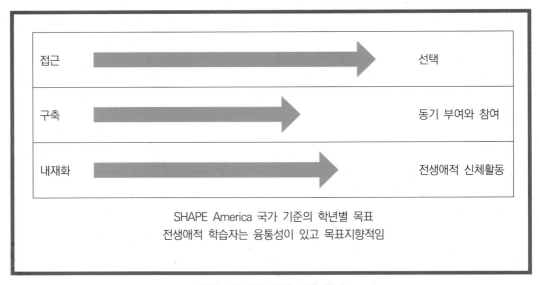

접근	➡	선택
구축	➡	동기 부여와 참여
내재화	➡	전생애적 신체활동

SHAPE America 국가 기준의 학년별 목표
전생애적 학습자는 융통성이 있고 목표지향적임

그림 1.6 신체소양을 갖춘 학생

→ 일반교육에서의 UDL

Minerek와 Lintner(2011)의 통합의 실행과 사회 연구에서 "학생이 학습하는 방식에 융통성을 요구하는 대신 UDL과 차별화된 교육 모두 교사에게 수업을 설계하는 방식에 있어서 융통성을 요구하였다"(p. 54). 마지막을 먼저 생각해두고 시작하는 후향설계 backward design 모델을 이용하는 것은 모든 학생들이 왜, 무엇을, 어떻게 학습하는지에 대해 지원받을 수 있는 한 방법이다.

UDL의 예

다양한 방식의 표현을 확실하게 하는 한 가지 방법은 감각의 도움을 받는 것이다. 수업의 일부로서 보고, 듣고, 움직이는 방법을 고려해야 한다. Connor and Lagares(2007)는 권리 장전을 가르치는 고등학교 사회 과학 수업에서 감각의 도움을 받기 위한 세 가지 전략을 설명한다. 그 중 하나는 상세한 스토리텔링, 시각화 및 합창 반복을 사용하여 학생들이 주요 개념을 암기하는 데 도움을 주는 것이다. 교사는 생생한 이야기를 얘기해준 다음 학생들에게 노트에 들은 정보를 쓰기 또는 그리기를 요구 한다. 마지막으로 학생들은 그 이야기를 다시 듣고 주요 아이디어를 그룹별로 확인한다(Connor & Lagares, 2007).

초등학교에서 표현의 대표적인 예는 어린이들이 알파벳 글자를 인식하고 쓰는 법을 배우는 유치원 교실이다. 교실 안 각 스테이션에서 모든 학생들은 말하고, 움직이고, 글씨를 쓰고, 문자를 조합한다. 1 번 스테이션에서 학생들은 스마트 보드(바닥으로부터 낮게 설치되어 보드의 모든 부분에 닿을 수 있음)에 서서 보드의 한쪽에서 다른 쪽의 문자를 끌어서 조합한다. 스테이션 2에서, 학생들은 책상 위에 종이를 깔고, 자석 글자와 CVC 단어 Consonant: 자음, Vowel: 모음, Consonant:자음 가 적힌 카드를 가지고 책상에 앉는다. 학생들은 카드를 선택하고 자석 글자를 사용하여 단어를 만든다. 스테이션 3에서 학생들은 이름표가 붙은 모래 상자에 서서 모래에 이름을 그린 다음 카드를 바꿔 친구의 이름을 쓴다. 네 번째 스테이션에서 학생들은 줄이 그어진 공책을 가지고 테이블에 앉아서 그 주의 학습목표인 글자를 대문자와 소문자로 쓰는 연습을 한다.

UDL의 장점

다양한 연구 결과에 따르면 UDL은 학생들에게 효과적이다 통합디자인과 환경접근 센터, n.d.. 학습을 위한 유니버설 디자인 네트워크 Universal Design for Learning Implementation Research Network[UDL-IRN] 는 UDL 연구 기반 교육 실습, UDL 기반 디지털 환경, UDL 구현 및 UDL 구현을 위한 기타 자원의 4가지 범주로 나눈다(UDL-IRN, 2019).

체육 수업에서 UDL의 효과성은 아직 광범위하게 연구되지 않았다. 체육 수업에서 지도안 작성을 위한 계획의 한 방법으로 UDL에 대한 관심이 높아지고 있다(Taunton, Brian, & True, 2017). 미국 체육학회지 Journal of Physical Education, Recreation and Dance 에서 언급된 것처럼

그림 1.7 유니버설 디자인은 학생들이 각자의 요구 수준에 맞는 방식으로 스트레칭을 하는 것처럼, 부분적으로 참여하는 모습을 보는 것도 포함된다.

분명한 것은 체육 전문가 모두가 UDL의 의미에 대해서 아직은 생소하다는 것이다. 예를 들어, 한 체육 교사는 자신의 우려를 다음과 같이 표현했다: "그러나 유니버설 디자인은 장애 학생들이 체육 활동에 완전히 참여하는 것을 어렵게 할 수 있다. 장애 학생들이 성공적으로 체육 수업에 참여하기 위해서는 수업 내용이 수정되어야 한다."(Amey, 2015, p. 51). 장애 학생을 지원하는 것에 대한 교사의 우려는 분명하고, 이는 중요하다. 물론 UDL 수업은 이전에 수업 지도안을 작성했던 방식과 근본적으로 다르기 때문에 수업 계획 및 지도를 하기 위해 UDL이 어떤식으로 적용될 수 있는지에 대한 정보가 부족한 것도 분명하다(Rapp, Arndt, & Hildenbrand, 2019). 마치 교사가 유니버설이라는 단어를 읽고 그것이 의미하는 바를 오해한 것처럼 들릴 수 있다. UDL을 이해하고 수용하면, 체육 수업에서 UDL을 쉽게 적용 할 수 있다(그림 1.7 참조).

→ 요약

건축 분야에서 유니버설 디자인의 개념은 교사와 학교를 위한 광범위한 자원으로 빠르게 확장 되고 있다. CAST 웹 사이트는 UDL이 어떻게 다양한 참여 방법, 다양한 표현 수단, 행동 및 표현의 다양한 방법으로 구성되어 있는 학습의 이유, 내용, 방법을 이끌어내게 되었는지 설명하고 있다. 체육 교사는 학생들의 건강과 복지에 평생 영향을 미치도록 변화를 줄 수 있기 때문에, 모든 교사가 학생들의 신체소양을 증진시키기 위해 교실에서 UDL의 원리를 어떻게 활용할 수 있는지 고민해야 한다.

→ 추가적인 자료

CAST: www.cast.org

CEEDAR Center: http://ceedar.education.ufl.edu

The Universal Design for Learning Implementation and Research Network (UDL-IRN): https://udl-irn.org

Chapter 2

체육에 유니버설 디자인 가이드라인 적용하기

학습목표

▸ UDL을 위한 응용 특수 기술 센터
   Center for Applied Special Technology[CAST] 의 체계 설명하기
▸ CAST 체계를 체육 교육 및 학생 학습과 연계하기
▸ CAST 체계와 신체소양 **physical literacy** 의 관계 정립하기

Luis는 756 공립학교의 초등 3학년에 재학 중이며 3개월 전 과테말라에서 가족과 함께 미국으로 이주했다. 그는 Santos 선생님 반에 배정되었으며 영어실력이 부족한 편이다. 그의 집에서 사용하는 언어는 100% 스페인어이다.

Luis는 운동 신경이 뛰어나지만, 동료들과 경쟁하는 경기 경험이 부족하여 기본 운동 기술에 몇 가지 기본적인 문제가 있다. 언어 장벽과 부족한 기본 운동 기술로 인해 그에게 체육 수업 참여는 어렵다. Santos는 15년 이상 학교에서 일한 경험이 풍부한 교사이며 새롭게 영어를 배우는 학생들에게 친숙하다. Santos의 교수 방법은 운동 기술 사진, 자연스러운 또래 교수법, 반복적인 시범을 포함하는 임무 카드를 사용하여 Luis의 학습 성향을 지원 한다. 이러한 교수 전략으로 인해 Luis는 친구들과 쉽게 체육수업에 참여 하고 성공적인 성과를 낼 수 있다.

→ 소개

학습을 위한 유니버설 디자인(UDL)은 20년 이상 특수교육 및 통합교육 분야에서 필수 요소였다(Rapp, 2014). UDL의 개념은 다양한 교실 안에서 모든 학생들을 지원하기 위한 통합교수법을 제공 하고자하는 일반 교사들을 위한 체계를 나타낸다. 통합교수법은 학생들의 모든 잠재적 요구를 사전에 고려하고 계획함으로써 달성된다(National Center for Learning, 2014).

체육 수업은 새롭게 영어를 배우는 학생, 난민 및 환경 및 사회 경제적 요인으로 인해 스포츠 및 신체 활동 경험이 적은 학생들을 포함하는 다양한 환경이 될 수 있다. 학생들이 교육과정에 접근하려면 교수법, 피드백 및 평가방법의 변화가 필요할 수 있다. 이질적인 학습 환경을 조성하는 것은 학생들의 다양성을 인정 하는 것이다(Meyer, Rose, & Gordon, 2014). 간단한 변화가 모든 학생들이 배제되지 않고 성공할 수 있도록 차이를 촉진하고 수용하면서 통합 교육을 지원할 수 있다(Florian & Black-Hawkins, 2011; García-Campos, Canabal, & Alba-Pastor, 2018; Rapp, Arndt, & Hildenbrand, 2019). Rose, Gravel 및 Gordon(2014, p. 477)이 정의한 "접근 가능한 교수법"은 모든 사람에게 적합한 교육법을 개발한다는 아이디어를 전제로 한다.

→ 특수교육을 위한 UDL 체계 이해하기

특수교육을 위한 UDL 체계는 구체적으로 교실과 관련하여 잘 확립된 접근 방식이다(Rapp, 2014; Rapp & Arndt, 2012). 체계의 각 지점은 UDL 문헌에서 체크포인트 checkpoint 라고 한다(García-Campos et al., 2018). CAST www.cast.org 의 UDL 체계는 학습을 위한 UDL 의 세 가지 영역을 다룬다: 1) 다양한 참여 방법, 2) 다양한 표현 수단, 3) 행동 및 표현의 다양한 방법. UDL 체계는 체육 수업 환경과 직접적으로 관련이 없지만, 각 예제를 나란히 비교하여 체육 수업에서 적용 가능하도록 체계를 조정했다. 다음 표는 UDL 체계를 지원하며 체육 수업과 직접 관련되도록 수정되었다.

CAST 웹페이지를 보면 접근, 구축, 내재화를 포함하여 각 영역에 세 가지 성취 수준이 있다(그림 2.1). 이로 인해 목적이 있고, 자원이 많으며, 목표 지향적인 학습 전문가가 된다.

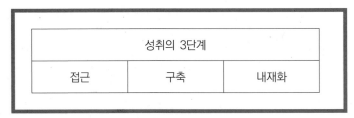

성취의 3단계		
접근	구축	내재화

그림 2.1 성취의 3단계

우리는 이 단계가 학생의 학습 성과에 긍정적인 영향을 미치고 SHAPE America의 국가 기준(2014)에서 설명하는 것처럼 신체소양을 가진 개인을 양성하는데 기여한다고 믿는다. Dalton 과 Brand(2012)는 초급 수준의 UDL 체계가 전통적인 교육 접근법보다 아이들이 학습하는 방식에 더 적합하다고 지적했다. 체육 수업을 위해 이 체계를 개발하는 과정에서, 우리는 그 내용이 체육 교사들에게 유용한지 확인하고 싶었다.

비교를 위한 각 테이블(표 2.1, 2.2 및 2.3 참조)에는 세 개의 열이 포함된다. 첫 번째 열에는 체육 수업에 적용된 UDL 체크포인트 checkpoint 에 대한 CAST 웹페이지의 설명이 표시된다. 두 번째 열에는 체육 수업을 위한 가능성에 대한 설명이 있다: 일부 내용은 용어자체로 이해가 가지만 아닌 것들도 있다. 세 번째 열에는, 체육 수업을 위한 확인 항목의 중요성을 보여주는 예가 적용된다. 체육 수업을 위한 UDL 체계는 체육수업에 유니버설 디자인을 최대한 적용하여 학생이 참여와 학습을 하고, 그 과정에서의 노력과 의지에 대한 보상을 줄 수 있는 가이드라인으로 사용할 수 있다.

표 2.1 접근성 체크포인트(checkpoint)

체육 수업 확인 항목	체육 수업 설명	적용 예
다양한 참여 방법 제공		
7.1. 개인의 선택과 자율성을 최적화	•학습 목표를 달성 할 수 있는 방법에 대한 선택지 제공 •학생들이 학습 결과를 설계하고 선택하는 데 참여할 수 있도록 허락	•모든 어린이가 편안하게 수업을 받을 수 있는 곳에 앉거나 서있는 것을 허락 •학생들이 수업 활동을 더 쉽게 또는 어렵게 만드는 장비를 선택할 수 있도록 허락 (예: 트레이너 배구공 vs. 경기용 배구공, 롤리팝 패들 vs. 플라스틱 배트)
7.2. 관련성, 가치 및 진정성 최적화	•문화적으로나 사회적으로 의미 있게 활동을 다양화 •지역 사회에서 가능한 활동에 집중	•각 단원의 관련성과 현재 목적 및 목표에 대해 토론하여 학생들이 배우는 내용의 가치를 알 수 있도록 함. 예를 들어, 무용 단원을 가르치는 경우 무용의 역사, 평생 무용의 이점 및 다양한 민족성과 종교에 대한 무용의 문화적 중요성에 대해 논의 (Constantinou, 2010)
7.3. 위협과 혼란을 최소화	•학습자를 위한 안전한 공간 만들기. 여기에는 차이에 대한 적응 문화(체형 포함), 활동을 위한 다양한 복장 수용, 명확한 일정에 맞춘 장소와 시간 조정, 및 수업 진행을 위한 전용 영역 등을 포함	•많은 체육관이 시끄럽고 식당과 복도에서 들어오는 소음, 안내방송과 같은 많은 방해요인들이 있다. 청각 정보를 관리 할 수 있는 방법 고려(그림 2.2 참조) •수용 가능하고 수용 불가능한 행동을 위한 교실 규칙과 행동 강령을 확립
다양한 표현 수단 제공		
1. 인식을 위한 선택지 제공	•다양한 형태(예: 시각, 청각, 촉각, 운동 감각)를 통해 동일한 정보를 제공	•시각적 시범을 제공하면서 건너뛰기를 위해 "한발로 딛기(step-hop)"와 같은 단서를 말하는 것처럼 지도하는 동안 자료를 다양한 방법으로 제시(Grenier, Miller, & Black, 2017; Rapp, 2014)

체육 수업 확인 항목	체육 수업 설명	적용 예
1.1. 진행(progressions)과 회귀(regressions)를 통해 지도법을 차별화하는 방법을 제공 정보를 표시	•활동을 시각적으로 표현(예: 활동 카드, 비디오) •게임 규칙에 두, 세 가지 선택지 준비	•줄넘기의 유형, 줄 길이 및 학생들이 줄을 넘는 방법을 선택할 수 있도록 다양한 변화 추구. 이러한 차별화 지도법을 통해 속도와 운동 능력의 향상을 가져올 수 있음 (Mujea, 2014)
1.2. 구두 지시 대신 대안을 제공. 시각화와 시범 추가	•구두 지시와 함께 시범과 시각적 그림을 제공	•배구의 경우, 서브를 설명하고 (청각적으로) 동료가 네트에서 거리를 조정하며 다양한 단서를 제공 하면서(시각적으로) 시범(Bernacchio & Mullen, 2007)
1.3 시각적 정보에 대한 대안을 제공. 시범을 보이며 지시할 때 구두 설명을 추가	•학생들의 학습을 다루는 언어 및 시각적 모델링을 사용하여 학습을 향상. 시범을 보이며 지시할 때 구두 설명을 추가	•선수를 배치 할 때, 코트의 전방 위치를 빨간색 고무판(poly-spot)으로, 중앙 위치를 파란색 고무판으로, 가드 위치를 주황색 고무판으로 표시하여 수행중인 작업을 나타냄. 코트의 고무판과 일치하는 컬러 유니폼을 나눠줌(Sherlock-Shangraw, 2013)

행동 및 표현의 다양한 방법 제공		
4. 신체 행동에 대한 선택지를 제공	•학생들이 자신의 학습을 입증 할 수 있는 방법의 종류에 변화	•체육 수업에서 선택을 제공하는 것은 학생들에게 동기를 부여하는 유효한 전략. 예를 들어, 학생들이 오버 핸드 서브, 언더 핸드 서브, 던지기 및 네트에서 몇 가지 다른 거리에서 배구를 할 수 있도록 함 (Xiang, Gao, & McBride, 2011)
4.1. 응답 및 탐색 방법을 바꿈	•학생들은 수업 및 기술 개발에 반응하는 방식이 크게 다름. 다양한 평가방법 준비	•학생들이 선택하도록 하기. 댄스 수업 중에는 음악 비트(2, 4 또는 8 비트)를 선택할 수 있음. 소규모 그룹으로 또는 단독으로 춤을 출 수 있으며 힙합, 탱고 또는 볼룸인지 결정할 수 있음(Xiang et al., 2011). 태블릿을 사용하여 기술을 기록하고 평가
4.2.다양한 장비 및 보조 기술에 대한 접근을 최적화	•언어장애를 가진 학생이 전자 장비를 통해 학습할 수 있도록 준비	•스케이드보드 레슨의 기술습득 단계에서 다양한 스케이트 보드를 제공. 학생들에게 칠판에 장애물 코스를 그려 보라고 함. 다양한 스케이트보드에 대해서는 그림 2.3을 참조

```
___ 알맞은 조명 확인(예: 눈부심, 그림자)
___ 방해소음 최소화(예: 음악, 선풍기, 스피커, 음성)
___ 문이 닫혀있고 고정되어있는지 확인
___ 공간 배정을 위한 명확한 경계 설정
___ 혼란을 야기하는 장비 관리
___ 체육관 벽에 행동강령이 보이는지 확인
```

그림 2.2 환경 체크포인트

그림 2.3 스케이트보드 수업에서, 지도자는 다양한 스케이트보드를 제공하여 학생들이 가장 편안한 스케이트보드 유형을 선택할 수 있도록 함

표 2.2 구축 체크포인트

체육수업 확인사항	체육수업 내용	적용 예
다양한 참여 방법 제공		
8. 노력과 지속성을 유지하기 위한 방법을 제공	•학습자들은 활동에 관심을 유지하는 능력이 크게 다름	•각 학생마다 체력, 지구력 및 집중력 수준이 다름. 따라서 준비운동, 정리운동, 지구력 운동이 각 학생의 요구를 충족시킬 수 있는 변화를 주는 것이 중요. 달리기를 위해 운동장을 도는 횟수보다는 시간을 제공
8.1. 목표와 목적에 대한 중요성 강조	•학생들이 학습 목표와 적용을 개인 경험에 관련지어 설명하고 시범 보이도록 격려	•동기 부여를 장려하는 교육 환경을 조성하고 유지하기 위해 학생들이 수업 활동에 참여 하게하는 구체적인 근거를 제공 (Solmon, 2015). 예를 들어, 요가 단원을 소개 할 때 요가가 유연성과 근력 향상, 호흡기능 향상, 에너지소비 증가, 균형 잡힌 신진 대사 유지에 도움이 되는 정보를 공유 (https://osteopathic.org/what-is-osteopathic-medicine/benefits-of-yoga/)
8.2. 도전을 최적화하기 위한 요구와 자원을 다양화	•기술을 완성하는 방법의 난이도 또는 복잡성을 차별화	•라크로스 던지기 및 잡기 스테이션은 손이나 막대기로 벽에 큰 목표물을 향해 던지거나 3미터 떨어진 파트너에게 던지기, 움직이는 팀원에게 던지기까지 다양하게 변화를 줄 수 있음
8.3. 협업 및 소모임 육성	•동료와의 긍정적인 상호 작용을 장려하고 기회를 창출	•관련 서비스 전문가(작업치료사, 물리치료사)와 협력하여 교실의 학습 목표가 학생의 IEP 목표와 어떻게 일치 할 수 있는지 결정 (Grenier & Lieberman, 2018)

체육수업 확인사항	체육수업 내용	적용 예
8.4. 숙달 기반 피드백사용 확대	•동기 부여를 장려하는 일관되고 긍정적인 구체적인 피드백을 제공	•학생들이 제자리 멀리뛰기를 연습 할 때는 일반적이고 구체적인 기술 피드백을 제공 ("여러분의 자세가 향상되고 보폭이 길어지는 것이 보입니다"또는 "개인 최고기록을 세웠을 때 알려주세요!")
2. 용어, 신체 행동 및 표현 요소 설명을 위한 옵션 제공	•수업 시간에 모든 학생들이 어휘를 이해하도록 함	•청각장애 학생을 위한 통역사와 모델 학습을 도울 수 있는 동료 지원 준비
2.1. 용어 및 운동 개념을 명확하게 하기	•기술을 설명하기 위해 그림과 같은 시각적 표현을 제공	•기술을 단계로 나눌 때 각 단계에 첨부 된 명확하고 관련 있는 단서 단어와 그림을 사용. 이것은 학생들이 각각의 과정을 식별하는데 도움이 될 수 있다. 원반을 던질 때 악어 입모양처럼 잡기가 좋은 예임. 이 경우 단서는 시연, 사진과 함께 "두 손을 사용하기"가 될 수 있다(Lieberman & Houston-Wilson, 2018; Vargas, Beyer, & Flores, 2018). 시각 신호는 그림 2.4를 참조.
2.2. 구체적인 수행 요소를 명확하게 하기. 전체적인 접근 방식을 사용	•당신이 학생들에게 바라는 행동과 학생들이 과제 완수를 위해 지식과 기술을 습득 하는 방법 사이를 연결	•(1) 던지기 시연, (2) 던지기의 개별 단계를 강조하고 학생들이 각 단계를 연습 할 수 있도록 함. (3) 학생들이 던지기와 잡기를 완수할 수 있도록 모든 단계를 종합함으로써, 전체 접근법을 구현. 이 시나리오에서 전체 접근방식을 사용하면 학생들이 던지기의 단계를 식별하고 기억하는 데 도움이 될 뿐만 아니라 시연 중에 중요한 세부 정보를 얻지 못한 다른 학생들에게도 도움을 줌 (예: 던질 대상을 향해 글러브를 착용한 팔을 뻗기) (Sherlock-Shangraw, 2013)
2.3. 수행 및 움직임 요소의 변형을 명확하게 하기	•학생들의 능력에 기초하여 창의성을 장려	•기본움직임 기술을 가르칠 때 모둠발로 이동하는 것부터 공중 동작을 이용하여 슬라이드를 수행하는 방법을 보여주는 단계까지 슬라이드의 변형을 보여줌(Lieberman & Houston-Wilson, 2018)
2.4. 언어 간 이해 증진	•주요 정보가 학생의 모국어로 제공되는지 확인	•체육수업 안에서 경험은 개인적으로 더 의미가 있고 문화적으로 관련이 있을 때 더 큰 관심을 끌게 됨. 인도 어린이에게 크리켓을, 영국 학생에게는 럭비, 아일랜드의 학생을 위한 게일릭 축구와 같이 모든 학생에게 친숙한 단원 계획(Gay, 2002)
2.5. 여러 가지 수단과 미디어 (언어 교육, 신체 표현, 비디오, 삽화)를 통해 설명	•학생들이 가르치고 있는 개념을 이해할 수 있는 다른 방법을 제공	•태블릿이나 스마트폰 앱을 사용하여 특히 집중 교육이 필요한 학생들을 위해 기술을 보여 주거나 점수를 올리는 데 도움을 줄 수 있음

행동 및 표현의 다양한 방법 제공

5. 표현과 의사소통을 위한 옵션 제공	•학생들이 자신의 학습을 표현 할 수 있는 대체 방법을 제공	•어떤 학생들은 개념이나 기술과 관련하여 자신이 무엇을 할 수 있는지 보여줄 수 있는 대체 수단이 필요 할 것이다. 예를 들어, 학생들이 배구 코트에서 실제로 로테이션하는 방법을 시범 보이거나, 칠판이나 종이에 그리거나, 또는 컴퓨터를 사용하여 나타낼 수 있도록 허락 할 수 있음
5.1. 소통을 위해 여러 매체 사용	•학생들이 학습과 이해를 표현 할 수 있도록 미디어, 상호작용 방식의 웹 도구 또는 관련 조작 기구를 사용	•일부 학생들은 증강 및 대체 소통 방식을 통해 자신이 알고 있는 것을 공유하기 위한 기회를 가질 수 있다. 축구에서 사용되는 공을 보여주기 위해 테블릿을 이용하고, 축구 점수를 기록 하는 방법을 공유하기 위해 음성 출력 시스템을 사용하고, 또는 축구장에서 거리 및 득점 옵션을 보여주기 위해 촉각 보드를 사용(van der Meer, Didden, Sutherland, O' Reilly, Lancioni, & Sigafoos, 2012)
5.2. 신체 활동 및 기술 발달을 위해 다양한 장비 사용	•학생들이 학습 경험에 성공적으로 참여할 수 있도록 장비 사용 옵션을 제공	•학생들이 최고의 퍼포먼스를 보여줄 수 있도록 다양한 배트를 제공. 어떤 경우에는 플라스틱 배트, 큰 납작한 배트 또는 금속 배트로 진행하기 전에 학생들이 가벼운 배드민턴 라켓과 풍선으로 시작해야 할 수도 있음. 학생들에게 도전하고 기술을 향상시키기를 원하는 배트를 선택하게 함(Hilgenbrinck, 2016). 다양한 볼과 배트는 그림 2.5를 참조

체육수업 확인사항	체육수업 내용	적용 예
5.3. 실습 및 수행을 위한 상위 수준의 지원으로 유창함 구축	• 동료, 교사 및 협력 교사와 같은 다양한 지원을 제공하여 동기를 부여하고 피드백을 제공	• 학생들에게 자신의 수준에서 기술 개발 작업을 수행하고 성과 향상을 위한 단계를 제공. 체조에서는 "연필"구르기(누워서 옆 구르기), 앞구르기, 뒤구르기 또는 삼각대 동작(머리, 손, 발 매트에 데고 삼각대 동작 만들기)와 같은 기본 수준에서 텀블링을 지도 할 수 있다. 또한 상위 수준의 기술, 지원 및 연습 옵션을 위해 옆돌기와 앞뒤 핸드스프링을 제공(Grenier et al., 2017)

그림 2.4 학생은 시범, 언어 지원 및 단서가 있는 원반을 사용하여 악어 잡기를 배움

그림 2.5 치기 단원에서 지도자는 다양한 볼과 배트를 제공하여 학습자가 선호도에 따라 선택할 수 있음

표 2.3 내재화 확인항목

체육수업 확인사항	체육수업 설명	적용된 예
다양한 참여 방법 제공		
9. 자체 규제 옵션 제공	•자신의 감정을 조절하고 본질적 동기를 부여하는 학습자의 능력을 계발	•학생들의 자기 조절 능력이 향상되어 신체 활동에 지속적으로 참여할 수 있는 자율 지원 환경을 조성(Solmon, 2015). 예를 들어, 학생들을 짝을 이루어 30미터 달리기 시간을 서로 기록해주고 시간 단축을 위해 노력하게 할 수 있음
9.1. 동기 부여를 최적화하는 기대와 신념을 장려	•학생들이 자신의 강점과 약점을 모두 고려하여 현실적인 목표를 설정할 수 있는 기회를 제공	•학생들이 성공을 현실적인 가능성으로 볼 수 있는 학습 활동을 개발. 학생들이 노력을 기울이면 유능함을 보여주고, 과제를 완수하고, 개인적 개선을 보여줄 수 있다고 확신하게 함(Solmon, 2015)
9.2. 개인 대처 기술 및 전략 촉진	•학생들이 감정을 관리 및 제어하는 데 도움이 되는 시각 자료를 표시하고 학생들이 행동 관리를 위한 출구의 이점으로 이용할 수 있도록 허가	•학생들이 자신의 감정을 추적하고 관리 할 수 있도록 체육관 내에 "규정 영역(Zones of Regulation)" 포스터를 게시. 다양한 감정을 보여주는 포스터를 게시하고, 감정이 (조금부터 많이) 쌓이는 방법, 체육관 내에서 침착하게 행동하는 요령을 보여 주어 학생들이 자신의 감정을 추적하고 관리 할 수 있도록 함
9.3. 자기 평가 및 반성 개발	•학생들이 자신의 감정을 관찰하고 상황에 맞게 신중하게 반응하도록 도와 줌	•학생 자체 평가는 학생들이 학습 개선을 위한 전략을 스스로 관찰하고 자체 평가하며 식별하는 역동적인 과정. 학생들에게 수업 참여 및 다른 사람들과의 상호 작용에 대한 피드백을 제공하는 종합적 루브릭을 활용
다양한 표현 수단 제공		
3. 이해를 위한 옵션 제공	•모든 학습자가 지식에 접근 할 수 있도록 정보를 디자인하고 발표	•학생들이 기술 관련 비디오 모델링, GoNoodle의 피트니스 비디오 또는 사진 교환 시스템의 사진을 이용하여 개념을 이해하도록 도와 줌
3.1. 배경 지식 활성화 또는 공급	•관련 학생의 경험과 관심사를 통해 개념을 연결	•학생들의 사전 지식에 새로운 정보를 첨부하면 새로운 전문적 또는 전략적 기술을 배울 때 자신감, 관심 및 기술 이전이 증가 할 수 있음(Vargas, Flores, & Beyer, 2015). 예를 들어, 축구 허들(huddle)의 역사를 공유. 축구 허들은 실제로 다른 팀에게 수신호를 숨기려고 하는 전략으로 농학교 유래. 또한 스포츠의 진화와 그것이 어떻게 오늘날 스포츠 규칙과 전략에 영향을 미쳤는지 설명
3.2. 패턴, 중요한 기능 및 관계 강조	•학생들이 움직임 패턴과 기능을 실시 할 수 있도록 명시적인 단서나 안내를 제공	•게임과 연습경기를 통해 다양한 게임 요소를 강조. 이 순간은 기술 및 전술 개념을 총괄하여 게임 중에 의사 결정 기술에 대한 즉각적인 피드백을 학생들에게 제공하는 데 사용될 수 있음(Vargas et al., 2015)
3.3. 정보 처리, 시각화 및 조작 안내	•기술을 배우기 위한 수업 및 선택적 경로에 여러 개의 시작단계를 제공	•학생들이 수업 중에 서거나 앉도록 격려. 학습자는 자신이 가장 잘 배우는 신체적 위치를 선호. 비디오, 포스터, 시범, 모델링 및 물리적 도움과 같은 옵션을 포함. 기술 또는 훈련 설명의 일부로 장비와 함께, 또는 장비 없이 새로운 전술 개념을 안내
3.4. 전송 및 일반화 극대화	•새로운 관련 상황에 학습을 적용 할 수 있는 기회를 제공	•학생들에게 기술과 전략을 특정 환경에서 다른 환경에도 적용할 수 있도록 함(예: 수영장에서 수영하는 법을 배우고 나서 호수에서 수영을 하거나 체육관에서 볼링을 하는 방법을 배운 후에 볼링장에서 볼링을 하도록 요청)(Lieberman & Houston-Wilson, 2018)

체육수업 확인사항	체육수업 설명	적용된 예
행동 및 표현의 다양한 방법 제공		
6. 수행능력 위한 옵션 제공	•학생들이 게임과 비슷한 상황에 적용하기 위해 필요한 기술과 지식을 갖추도록 준비	•각 학급의 환경에서 복잡한 인지 제어 및 기능을 촉진 할 수 있는 방법을 생각(예: 배구수업을 위해 다양한 배구공 무게를 고려하여 학생이 선호하는 방식으로 네트 넘어로 공을 넘길 수 있음). 공의 종류, 공의 색깔, 네트와의 거리, 선호되는 기술 실행의 선택은 모두 수행능력을 증진시키는 부분(Crova, Struzzolino, Marchetti, Masci, Vannozzi, Forte, & Pesce, 2014; García-Campos et al. 2018)
6.1. 적절한 목표 설정 안내	•학생들이 도전적이고 현실적인 개인 목표를 세울 수 있도록 목표와 학습 목표를 게시	•피트니스, 기술 개발, 스포츠맨십 및 게임 플레이와 관련된 단원별 목표 설정(Coleman, 2017). 예를 들어 1 년 동안 거리, 시간을 기록하고, 피트니스 단원에서 반복회수 및 최대 중량을 추적하고, 패싱, 커팅, 의사 결정과 관련된 특정 게임 플레이의 목표를 설정하거나, 요가 단원에서 포즈를 유지할 수 있음
6.2. 계획 및 전략 개발 및 구현 지원	•기술 개발 및 습득 단계를 이해하기 위한 점검 목록을 제공	•적절한 목표 설정을 사용하면 성능이 향상되는 것으로 나타남(Seijts & Latham, 2001); 따라서 체육수업 환경에서 목표 설정 전략을 적용하는 방법을 더 잘 이해하면 학생들의 학업 성과를 향상시킬 수 있음. 구체적인 성과를 통해 학생들은 장기 목표를 달성 할 수 있을 뿐만 아니라 단기 목표를 설정할 수도 있음. 단기 목표는 즉각적인 상황에 따라 구체성을 가질 수 있음(Baghurst, Tapps & & Kensinger, 2015; McMillan & Heran, 2008)
6.3. 여러 가지 방법으로 정보 및 자원 관리 촉진	•학생들이 체력 측정기를 통해 운동 목표를 입력하거나 검사 할 수 있는 옵션을 제공	•학생들에게 일주일 내내 착용 할 수 있는 체력 측정기를 제공하여 걸음 수를 추적하고 충분한 신체 활동을 달성하고 있는지 확인할 수 있음
6.4. 자체 진행정도 관찰을 위한 역량 향상	•형성평가 체크리스트, 채점 루브릭 및 학생들이 진행 상황을 관찰 하는데 도움이 되는 대체 방법을 제공	•학생들에게 소규모 그룹으로 또는 혼자 기술 습득 또는 게임 플레이 응용 프로그램에서 평가할 수 있는 기회를 제공. 형성 평가를 통해 학생들은 자신의 성과의 질을 스스로 관찰하고 지속적으로 개선하는 동기를 부여

→ 요약

이 장에서는 교사가 모든 학생에게 체육 교과과정을 배우고 접근 할 수 있는 동등한 기회를 제공하는 교육 계획에 대해 생각할 수 있도록 체육수업에서 사용할 UDL 체계를 조정하였다. 3 단계의 성취수준(접근, 구축, 내재화) 안에서 학생들이 신체소양을 갖추게 하고, 모든 학생의 요구를 충족시키기 위한 유연한 교육과 접근 가능한 장비를 통해 UDL을 학습 환경에 적용하는 방법의 예를 제공하였다.

Chapter 3

지금 시작하기: 장애학생의 체육을 위한 UDL

학습목표

▸ 체육수업에서 모든 학생들을 위한 학습 지원에 있어 연방 법률의 역할을 인식

▸ 체육수업을 받는 모든 학생들의 학습 성취를 극대화 할 수 있는 UDL 전략 설명

▸ 교사들이 체육수업 환경에 유니버설 디자인을 적용하는데 도움이 되는 협업 전략 파악

▸ 학생들이 교과 과정에 접근하는 것을 방해하는 체육수업의 장벽 인식

▸ 체육수업에 유니버설 디자인을 적용하기 위한 초기 단계 설명

Angel은 대근육 운동 기능 분류 시스템 뇌성 마비 1급 중학교 2학년 학생이다. Angel은 보조기구 없이 보행이 가능하지만, 하지의 움직임 범위가 충분하지 않다. Angel의 가족은 학교에 온지 얼마 되지 않았고 이전 학교에서 열심히 참여했던 체육수업을 간절히 원한다. 현재 새 학교에서 진행되고 있는 체육 수업 단원은 배구이다.

수업 첫날 Angel은 체육선생님에게 배구가 매우 좋다고 말한다. Kobel 선생님은 Angel을 반 친구들과 섞어서 배치한다. 첫 번째 과제는 공을 서비스 라인에서 10번 이상 네트 너머로 서브하는 것이다. 각 학생은 10번씩 성공적으로 서브를 성공할 때까지 짝을 이루어 앞뒤로 서브한다. 결국 Angel 조 및 다른 한 쌍의 학생을 제외하고 모든 학생들이 이 과제를 마친다. Kobel은 모든 학생들이 과제를 완수해야한다고 생각하기 때문에 추가로 5분의 시간을 Angel과 나머지 학생들에게 부여한다. 과제를 성공적으로 완료 할 수없는 상황에서 Kobel은 수업을 중단하고 학생들을 탈의실로 보낸다. 그날 밤, Angel은 어머니에게 더 이상 체육수업에 참여하고 싶지 않다고 말한다. 다음 날 Kobel은 Angel에게 급우들과 함께 게임에 참여할 수 없기 때문에 게임 점수를 맡아달라고 말한다.

➜ 소개

　2004년 개정 미국 장애인교육법 Individuals with Disabilities Education Improvement Act [IDEA] 에는 최소제한환경 내에서 학생의 적절한 배치를 결정하기 위한 고려 사항이 요약되어 있다(Sec. 300.114, IDEIA, 2004). IDEA에 명시된 바와 같이, 최소제한환경이란 "공공 또는 사설 교육기관 또는 기타 보육 시설의 어린이를 포함하여 장애가 있는 어린이는 비장애 어린이와 최대한 같이 교육을 받는 것"을 의미한다(IDEA, 300.114.a2, 2004).

　IDEA가 제공한 추가 조항은 모든 학생들이 학년별 기준을 바탕으로 내용을 학습하고 해당 기준의 주 State 평가에 참여하며 학생이 일반 수업에 참여하고 발전하는 방법을 설명하는 개별화교육프로그램 IEP 을 갖출 것을 규정하고 있다(미국 교육부, 2005), 즉 장애학생에게는 각자의 요구를 충족시키기 위한 특화된 교육이 제공되어야한다(Lieberman & Houston-Wilson, 2018). 장애학생들은 일반적으로 학년별 교과 과정, 특히 고등학교 수준에서 기술을 습득하기 위해 더 많은 지원과 특화된 교육이 필요할 수 있다. 예를 들어, "두 가지 이상의 평생 체육 활동(야외 활동, 개인 운동, 수중 운동, 네트/벽 게임 또는 타겟 게임)에서 역량을 입증하고 활동별 움직임 기술을 개선한다," 학생들은 광범위한 평생 체육 활동에 참여할 수 있는 기본 기술을 습득하게 된다. 이러한 지표들은 일부 학생들이 최소제한환경에서 지원을 받고 기술을 연습하고 표현해야 할 필요성을 반영한다(Grenier & Lieberman, 2018). 예를 들어, 3장 소개 시나리오에서 Angel과 그녀의 동료 중 일부는 배구 서브를 배워야했지만 장비 유형, 네트와의 거리, 심지어 서브의 종류(오버 핸드 서브 대신 언더핸드 서브)에서 알맞은 지원을 받을 수 없었다.

➜ UDL 학습전략

　UDL 가이드라인은 모든 학생을 지원하기위해 사용되는 교육 설계 과정의 필수 부분이다. 많은 특수체육교사는 중재 및 교육 전략을 사용하는 방법에 대해 교육을 받지만, 일반 체육교사에 의해 사용되는 이 가이드라인 역시 수업 시간에 장애를 가지고 있거나 가지고 있지 않은 학생들을 위해 특정 학습 성취 목표가 될 수 있다.

　UDL 체계(2장에서 설명)는 일반 학생, 장애 학생 및 다문화 학생을 위한 도구로 사용될 것으로 예상된다. 그들의 학습이 모든 학생의 개별 요구에 부합되도록 하기 위해 체육 교사는 이러한 전략을 의도적으로 변화시킬 수 있어야 된다. 본 책에서는 교사가 UDL 체계를 사용하여 체육관 및 체육수업 환경 안에 있는 모든 학생에게 효과적인 전략을 활용하는 방법을 설명한다.

　모든 학생이 교육과정에 접근 할 수 있는 방법을 고려할 때 교사는 학생의 능력을 생각해야한다. 교사는 기술 습득 및 기능이 장애, 이전 경험 또는 문화적 경험에 의해 영향을 받는

그림 3.1 본문에 언급 된 바와 같이, 낙하산활동은 다양한 방식으로 통합체육 활동에 사용될 수 있다. 위 사진에는 휠체어를 사용하는 학생이 쉽게 통합되고 있다.

특성을 포함하여 학생의 학습 방식을 식별 할 수 있다. 그런 다음 교사는 잠재적 촉진요인 또는 장애요인을 식별하고 UDL을 사용하여 모든 학생의 요구를 충족시키기 위해 교과 과정 및 수업을 사전에 설계 할 수 있다. 예를 들어, 3 학년 Treadwell은 낙하산 활동을 지도하고 있다. 학생들은 천 고리를 손으로 감싸서 수업 시간 동안 낙하산을 붙잡을 필요가 없으며, 원하는 경우 낙하산을 30분 또는 15분 동안 흔들 수 있다. 또한 숙련 된 또래와 협력하거나 필요한 경우 협력교사의 지원을 받을 수도 있다(그림 3.1 참조).

UDL 교과과정이 효과적이기 위해서는 체육교사와 물리치료사, 언어치료사 또는 오리엔테이션 및 이동 전문가와 같은 팀원들 사이에 지속적이고 명확한 의사소통이 가능해야 한다. 교사는 촉진요인과 장애요인을 식별하고 UDL을 사용하여 모든 학생의 요구를 충족시키기 위해 교과과정과 수업을 사전에 설계 할 수 있다.

> 교사는 잠재적인 촉진요인과 장애요인을 식별하고 UDL을 사용하여 모든 학생의 요구를 충족시키기 위해 교과 과정과 수업을 사전에 설계 할 수 있다.

→ 교사 협력수업

협업은 효과적인 통합의 중요한 구성 요소이며 특수교육과 일반교육 프로그래밍 및 수업 설계의 격차를 해소하는 데 필수적이다(Conderman & Johnston-Rodriguez, 2009; Grenier, 2011).

교사 협력수업은 모든 학생에게 학습 성취에 접근할 수 있는 기회를 제공하는 교사 간의 공동 책임이라고 할 수 있다(Hamilton- Jones & Vail, 2014). 협력의 주요 구성 요소에는 자발적 참여 또는 선택, 공정한 참여 및 자료 공유가 포함된다. Friend and Cook(2012)은 협업의 특성을 1) 협의된 수업 목표 설정, 2) 책임 분담, 3) 자료 공유, 4) 학습에 대한 책임 공유로 정의한다. 장애학생을 위한 교과과정 설계 방법을 고려하고 있다면 IEP 팀과 협력하는 것이 학생의 학습 요구를 목표로 하는 구체적인 전략을 결정하는 데 도움이 될 것이다.

학생들의 학습 요구를 이해하고 평가하면 UDL 체계를 통해 다양한 학습 환경에 적용 할 수 있을 정도로 광범위한 실무를 계획하고 적용 할 수 있다. 교사는 2장의 UDL 가이드라인을 참조하여 다양한 참여 방법, 표현 수단, 행동 및 표현의 다양한 방법을 고려할 때 학습 목표에 따라 다양하게 변경할 수 있다. 수영 장비 및 지지대의 변형 예는 그림 3.2를 참조하면 된다.

그림 3.2 교사는 수영 수업을 위해 다양한 수영 장비와 신체적 도움과 언어 설명을 사용한다.

→ 교실 안에서의 장애요인

Angel에 대한 소개 시나리오에서 Kobel 선생님은 Angel의 수업 참여에 가장 큰 장애요인이었다. 종종 그렇듯이 많은 교사들은 오늘날 학교에서 이질적인 학생들로 구성된 학급을 가르치기 위해 적절하게 준비되어 있지 않다. 많은 체육교사 양성 프로그램은 장애가 있는 학생의 요구와 모든 학생을 위한 통합적인 환경을 조성하기 위해 필요한 지원 유형을 다루는 최소한의 수업만을 제공한다(Haegele & Sutherland, 2015; Kwon, 2018; Piletic & Davis, 2010). 결과적으로 많은 교사들이 모든 학생들을 포함하는 양질의 체육수업을 할 준비가 되어 있지 않다(Block & Obrusnikova, 2007). 문헌에 따르면, 흥미로운 점은 교사들이 통합을 원하고 통합을 믿고 있지만 통합수업에서 야기되는 문제를 해결할 준비가 되어 있지 않다고 느낀다(Tant & Watelain, 2017).

연구에 따르면 장애학생들을 포함한 많은 학생들이 혼합된 학습 경험을 가지고 있다고 한다(Block & Obrusnikova, 2007; Haegele & Sutherland, 2015; Spencer-Cavaliere & Watkinson, 2010). 장애가 있는 일부 학생들은 일반체육수업에 포함되어 긍정적인 혜택을 누리지만 대부분의 수업은 그렇지 않다(Coates & Vickerman, 2008; Haegele & Sutherland, 2015). 신중하게 계획되지 않은 체육수업 환경은 따돌림과 사회적 고립(Alves, Grenier, Haegele, & Duarte, 2018; Block & Obrusnikova, 2007; Healy, Msetfi, & Gallagher, 2013)과 부정적인 사회적 비교(Healy et al., 2013)를 포함하여 많은 부정적인 결과를 초래할 수 있다. 부정적인 사회적 비교는 일반적으로 비장애학생의 능력에 비교되는 자폐성장애가 있는 학생들에게서 볼 수 있다.

장애학생들의 사회적 경험은 어려울 수 있으며 학생들은 상한 감정, 배제 또는 난처함을 경험할 수 있다(Suomi, Collier, & Brown, 2003). 예를 들어, 장애학생들은 걸음을 모방하거나 동정을 표현하고 목발을 가지고 장난을 치는 등의 방법으로 놀림과 조롱을 당했다고 전했다(Bredahl, 2013). 이러한 부정적인 경험은 교과과정에 접근 할 수 없는 모든 학생에게 발생할 수 있다. UDL 접근 방식을 사용하면 학생들 간의 차이를 최소화하고 모두가 성공과 성취에 도달 할 수 있는 보다 긍정적인 학습 환경을 조성 할 수 있다.

> UDL 접근 방식을 활용하면 학생들 간의 차이를 최소화하고 모두가 성공과 성취에 도달 할 수 있는 보다 긍정적인 학습 환경을 조성 할 수 있다.

체육수업에서 UDL 체계는 다음을 포함하여 학생들이 보고한 특정 반응에 따라 개발되었다:

- 장애학생(비장애학생 포함)은 종종 놀이 속도가 너무 빨라 동료를 따라 잡을 수 없어 당황스럽고, 이는 부정적인 사회적 상호 작용으로 이어진다(Bredahl, 2013; Healy et al., 2013).

- 팀 선택은 마지막에 결정된다(Haegele & Sutherland, 2015). 학생들이 팀을 선택할 수 있게 되면, 덜 숙련된 동료보다 더 숙련 된 동료를 먼저 선발한다.

- 동료와 어울리지 못하는 것은 문제이다. 학생들이 반 친구들과 함께 어울릴 수 없을 때, 참여가 제한된다. 이러한 경험에서 볼 수 있는 것은 모든 학생을 위한 사회 참여

를 촉진하고 교육적인 요구를 받아들이는 것에서 지원하는 방식에 초점을 두어야 한다는 것이다(Rapp, Arndt, & Hildebrand, 2019). 우리의 교육방식은 특별히 활동에 중점을 두기보다는 학습기회(다양한 표현 수단)를 제시하는 방식에 중점을 두어야한다. UDL은 교사가 학생들이 수업에 오기 전에 생각하고 계획한다는 것을 의미한다. 우리는 수업을 계획하기 전에 수행해야 할 몇 가지 필수적인 단계를 찾아냈다(표 3.1).

표 3.1 수업을 계획하기 전에 물어볼 질문

질문	질문에 답하기 위한 아이디어
1. 원하는 결과 또는 수업목표는 무엇인가?	학생들이 수업 목표를 달성하도록 하기 위한 여러 가지 선택지를 고려하고 목표 달성 방법에 유연성을 제공. 이것은 각 학생이 교과과정에 접근하기 위해 선호하는 방법을 사용할 수 있도록 도움
2. 학생의 이해도를 볼 수 있는 수용 가능한 근거는 무엇인가?	이것은 교사가 학생의 학습을 평가하는 방법을 나타냄. 학습을 위한 유니버설 디자인은 학습자의 다양성을 위해 여러 가지 유연한 방법으로 평가하는 것을 요구함. 평가가 유연할 때 학습자들은 약점을 최소화하고 강점을 극대화하는 평가를 선택할 기회를 가짐. 공식적인 기말 평가 외에도, 학생들은 출구조사(exit slips), 플릭커(또는 학생들의 반응을 선생님에게 효율적으로 보낼 수 있는 장치), 심박수 데이터와 같은 '신속한' 수행평가와 다양한 활동을 통해 무엇을 배웠는지 보여 줄 수 있음. 이러한 평가는 다음 수업계획에 필요한 정보를 제공함으로써 향후 수업지도안 작성을 위해 정보를 제공함
3. 어떤 학습 경험이 목표를 다루고 학습자의 강점, 관심사, 선호도를 고려할 수 있는가?	학습을 위한 유니버설 디자인은 유연성과 지원을 융합하는 학습활동을 요구함. 학생들이 다양한 학습 활동 중에서 선택할 수 있을 때 그들은 강점을 극대화하고 약점을 최소화시키며, 모든 학생들에게 지원이 가능할 때 특정한 지원과 관련된 낙인이 줄어듦(Brian, Lieberman, Grenier, Egan, & Taunton, 2017; Haegele & Sutherland, 2015). 이것은 동료들과 차별되는 수정을 원하지 않는 장애학생들에게 특히 중요하다(Brian et al., 2017).
4. 보조 기술이 수업에 어떻게 적용될 수 있는가?	시각장애학생들을 지원하기 위한 옵션을 고려. 소통은 중증장애 학생들을 가르칠 때 반드시 고려해야 할 사항. 원인에 상관없이, 중증장애를 가진 학생들은 제한된 반응을 보이는 경향을 보임(Grenier & Lieberman, 2018; Hodge, Lieberman, & Murata, 2012). 이러한 특성들 때문에, 체육교사들은 그 학생들의 소통을 위한 요구를 이해하고, 소통을 위한 다양한 방법에 대한 지식을 갖추고 있어야 하며, 그들의 요구충족을 위한 최선의 소통방법을 사용해야한다.
5. 지역사회에서 학생들의 활동을 반영하는 수업 단원과 내용을 어떻게 선택할 수 있는가?	학생들이 지역사회에서 사용할 수 있는 볼링, 피트니스, 아이스 스케이팅, 수영 및 테니스와 같은 내용을 단원에 포함

표 3.2 참여, 표현, 행동 및 표현의 체육수업 샘플

원리1: 참여	원리2: 표현	원리3: 행동 및 표현
다양한 방법으로 학습을 위한 학생들의 흥미와 동기를 자극	모든 학생들이 접근할 수 있는 다양한 양식을 이용하여 정보와 내용을 전달	학생들에게 그들의 학습을 표현하거나 설명할 수 있는 대안을 허용
예: 교사는 반응의 기회를 극대화하기 위해 가능한 많은 장비를 준비하고 학생들에게 배포 여러 학습 영역을 다루기 위해 게임과 규칙을 변형	예: 교사는 청각, 시각, 운동학 및 학생별 촉각 모델링과 같은 접근법을 포함한 다양한 교육 전략을 활용	예: 장애를 가진 학생들이 그들의 학우와 함께, 필요하다면 수정과 더불어 평가를 받음. 기술을 완성하기 위한 선택 사항이 제공

UDL 수업 계획을 작성하는 것은 가능한 작업이지만, UDL 원칙에 대한 최소한의 교육을 받은 후에도 여전히 어려운 과제가 될 수 있다. UDL 접근 방식을 완성하는 것은 노력할 가치가 있고, 나중에 모든 학생들이 수업을 통해 혜택을 볼 때 더 많은 노력의 대가를 지불 한다. 이 시점에서 시작을 위해 몇 가지 특정 예가 필요할 수 있다. 표 3.2는 UDL이 모든 학생들에게 어떻게 작용하는지 보여준다.

→ Angel의 수업 참여 실패

Angel은 배구 수업에 참여하지 못한 것에 실망했다. 그녀는 집에 가서 어머니에게 게임에 참여할 수 있도록 이전 학교로 돌아가고 싶다고 말했다. 그녀는 서브 게임에서 그녀에게 일어난 일에 대해 당황했으며 단지 점수 기록원의 역할을 해야 했다는 것에 화가 났다. 한때 체육수업을 사랑했던 Angel은 이제 관심이 없다.

Kobel은 Angel을 포함한 모든 학생들의 요구를 충족시키기 위해 무엇을 할 수 있는가? Angel의 어머니는 그녀의 옛 체육 교사인 Fernadez에게 손을 내 밀었다. Fernadez와 Kobel 에게 다음과 같은 제안을 했다:

1. 미리 정해진 시간 안에 가능한 많은 서브를 하도록 과제 목표를 변경한다.
   - 여러 번의 시련이 아닌 시간 기반 목표로 변경하면 학생들이 서로 비교하는 대신 성공을 위한 자체 기준을 설정하는 데 도움이 된다.
2. 모든 학생들이 네트에서 떨어진 어느 곳에서도 서브 할 수 있도록 하여, 성공할 때마다 거리를 늘리도록 권장한다.
   - 이 목표는 특별히 Angel이 아니라 전체 학급에 관한 것이다. 이것은 또한 Angel이 '분리'되는 것을 막아 변형을 사용하는 유일한 학생이라는 잠재적인 난처한 느낌을 방지할 수 있다.

3. 학생들이 연습용 배구공에서 비치볼, 규정 크기의 공에 이르는 다양한 유형의 배구공을 선택할 수 있다.

  • 이 제안은 반드시 Angel에게만 해당되는 것이 아니라 전체 학급에서 이용할 수 있다.

4. 패럴림픽 규칙을 사용하여 좌식배구를 해 본다. 이제 학생들은 동등한 공간에 있고 패럴림픽에 대해 배운다(그림 3.3 참조).

이 장을 읽은 후에 Kobel은 무엇을 할 수 있다고 생각하는가?

→ 요약

이 시점에서 수업에 참여하는 모든 학생들의 기술과 능력을 고려해야한다. 모든 학습 스타일을 지원할 계획을 미리 세워라. 모든 학생들에게 변형을 제공한다. 모든 학생들에게 피드백을 제공하고 목표를 달성한다. 수업의 모든 측면에 모든 학생을 포함 시키려면 매일 교수 접근방식과 지원을 지속적으로 분석해야 한다.

그림 3.3 좌식배구는 매우 적절한 선택이다. Angel은 서서하는 활동 보다는 변형된 배구에 더 쉽게 참여할 수 있다.

Chapter 4

평가, UDL, 표현의 다양한 방법

> ▶ 평가 assessment 가 학습을 위한 유니버설 디자인 UDL 의 행동 및 표현 원리와 어떻게 조화를 이루는지 설명
>
> ▶ 학생들이 배운 내용을 설명 할 수 있는 수단으로서 표현의 중요성을 설명
>
> ▶ UDL 행동 및 표현 개념을 통해 학생들을 평가할 수 있는 방법을 설명

Ethel은 움직이는 것을 좋아하는 초등학교 5학년 학생이다. 그녀는 다운 증후군을 가지고 있으며 일반체육수업에 참여하고 있다. 체육수업 안에는 27명의 학생들이 있는데 학습 장애가 있는 DeShawn과 시리아 출신 난민인 Josh도 포함하고 있다. 체육 교사인 Ross는 UDL 접근 방식에 대해 강하게 느끼며 UDL 원칙을 그의 평가에 적용하기 위해 열심히 노력하고 있다. 예를 들어, 근력에 관련된 체력테스트 중 Ross는 벽에 기대거나 매트 가장자리에서 팔굽혀펴기, 팔을 굽히거나 펴고 플랭크 하기, 무릎을 땅에 붙이거나 펴고 팔굽혀펴기 등의 옵션을 제공했다.

그의 학생들은 매일 수업 시간에 자신이 도전하고 개선 할 수 있는 옵션을 선택했고 자신만의 팔굽혀펴기를 연습했기 때문에 자신의 선택을 이해했다. Ross는 그의 평가 보고서에서 각 학생에 대해 메모를 하고 팔의 근력을 보여주는데 사용한 방법을 기록했다. Ross는 1 년 내내 학생들의 진행 상황을 추적했기 때문에 학생들의 성과에 대한 관련 자료를 수집했다고 확신했다.

➔ 소개

교사의 임무는 운동 기술과 운동 개념의 발달, 체력 이해, 존중 및 신체 활동 가치 평가 assessment를 통해 학생들이 신체소양을 함양하는 것이다(SHAPE America, 2013). 또한, 학년도 내내 진행되는 지속적인 지도를 통해 학생들을 가르치고 학습을 평가하는 것은 우리의 책임이다. 평가는 학생의 학습 성취를 향상시키기 위해 학습 과정을 파악하고 교수법을 조정하는 형성평가 formative assessment도 될 수 있고, 수업의 결과를 결정할 수 있도록 총괄평가 summative assessment로 이루어질 수도 있다(Lund & Veal, 2013).

교사는 여러 가지 이유로 학생의 학습을 사정 assessment하고 평가 evaluation한다. 사정은 교과과정 및 수업의 효과를 결정하고, 학생의 성과 및 향상을 평가하는데 도움을 주고, 해당 학군의 성취도 수준에 대한 기준 정보를 제공 할 수 있다. 사정은 또한 학생들이 체육교육 환경을 탐색하는 다양한 방법에도 불구하고 자신이 알고 있는 것을 표현하도록 도와준다 (Kohl & Cook, 2013). 예를 들어, 중등도에서 중증의 대근육 운동 장애가 있는(예: 뇌성 마비) 학생들, 교육적 단서를 처리하는데 어려움을 겪는 학생들, 언어 장벽이 있는 학생들은 모두 학습에 다르게 접근한다. 반대로, 학습지식과 기술이 뛰어난 학생들은 자신의 강점을 보여줄 수 있는 옵션이 필요할 수 있다. Ethel의 경우 교사는 UDL의 개념을 교육 및 사정에 사용했다. 그는 Ethel이 수업 중에 추가적인 지원을 받을 수 있도록 동료코치를 사용했다. 그는 Ethel이 체력평가 기간 동안 플랭크 동작을 오랫동안 유지하도록 격려하고 Ethel이 그녀의 성과를 측정 할 수 있도록 타이머를 사용했다. 타이머는 시각 신호가 필요한 다른 사람들에게도 사요 되었다. 상체 평가방법의 변형에 대해서는 그림 4.1을 참조하면 된다.

평가 assessment 개발의 모든 단계에서 UDL 요소를 고려하고, 학생들이 학습하고 기술을 수행하는 방법과 유사한 형식으로 항목을 제시하며, 마지막으로 평가를 시도하고 개선한다. 일부 학생들은 운동 기술을 통해 쉽게 자신을 표현할 수 있는 반면, 다른 학생들은 자신의 학습을 구두로 가장 잘 표현할 수 있다(National Center on Universal Design for Learning, 2012). UDL 방법은 학생들이 최선을 다할 수 있도록 준비하는 데 도움을 줄 수 있다. CAST (2019) 사이트에 따르면 평가를 고려할 때 다음의 우선순위를 지정할 수 있다.

- 학습 목표에 따라 평가방법을 조정한다. 과제가 학습 목표와 일치하는지 확인한다. SHAPE America 국가 기준의 학년별 성취수준 또는 지역별 state or district 교육과정을 사용하는 것을 고려한다.
- 평가를 위해 확실한 기회를 제공한다. 학생들에게 의미 있고 적적한 기회를 제공한다.
- 학생들이 교과 내용에 참여하도록 하기. 새로운 교육 매체, 음악 및 영상을 사용하여 학생들의 관심을 끌 수 있는 방법을 찾는다.

- 교사는 체육수업 중 학생의 수행에 대하여 자주 확인한다. 특히 형성평가를 실시하면 학생들이 자신이 설정한 목표를 향해 나아가고 있는지 알 수 있다.

- 교사는 학생에게 알맞은 평가방법을 변형하여 적용해 본다. 하나의 전통적인 형식을 고수하지 않고 여러 가지 방법으로 학생의 학습을 측정 할 수 있는 옵션을 제공한다.

- 학생에게 알맞은 평가방법을 제공함으로써 학생들이 수업의 목표를 이해할 수 있도록 루브릭과 추가 평가방법을 공유한다.

그림 4.1 개별 평가 및 수행 옵션을 통해 누구나 팔굽혀펴기에 참여할 수 있다.

- 향후 수업계획을 위해 총괄평가를 사용한다. 당신의 지식을 전달하기 위해 총괄 및 형성 평가를 모두 사용하여 심사숙고 하는 교사가 된다(Salvia, Ysseldyke, & Bolt, 2009).

UDL의 주요 목표는 학생들이 교육과정에 접근하는 것이므로 학생들이 성공할 수 있도록 다양한 교육 방법과 평가 assessment 를 사용하여 UDL의 개념을 습득한다. 행동과 표현이라는 용어는 학생들이 자신의 학습을 표현할 수 있는 방법을 말한다. 평가 는 학생의 학습을 포착할 수 있도록 구성하고 구현하는 최선의 평가방법에 대한 전략이 필요하다. 현실은 모든 학생들을 위한 최적의 평가방법이 없다는 것이다. 그러나 옵션을 제공하면 체육수업에서 학습 측정이 크게 향상된다. 다양하고 유연한 표현 수단을 제공하는 것은 학생들이 배운 것을 시연하고 공유 할 수 있는 대안을 제공한다. 교육 자료, 신체적 조작 및 기술과 상호 작용하는 데 필요한 기술, 타이밍, 속도 및 운동 동작의 범위를 변경하는 것은 기억해야 할 점검 사항이다(CAST, Checkpoint 4.1, 2019). SHAPE America 국가 기준의 학년별 성취 수준은 학생들이 접근에서 선택으로, 기술의 가치를 내재화하는 것 까지 중요 사항을 따라 움직일 수 있도록 수업의 가이드라인을 제공한다. 수업을 계획 할 때는 이 책의 II부에서 설명된 기준과 성취수준에 맞게 조정한다.

SHAPE America 국가 기준의 학년별 성취 수준은 적절한 결과를 식별하기 위한 체계를 제공 할 수 있다. 그러나 교사는 결과를 작성하고 평가방법을 계획 할 때 상황에 알맞게 대처할 수 있다.

→ 평가(assessment) 유형

루브릭

학생들이 자신의 학습을 표현할 수 있도록 평가하는 방법에는 여러 가지가 있다. 루브릭은 학생들이 선택하고 명확한 학습을 위한 옵션을 제공한다. 루브릭은 학습이 일어날 수 있는 구체적인 방법을 제공함으로써 과제를 통해 학생들을 안내하는데 매우 유용한 도구가 될 수 있다. 좋은 루브릭은 복잡한 프로젝트를 통해 학생들을 이끌고 실제로 기술을 가르칠 수 있다. 루브릭은 또한 학생들이 기대치에 대한 오해가 없도록 보장한다. 루브릭 템플릿은 그림 4.2를 참조하면 된다.

선택

학생들에게 선택을 허용하는 것은 학습을 입증하는 효과적인 방법이 될 수 있다. 그러나 과제의 목적이 학생들의 능력을 확장하기 위해 새로운 것을 시도하도록 도전하는 경우가 있다. 그림 4.3의 루브릭에서는 세 가지 유형의 움직임이나 기술이 필요하다.

장비 선택

학년별 성취수준을 사용하는 또 다른 평가의 예는 사용하는 장비의 변형이다. 예를 들어, 줄넘기 활동에서 장비를 변경하여 줄 없는 줄넘기, 구슬로 된 줄넘기, 중간에 훌라 후프의 1/4이 있는 줄넘기 또는 플라스틱 줄넘기가 있다. 이를 통해 어린이는 제자리, 앞, 뒤로, 한쪽 다리로 점프 할 수 있다. 그들은 빠른 시간에 점프하거나 더 천천히 점프 할 수 있으며 평가를 위해 적어도 두 가지 다른 점프 방법을 선택할 수 있다(그림 4.4 참조).

구분	기술	개인적, 사회적 책임(PSR)
4: 기준 초과	비판적 단서를 사용하여 정확도와 함께 각 배드민턴 스트로크를 일관되게 수행한다. 역동적 인 게임 환경에서 각 기술을 실행한다. 배드민턴 전략에 대한 지식을 보여주면서 각 샷을 일관되게 실행한다. 코트 라인을 알고 있으며 각 라인이 경기에 미치는 영향을 이해한다.	안전하고 다른 사람을 배려하며 스스로 행동한다. 다른 사람의 개선을 돕기 위해 노력하는 솔선수범의 역할을 한다.
3: 기준 부합	자세와 결과에 오류가 있는 하나 이상의 샷을 수행한다. 역동적인 게임 플레이 환경에 경쟁적으로 참여할 수 있다. 전략적 지식을 입증하기 위한 노력을 나타낸다. 코드 라인을 알고 있으며 반복적인 규칙 학습 없이 참여할 수 있다.	학습 환경을 방해하지 않으면서 스스로 안전하게 행동한다.
2: 기준 접근	자세와 결과 모두에서 오류가 자주 발생하는 샷을 수행한다. 역동적인 게임 플레이 환경에 참여하기가 어렵다.	때때로 안전하지 않은 상황을 만든다.
1: 시작하기	기술 개발을 위한 최소한의 노력을 나타낸다.	안전 규칙을 위반하고 다른 사람의 학습을 방해하는 경우가 종종 있다.

그림 4.2 배드민턴 활동에 유니버설 디자인을 적용한 평가(assessment) 루브릭

또 다른 예는 배구에 시험을 통해 학생들 자신이 알고 있는 것을 신체적으로 보여 주거나, 칠판에 작성하거나, 컴퓨터에 입력 하거나, 구두로 설명하거나 그림으로 그리는 것이다. 학생들은 이 방법 중 하나 또는 두 개를 사용하여 자신이 알고 있는 것을 공유해야한다. 표 4.1은 체육수업에서 다른 행동 수단과 표현의 몇 가지 예를 보여준다.

표 4.1 여러 행동 및 표현 수단

UDL 가이드라인	예
학생들이 전통적인 시험 이외의 방식(예: 작문, 프로젝트, 포트폴리오, 저널)으로 지식과 기술을 입증하도록 장려	학생들이 다양한 방식으로 자신이 알고 있는 것을 표현할 수 있도록 다양한 평가 방법을 사용. 예를 들어, 글을 쓰는 대신 학생들이 자신이 알고 있는 것을 시연, 칠판에 그림 또는 구두 설명으로 표현할 수 있게 한다.
서면 작업을 할 때는 가능하면 쓰기에 대안을 허용	음성, 단일 스위치, 조이스틱, 키보드 또는 개조된 키보드(CAST, 2019)와 같이 손으로 직접 재료와 상호 작용할 수 있는 대안을 제공한다.
학생들에게 학습 방법을 보여줄 수 있는 평가방법을 선택 테니스, 크리켓 또는 요가와 같은 단원에 대한 보다 심도 깊은 지식 /인지 탐색이 가능	학생들에게 숙련정도를 보여줄 수 있는 선택을 제공. 예를 들어, 시합 중에 사용할 테니스 스윙을 보여주기 위해, 당신에게 그것을 보여주고, 설명하거나, 테니스 기술의 4 ~ 5 장의 사진 중에서 선택하거나, 동료들을 움직일 수 있다. 학생들에게 포스터 발표, 연구 보고서 또는 새롭거나 기발한 스포츠를 공유하기 위한 비디오 제작과 같이 어떤 유형의 학업 과제를 완수할지 선택할 수 있는 기회를 제공한다.
집단행동과 표현을 촉진하는 기술을 통합	학생들은 태블릿 또는 컴퓨터를 사용하여 객관식 옵션에서 올바른 던지기 자세, 농구 득점 또는 화면의 댄스 동작을 선택할 수 있다. 또한 코트나 경기장의 라인에서 특정 동작에 사용되는 영역을 채워서 컴퓨터를 사용하여 규칙이나 시합 중 위치 잡기를 보여줄 수 있다.

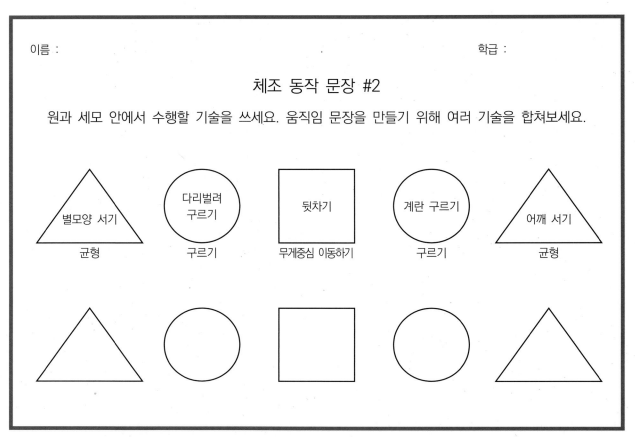

이름 :   학급 :

체조 동작 문장 #2

원과 세모 안에서 수행할 기술을 쓰세요. 움직임 문장을 만들기 위해 여러 기술을 합쳐보세요.

별모양 서기
균형

다리벌려
구르기
구르기

뒷차기
무게중심 이동하기

계란 구르기
구르기

어깨 서기
균형

그림 4.3 그림은 두 개의 행 모양을 보여준다. 맨 윗줄에는 각 모양에 이름표가 있다. 학생이 성취 한 것을 채우기 위해 두 번째 도형 행은 비어 있다.

Skill	1st time	2nd time	3rd time
줄넘기, 후프넘기 (짧은, 긴, 부분적인 훌라우프)	⭐⭐⭐	⭐⭐⭐	⭐⭐⭐
연속으로 다섯번 넘기	☆☆☆	☆☆☆	☆☆☆
다른 줄 넘기	☆☆☆	☆☆☆	☆☆☆
친구와 함께 넘기	☆☆☆	☆☆☆	☆☆☆

그림 4.4 줄넘기 기술이 포함 된 차트에는 각 기술에 3회씩 시도를 할 수 있는 열과 함께 4 가지 기술이 나열되어 있다. 표의 각 시도 회기별로 학생이 스스로 평가(assessment)할 수 있는 별 3 개가 있다.

가장 중요한 점은 모든 학생들이 자신의 기술을 선보일 명확한 목표와 전략을 설정하여 체육수업에서 잠재력을 최대한 발휘할 수 있도록 돕는 것이다. 모든 학생들에 대한 기대가 높아야하고 개선을 위한 개별적인 방법을 결정해야한다.

➜ 대안평가(alternative assessment) 사용

디지털 미디어는 학생들이 개념을 배우고 표현하는 데 필요한 기술을 개발할 수 있는 여러 기회를 제공 할 수 있다. 기술 또는 운동 순서를 보여주는 비디오 또는 사진은 학생들이 기술, 체력 개념 또는 활동에 대한 더 나은 정신적 이미지를 만들 수 있도록 하여 개념에 대한 이해를 도울 수 있다. 시각적 지원의 예로는 테블릿이나 컴퓨터를 사용하여 필요에 따라 반복 할 수 있는 단계별 시연을 포함하며, 학생들은 자신의 성과를 보고 지도자로부터 피드백을 받을 수 있다.

노트카드를 사용하여 활동 자료를 기록하는 것도 또래나 협력(보조)교사에게 자료 수집을 부탁하는 것처럼 도움이 될 수 있다(그림 4.5 참조). 자기보고식 평가는 학생들에 대한 기초 자료를 빠르게 얻을 수 있는 방법이기도 하다.

염두에 두어야 할 중요한 정보 중 하나는 모든 학생들이 교실에 쉽게 동화 될 수 있도록 유니버설 디자인을 적용하여 체육관을 설계하는 것이다. 장비와 스테이션의 평행 배치를 사용하여 학생들이 노출된 느낌 없이 선택을 스스로 할 수 있다. 장애 학생은 소외되기를 원치 않으며 이미 하고 있는 것보다 더 드러나길 원하지 않는다(Bredahl, 2013). 언더핸드 던지기와 같은 기술을 평가할 때는 학생들이 볼링 핀을 쓰러뜨리거나 다리 사이로 공을 던지는 것을 통해 성공 여부를 측정 할 수 있는 기회를 만든다. 학생들의 학습 스타일과 신체 능력에 가장 적합한 자세를 교육함으로써 성공할 수 있도록 격려한다. 그림 4.6은 개별 학습 스타일의 어린이 볼링을 보여준다.

동영상 검토 등 시각적 지원은 이 학생이 새로운 신체 기술을 배우는 데 도움이 된다.

표 4.5 미식축구에서 공 잡기 기술 평가(assessment)를 위한 과제 카드

성명 :   날짜 :

미식축구 잡기 기술
　　팔은 피고___ 손바닥을 위로 향하고고___오직 손으로 잡는다___
　　___유형의 공을 잡는다_____로부터 날아온
　　한손잡기___ 두손 잡기___
　　가슴을 이용하기___ 가슴을 이용하지 않기
　　서있는 동안___ 걸어가는 동안___ 조깅하는 동안___ 달리기 하는 동안___
　　잡기 성공 횟수___
　　그림

부가적인 방법
　　구두로 잡기방법을 성명___
　　컴퓨터를 이용하여 잡기방법을 설명___
　　특정동작을 통해 친구와 걸어가고 구두로 설명하며 잡기방법을 설명___

그림 4.6 아동의 개별적인 스타일과 능력에는 동료가 목표로 하는 느낌과 공을 얼마나 세게 밀 수 있는지가 포함된다.

→ 총괄평가(summative assessment) 사용

좋은 총괄평가는 특정 내용과 결과에 대한 숙련정도와 관련된 개별 학생의 학습 수준을 식별해야한다. 에세이, 프로젝트, 관찰 및 회의와 같은 테스트 제품은 교사가 숙련정도를 유추하기 위해 필요한 증거를 수집하는데 사용되는 일반적인 도구이다.

UDL 체계에 따라 설계된 총괄평가는 학생에게 평가정보를 제시 할 때와 학생들이 자신이 알고 있는 것을 보여줄 때 다양한 자료와 방법을 사용하여 학생 자료를 수집한다. 강력한 UDL 체육수업 환경에서는 학습주기 전체에 걸쳐 다양한 형성평가 및 총괄 평가가 이루어진다(Lund & Veal, 2013). 체력에 대한 총괄 평가의 예는 그림 4.7을 참조하면 된다.

UDL 평가는 간단하고 명확해야한다. 예를 들어, 우수한 UDL 평가는 간단한 안내를 사용하고 항목이 보이고, 소리 내어 읽을 수 있고, 시연가능하고, 명확하게 이해될 수 있도록 옵션을 제공한다. 내용 관련 구성을 유지하면서 수행 장벽을 제거하는 것은 UDL 평가의 특징이다.

→ 요약

학생의 학습을 관찰하고 평가assessment 하는 것은 모든 수준의 교육과정의 핵심 구성 요소이어야 한다. 평가를 개발할 때, 정확한지, 직접지도 및 학생의 학습에 효과가 있는지 확인한다. 형성평가 및 총괄평가를 모두 사용하면 학생들을 참여시키고 필요한 기술을 실제로 나타내는 방식으로 학습을 시연하는 데 도움이 되는 지속적인 정보를 얻을 수 있다.

UDL 내의 평가는 학생들에게 다양한 참여, 표현, 행동 및 표현의 다양한 방법을 제공해야 한다. 이러한 구성 요소를 고려할 때 교육은 형성평가 및 총괄평가와 모두 일치해야한다. 진정으로 유용한 평가는 학생의 목표와 관련된 지식과 기술을 평가 해야 하며 정확하게 수행되어져야 한다. 이것은 보이는 것보다 달성하기가 더 어렵다. 모든 학생에 대해 동일한 평가를 사용하는 것이 공정한 것처럼 보일 수 있지만 원하는 결과를 얻지 못할 수도 있다. 한 학생의 선호는 다른 학생에게 방해가 될 수 있다. 우리는 교육자로서 학생들의 웰빙에 기여할 평가방식을 계속 개발할 것을 권장한다.

학기말 학생들이 총괄 자기보고식 평가(assessment)에 참여하고 있다.

고등학교 체육수업 기준 (예: 2018-2019년 한눈에 보기)

Pittsfield 중 · 고등학교의 체육수업은 지난 5년 동안 급격히 변화했으며 올해는 이 과정이 완전히 학생 중심이다. 학생들은 자신의 체육수업 경험을 디자인 한다. 학생들은 수업 역량을 받게 되며 5개의 SHAPE America 국가 기준 역량에 대한 숙련정도를 보여줄 수 있는 주간 활동 계획을 설계해야한다. 학생들은 자신이 좋아하는 것과 관심사를 중심으로 하는 프로그램으로 수업을 설계할 수 있으며 다양한 방식으로 숙련정도를 보여줄 수 있다.

체육 수업에서 적극적으로 협력하고 수행하는 것이 과정의 가장 중요한 측면이다. 매일 80%의 일상 활동에 적극적으로 협력하고 수행하는 학생들은 세 가지 체력 테스트에 참여하고 완료하며, 최소 두 개의 연구 프로젝트를 완료한 학생은 네 가지 체육 역량 모두에서 능숙함을 나타낸다.

쿼터 #1
학기말까지"페이스(pace) 유지하기"학점을 이수하려면 학생은 다음을 완료해야한다.
- 예정된 일일 활동의 80% 이상을 수업에 적극적으로 참여
- 체력 테스트 1 완성
- 독립적으로 할당된 연구 프로젝트 1개를 완료
- 기초 능력 이상의 것을 보여주고자 하는 학생들은 작문활동 반영, 목표 노트, 주간 체력일지 및 체육 수업 관련 내용을 자세히 이해하는 데 도움이 되는 기타 작문 작업을 완료

쿼터 #2
학기말에 수업에 대한 학점을 얻기 위해 "페이스 유지하기" 상태가 되려면 학생은 최소한 다음을 완료해야한다.
- 예정된 일일 활동의 80% 이상을 적극적으로 수업에 참여
- 1, 2, 3 체력 테스트 완료
- 독립적으로 할당 된 두 연구 프로젝트를 완료
- 기초 능력 이상의 것을 보여주고자 하는 학생들은 작문 활동 반영, 목표 노트, 주간 체력일지 및 체육 수업 관련 내용을 자세히 이해하는 데 도움이 되는 기타 작문 작업을 완료하여야 한다.

그림 4.7 고등학교 체육 수업에 대한 총괄평가(summative assessment)

→ 추가 자료

Faculty Focus, "Think Alouds Shed Light on How Students Grapple With Content": www.facultyfocus.com/articles/teaching-professor-blog/think-alouds-shed-light-on-how-students-grapple-with-content

Faculty Focus, "A Role for Student Choice in Assignments?": www.facultyfocus.com/articles/teaching-professor-blog/a-role-for-student-choice-in-assessment

중증 및 중복장애학생에게 UDL 적용하기

학습목표

▸ UDL을 확장시켰을 때 중증장애학생의 통합이 보장될 수 있다는 것을 이해

▸ 중증 및 중복장애라는 용어를 설명

▸ 학생들의 복잡한 학습 요구에 대해 조정과 지원이 필요함을 간략하게 설명

▸ 협력교사와의 작업을 위한 전략을 제공

▸ 또래 교사와 장비 설계를 포함하여 자연스러운 지원의 필요성을 설명

Minerva는 복잡한 지원 요구를 갖고 있는 중학교 2학년 학생이다. 그녀는 조산으로 태어났고, 뇌성마비와 시력손상, 지적장애를 갖고 있다. 그녀는 때때로 발작을 일으키며, 이동을 위해 워커와 휠체어를 사용한다. Minerva의 일대일 보조인인 Angelino는 지난 2년 동안 함께 해 왔다. Minerva는 일주일에 두 시간의 체육수업시간이 있으며, 수업시간에 유니버설 디자인을 적용하는 Miller 선생님의 도움을 받는다. Miller는 매주 Angelino와 함께 Minerva의 주별 학습을 이해시키고, 효과적으로 학습시키기 위한 방법을 체크한다. 변형과 조정을 위한 토론은 Minerva가 원하는 지원을 받을 수 있도록 하는데 필수적이다.

➜ UDL 환경에 중증장애학생 통합시키기

체육수업에서 UDL 접근은 대부분의 학생들에게 매우 성공적일 수 있다. 그러나 중복 또는 중증장애를 포함하여 장애가 심한 학생들이 통합체육수업에 참가하기 위해서는 몇 가지 지도계획이 더 필요하다(Grenier & Lieberman, 2018). UDL이 통합체육수업에서 한 명의 학생에게만 다양한 지원을 고려하는 것이 아니기 때문에, 이 장에서는 모든 학생을 통합체육수업에 참가시키기 위해 교사들이 UDL을 적용하고자 할 때 그에 대한 적절한 정보를 제공해줄 것이다. 5장은 학급 내 중복 또는 중증장애학생을 통합시키기 위해 교사에게 필요한 도구를 제공할 것이다. 교사의 노력과 헌신이 뒤따른다면 성공적이고 더욱 가치 있는 통합체육수업이 이루어질 것이다.

➜ 중증 및 중복장애는 무엇을 의미하는가?

중증장애라는 용어는 교육에 참여하기 위한 지원이 필수적이고 뚜렷한 수준의 광범위한 장애학생을 설명할 때 사용한다(Grenier & Lieberman, 2018; IDEA, 2004). 중증장애는 중복장애 또는 복잡한 요구를 가진 장애학생이라고도 할 수 있다. 미국 장애인교육법 The Individuals with Disabilities Education Act, IDEA, 2004 은 중복장애를 다음과 같이 설명하고 있다:

여러 가지 장애가 중복되어 나타나는 것으로(지적장애-맹, 지적장애-지체장애 등) 한 가지 장애만을 가지고 있는 학생을 위한 특수교육 프로그램에 참여하기 어려운 심각한 교육상의 문제를 안고 있다. 중복장애는 농-맹을 포함하지 않는다(Sec. 300.8 (c)(7) IDEA, 2004).

중증장애라는 용어는 정신적 또는 신체적 장애가 지속적으로 나타나는 중증이며, 만성적인 상태를 말한다. 이들은 중도에서 최중도 수준의 지적 손상을 가진 사람을 포함한 중증장애인으로서, 타인에게 자신의 요구를 전하는데 어려움을 가지며, 신체, 감각, 행동, 건강 손상을 동반한다(Westling & Fox, 2009). 중증 및 중복장애인은 전형적으로 독립생활을 위한 자기보호를 포함하여, 언어 수용과 표현, 학습, 이동, 자기 지도 또는 능력 등 주요 일상생활 기술에 세 가지 이상의 지속적인 제한성을 갖고 있다. 이러한 장애는 출생 시 또는 출생 후에도 발생할 수 있다(Hodge, Lieberman, & Murata, 2012; Orelove, Sobsey, & Gilles, 2017).

중증 및 중복장애의 원인

중증 및 중복장애의 가장 일반적인 원인은 조산, 유전자 및 염색체 이상, 임신 합병증, 후천적 원인 등이다. 중증장애는 IDEA가 정의하고 있는 13가지의 특수교육 범주 중 하나가 아니기 때문에, 일관된 정의가 없다. 그러나, 중복장애 또는 농-맹 장애학생을 포함할 수도 있다. 중증 및 중복장애 학생은 일반적으로 출생 시 또는 태어난 지 몇 개월 안에 진단된다. 흔히, 중증장애 학생은 하나 이상의 장애를 가지며, 하나의 주된 원인으로부터 발생한다. 예를 들어, 조산으로 태어난 아동은 뇌성마비와 시력 손상을 갖고 태어나며, 지적장애와 심각한 경련을 동반하기도 한다.

다음은 중증 및 중복장애 학생에게서 나타나는 장애이다.

- 엔젤만 증후군 Angelman syndrome
- 자폐 스펙트럼 장애 Autism spectrum disorder
- 뇌성마비 Cerebral palsy
- 차지 증후군 CHARGE syndrome
- 염색체 이상 Chromosomal abnormalities
- 청각 장애 Deafness
- 농-맹 Deaf-blindness
- 지적 장애 Intellectual disability
- 조산 Prematurity
- 흔들린 아이 증후군 Shaken baby syndrome
- 18삼염색체 증후군 Trisomy 18
- 시각 장애 Visual impairment

출처: M. Grenier and L.J. Lieberman, Physical Education for Children With Moderate to Severe Disabilities (Champaign, IL: Human Kinetics, 2018), 4.

중복장애

중복장애는 시각, 지적, 지체장애와 같은 여러 장애들이 복합적으로 나타나며, 교육적 요구에 광범위한 영향을 미친다. 국립장애아동정보센터 The National Dissemination Center for Children with Disabilities 는 지연된 언어와 의사소통 기술, 이동의 제한, 일상생활 활동 수행에서의 보조 필요 등 몇 가지 일반적인 정보를 제공하고 있다(Nakken & Vlaskamp, 2007). 증증장애 아동은 대개 주 장애와 관련된 몇 가지 의학적 문제가 있다. 이러한 의학적 문제로는 경련, 영양관을 통한 섭식의 어려움, 기관절제로 인한 호흡의 어려움, 우회로 시술을 받은 수두증 또는 척추 고정지지대가 필요한 척추측만증 등이 있다. 학생의 개별화교육계획을 면밀히 살펴보면, 교육문제 해결과 학교 지원 서비스에 대한 통찰력을 얻을 수 있다.

앞서 기술한 원인 이외에도, 중증 및 중복장애학생의 경우에는 다음과 같은 특성을 나타낼 수 있다.

- 인식 수준의 다양성: 청력이나 시력을 활용한 정보습득과정, 근육 또는 표현 문제로 인해 인식 수준이 낮은 학생들은 즉각적인 지시에 명확하게 반응할 수 없을 수 있다.

- 반응 레퍼토리의 제한성: 누군가 묻는 것을 이해하는 학생은 자신이 이해할 수 있는 방식으로 자신의 반응을 표현하지 못할 수도 있다. Carpenter와 그의 동료들(2015)은 수동적이거나 능동적인 반응이라고 설명하고 있다. 능동적 반응에는 행동, 민감성, 호기심, 기대, 인내 등이 있다. 손이나 팔 동작, 눈으로 응시, 얼굴 표현, 발성 등의 형태로 확인할 수 있다. 이러한 반응들은 각 학생들에게 독특하게 나타나며, 상황에 따라서도 독특하게 나타난다. 이러한 의사소통 양식을 배우고 인식하는 것은 교육팀이 담당한다.

- 의사소통 체계 부재: 어떤 학생은 정보를 받거나 자신의 감정과 요구를 명확하게 표현할 수 있는 의사소통 체계의 발달이 이루어지지 않은 경우도 있다. 관련 서비스 제공자는 학생의 학습 프로파일에 도움을 줄 수 있고, 의사소통 행동을 확인하는 데 도움을 줄 수 있다.

2015년 기준, 6-21세 사이의 장애학생 중 95%는 공립학교에서 교육을 받았고, 3%의 장애학생은 특수학교에서 교육을 받았으며, 1%는 부모에 의해 정규 사립학교에 배치되었다(U.S. Department of Education, National Center for Education Statistics, 2019). 특수교육 배치에 대한 데이터는 장애학생의 일반교육 환경 배치가 점차적으로 증가하는 것을 보여주고 있으나, 중증 및 복합장애학생은 더 느리게 증가하고 있음을 보여주고 있다. 그들이 나타내는 중요한 장애 때문에, 중증 및 중복 장애 학생들과 함께 일할 때에는 사려 깊고 신중한 행동이 필요하다. 교사들은 이러한 학생들을 체육교육의 일반 교육과정에 적극적으로 참여시키기 위해 계획적인 노력을 기울여야 한다(Grenier, Miller, & Black, 2017). 학생들이 어떻게 더 다양하고 효과적인 교육을 경험할 수 있는지를 고려할 때에는 교육과정에 접근할 수 있도록 하는 것이 필요하다. 일반 교육 경험은 학생의 지역사회로의 전환을 도울 수 있다(Bartholomew & Griffin, 2018).

활동에 참여하고 학습 목표에 도달하는 능력은 중증장애학생에게는 어려울 수 있다. 그러나, 교사들이 협력한다면, 그들은 학습을 어렵게 만드는 교육적 장벽을 전체적으로 감소시킬 수 있다. 체육교사, 특수체육교사, 협력교사의 지원을 받으며, 학생들은 통합교육 실행을 통해 혜택을 받을 수 있다(Block & Obrusnikova, 2007; Grenier & Lieberman, 2018). 당신은 SHAPE America의 국가 기준 및 초중고(K-12) 체육교육을 위한 학년별 기준에 해당하는 모든 학생들의 수업을 만들 수 있다. 필요한 지원 내에서, 중증장애 학생들은 잠재력과

> 중증장애학생들을 포함한 모든 학생들은 교육과정에 접근할 수 있어야 한다.

일치하는 적절한 목표 달성을 추구할 수 있다.

Minerva의 도입 시나리오에서 기술한 바와 같이, 중증장애학생들의 완전한 통합을 위해서는 UDL 이상의 추가적인 고려사항이 필요할 수 있다. 인간중심디자인연구소(The Institute for Human Centered Design, 2015)는 "유니버설 디자인은 특별하거나 별도의 설계 없이 가장 넓은 범위에 적용할 수 있는, 가장 광범위한 사람들이 활용할 수 있는 장소, 사물, 정보, 의사소통, 정책의 디자인 틀이다."라고 설명하고 있다. UDL은 학교에 배치하는 것 이상을 포괄하는 개념이다. 그것은 최소한의 접근과 선택을 보장해야 한다(Hums, Schmidt, Novak, & Wolff, 2016). 중증 및 중복장애 학생을 위한 전문적인 수업이 교실에 들어가자마자 학습에 접근할 수 있도록 주의 깊게 계획되어야 한다(Udvari-Solner, Bouchard, & Harrell, 2017).

표 5.1 중증 및 중복장애학생을 위한 지원 내용

이슈	문제	해결방법
비용 절감	스위치나 의사소통장비와 같이 중증장애 학생의 지원을 위한 필수 장비나 물품들이 비쌀 수 있다.	물리치료사나 특수교육팀과 협력하여 해당 부서에 특정 요구를 지원할 수 있는 자금이나 장비가 있는지 확인한다. 전문가에게 장비를 대여할 수도 있을 것이다.
장비 지원	라켓, 볼, 배트 등이 다양하게 제공된다 하더라도, 장비 유형이 특정 학생에게 가장 적절한 것이면 비싸거나 구하기 어려울 수 있다.	물리치료사, 지역 장비 대여점, 지역 상점, 그리고 학생들에게 효과가 있을 수 있는 장비들을 갖춘 다양한 장비 회사들을 이용할 수 있다. 학생의 독특한 특징을 반영하여 학생에게 적합한 장비를 만들 수 있다.
크기 조정	더 낮은 농구골대, 작은 공, 큰 라켓과 같은 또래들과 함께 사용하는 옵션들은 여전히 중증장애 학생들에게 필요한 크기(규모)에 적합하지 않을 수도 있다.	학생들을 위한 옵션은 종종 또래에게 제공되는 옵션보다 훨씬 더 많이 축소되어야 한다. 하키스틱을 자르거나 학생들에게 적합한 크기로 확대해서 사용할 수 있다.
기술 지원	종종, 중증장애 학생들은 태블릿, 사진 변환 의사소통 시스템, 스위치와 같은 통신 기술을 통해 혜택을 받는다.	언어치료사와 협력하여 체육관에서 의사소통할 수 있는 적절한 장비를 확보할 수 있다.

→ 접근 가능한 환경 조성

지원 내용의 사용은 특히 중증 및 중복장애 학생들이 또래와의 상호 작용을 개발 가능하게 하는 UDL의 큰 부분이다. 표 5.1은 일반 교육 환경에서 중증장애 학생에게 가르치는 몇 가지 과제에 대한 해결방법을 제공하고 있다. 중증장애 학생이 또래와 함께 수업에 통합되면, 당신은 수업의 최대성과를 가져오기 위한 지도 전략과 실행방법을 사용할 수 있다.

또래 교사와 자연스러운 지원

유니버설 디자인을 적용한 수업은 원활하고 효과적인 교육과정 운영에 필요한 여러 역동적인 요소들을 가지고 있다. 자연스럽고 효과적이며 유익한 전략은 또래 지원 및 자연스러운 지원으로도 잘 알려진 또래 교사 활용이다(Browder, Wood, Thompson, & Ribuffo, 2014; Downing, 2006; Grenier & Miller, 2015). 또래 교사들은 경도와 중증장애 학생과 함께 하는 체육 상황에서 효과적인 것으로 나타났다(Klavina & Block, 2008; Klavina, Kristen, Hammar, Jerlinder, & Soulie, 2013; Klavina & Rodionova, 2015). 또래 교사는 동일연령 또래 교사로 불리는 동일 학급의 학생일 수도 있고, 상급학년 학생일 수도 있다. 이러한 또래 교사들은 학급 내에서 학습지도를 보조하고 피드백을 줄 수 있다. 상급학년 또래 교사 활용이 효과적이려면, 그들은 각 단원에 대해 연중 숙련이 필요하고, 지원이 필요하다(Lieberman & Houston-Wilson, 2018; Martin Ginis, Nigg, & Smith, 2013). 교육 내용은 체육, 장애 인식, 역할과 책임, 적절한 위치 요구, 의사소통, 사정, 지도와 피드백, 안전, 행동관리 전략에 대한 교사의 철학을 다루어야 한다(Lieberman & Houston-Wilson, 2018). 당연히, 교사는 수업계획에 대한 책임이 있고, 목적과 목표를 성취할 수 있도록 해야 한다. 만약 학생이 협력교사와 함께 한다면, 그와 함께 수업에 참여해야 한다. 그들은 또래 교사와 학생을 감독할 뿐 만 아니라 지도와 피드백을 제공할 수도 있다. 또래 교사가 참여하는 동안 다루어야할 모든 일을 확인하려면 표 5.2를 참고하면 된다.

표 5.2 중증장애학생이 있는 학급에서 또래 교사의 책임

책임	설명
역할과 책임에 대한 인식	또래 교사는 출석, 장비 설치 및 해체, 적절한 위치, 사정, 지도와 피드백, 행동관리 등 수업 중 자신의 역할과 책임을 이해해야 한다.
적절한 위치	일부 중증장애 학생들은 적절한 위치와 관련하여 독특한 요구가 있을 수 있다. 또래 교사는 학생의 효과적인 학습을 위한 가장 적절한 위치를 이해해야 한다.
사정	또래 교사는 학습 결과를 확인하기 위해서 모든 수단을 동원하여 데이터를 수집할 수 있다.
의사소통	각각의 학생들은 표현적으로 또는 수용적으로, 다른 의사소통 방식을 가지고 있다. 또래 교사는 그들이 함께 하는 학생의 표현적 의사소통방법을 가르치고 이해할 수 있는 가장 좋은 방법을 배울 것이다.
지도와 피드백	또래 교사는 각 수업 단원에 대한 지도와 피드백을 제공하는 가장 효과적인 방법을 이해할 것이다.
안전	또래 교사는 신체적으로나 정서적으로 안전하고, 교육적인 환경을 제공해야 한다.
행동관리	당신과 또래 교사는 개별 학생의 행동 요구와 관련된 필수 정보를 공유해야 한다. 또래 교사는 그들의 능력을 최대한 발휘하여 행동관리를 해야 한다.

체계적인 수업 지도

체계적인 수업 지도는 60년 이상 지역사회 및 일상생활 기술 지도를 지원하고 있어 강력한 증거기반을 갖추고 있다(Spooner, Browder, & Mims, 2011). 중복 및 중증장애 학생들은 동일 연령 또래 학생들보다 더 느린 속도로 배운다. 학습향상을 위해서는 일관된 단서, 수업지도, 피드백, 동기유발 전략 등을 토대로 매일매일 모니터 해야 한다. 체계적인 수업 지도는 교사 또는 협력교사가 일관된 단서, 장비 및 학습 검사 도구를 사용하고, 학생의 반응과 수행을 매일 기록하는 수업 접근법이다. 표 5.3은 체계적인 수업 지도의 몇 가지 구성 요소를 설명하고 있으며, 기술 정의, 데이터 수집, 여러 종류의 촉진 방법, 시간 지연, 강화, 유지 전략, 일반화 전략 등을 포함한 구성 요소들은 체육수업 현장과 관련되어 있다.

표 5.3 체육수업 현장과 관련되어 있는 중증장애 학생의 체계적인 수업 지도 구성 요소

체육적인 수업지도 구성요소	정의	체육수업 예시
기술 정의 체계적인 수업지도를 사용하는 첫 번째 단계는 가르쳐야 할 기술이 관찰 가능하고, 측정 가능하도록정의하는 것이다.	행동은 한 단계로 분리, 또는 복잡한 행동을 동일화 시킨 분리된 행동들의 연속으로 분류할 수 있다.	던지기와 같이 운동 기술을 분리할 수 있거나, 농구 레이업 숏이나 자유형 스트로크와 같이 연속적일 수 있다.
데이터 수집 일단, 목표 기술 표적 기술을 개별적 반응, 일련의 반응, 또는 과제 분석으로 정의하면, 이러한 반응들은 지속적인 모니터링 과정을 통해 데이터 기록지에 입력할 수 있다.	데이터 기반 의사결정은 교사들이 수업 변화를 계획하기 위한 데이터를 활용할 때 사용하는 용어이다. 학생의 수행에 대한 데이터를 일관되게 측정하여 진행과정을 모니터링하는 것은 중요하다(Grenier & Lieberman, 2018).	당신은 Harper를 일반체육 수업에 통합시키고, 배구 리드-업 활동을 통해 스파이크 볼을 가르치고 있다. 당신은 두 손으로 큰 공을 잡고, 구두 지시에 따라 훌라후프를 떨어뜨리는 그녀를 모니터한다(Ludwa & Lieberman, 2019).
촉진 일단 목표 행동 표적 행동을 정의하고, 데이터 기록지를 만들었다면, 당신은 반응 촉진과 소거(fading) 체계를 계획해야 한다.	촉진 체계는 동시 촉진, 시간 지연, 최소 촉진 시스템, 최소 개입 촉진, 단계적 보조 등을 포함한다.	당신은 티 배팅을 가르치고 있다. 당신은 데이터 기록지를 만들고, 필요한 촉진방법들의 특성과, 신체적인 지원의 필요한 량, 신체적 보조 사용의 단계적 제거 방법을 결정한다.
연쇄 촉진 반응 촉진 전략은 올바른 응답을 수행한 결과의 추가 정보로 구성된다. 오류 없는 학습의 근본적인 목적은 반응 촉진 또는 지도상황에서 지원하는 것을 자연스러운 자극으로 자극 통제를 전환하는 것이다(Waugh, Frederick, & Alberto, 2009).	이 방법은 목표 자극과 동시에 제시되는 하나의 반응 촉진(예: 언어, 모델)으로 구성되며, 여러 번의 교육적 시도 후에 제거된다. 강력한 증거 기반인 이 촉진 시스템은 독립 또는 연쇄 과제를 가르치는 효과적인 전략이며, 다른 촉진 전략보다 간단할 수 있다(Smith, Schuster, Collins, & Kleinert, 2011).	당신은 수영장 풀에서 Nathan에게 다리로 벽을 밀치고 미끄러지듯이 나아가라고 가르치고 있다. 당신은 또래의 시각적 시범과 함께 언어적 촉진과 신체 보조를 하고 있다. 당신은 시범과 접촉 단서를 통한 신체적 보조를 서서히 소거시킨다.
시간 지연 시간 지연을 사용하는 것은 강력한 증거 기반이 있다.	시간 지연은 목표 자극과 동시에 촉진을 제공하고, 연속적인 시도의 시간이 적어짐에 따라 소멸시키는 시스템이다.	당신이 학생에게 킥을 가르칠 때, 언어적 촉진과 접촉 단서를 사용할 수 있다. 시간이 흐르면서 당신은 자연스러운 단서를 통해 접촉 단서와 언어 촉진을 소거한다.
최소 개입 촉진 또 하나의 촉진 옵션으로 최소 개입 촉진이 있다-개입 전략은 분리 또는 연속된 과제를 가르칠 때 필요한 경우에 한해서만 촉진을 사용하는 것이다.	최소 촉진 체계에서, 당신은 언어적 지시로 시작하고, 방법을 설명하고, 신체적 지도를 해 주며, 오직 학생의 반응을 이끌어낼 필요가 있을 때에만 여러 촉진방법을 제공한다.	시간 지연과 유사한, 당신은 야구 배팅 티 스윙에서 학생에게 최상의 기술 수행을 이끌어내기 위해 필요한 촉진을 시간 지연과 유사하게 사용할 수 있다. 시작 시점에서는 모든 신체적 보조와 언어적 단서를 필요로 할 수도 있다. 가장 좋은 배트 스윙을 지도하는 동안 가능한 한 최소 촉진을 소거해야 한다.
강화 지도계획은 정확한 수행에 대한 강화를 포함해야 한다. 강화는 학생의 동기 유발 필요성에 따라 칭찬 그리고, 강화물(예, 스티커, 컴퓨터 추가 사용 시간)을 포함해야 한다. 추가적으로 당신이 요구하는(desires) 기술을 가르치기 위한 강화물 스케줄을 결정해야 한다.	처음에는 교사들이 "잘 던졌어!"와 같은 칭찬으로 정확한 반응을 강화해야 한다(Cooper, Heron, & Heward, 2007). 결국 모든 형태의 강화는 가능한 한 많이 소거되어야 하고, 학생들이 교사의 강화 없이 지속적으로 그 기술을 수행할 수 있다.	당신은 단지 촉진하지 않은 정확한 반응에 대해서만 강화를 소거할 수도 있고, 매 세 번째 반응에 대해서 강화를 소거할 수도 있다. 강화는 체계적인 수업 지도 중재 계획의 필수 요소이다(Browder, Wood, Thompson, & Ribuffo, 2014).

체육적인 수업지도 구성요소	정의	체육수업 예시
유지 체육수업에서의 기술 발달 목적은 최고 수준의 성취도를 유지하는 것이다 (Collins, 2012).	일단 목표에 도달하면, 학생들이 기술을 유지하는 것이 중요하다.	미끄러져 나아가기, 호흡 조절, 떠있기 목표가 유지되도록 하기 위해서 1~2일 동안 수영 단원으로 되돌아 갈 수도 있다.
일반화 체계적인 지도를 통한 일반화 훈련이 중요하다.	일반화를 촉진하는 한 가지 방법은 기술이 자연스럽게 발생할 가능성이 가장 높은 맥락에서 가르치는 것이다(예, 웨이트 룸, 볼링장, 공공 수영장, 공원. 자연스러운 환경에서 가르치는 것은 학생들이 여러 가지 실제 환경으로 기술을 일반화할 가능성을 높이는 효과적인 전략이다 (Alberto & Troutman, 2009).	체력운동 수업을 위해 학생들을 지역 YMCA센터로 데리고 가서 피트니스룸을 경험할 수 있도록 할 수 있다. 이것은 그들의 기술이 실제 환경으로 일반화될 가능성을 증가시킬 것이다.

출처: Browder, Wood, Thompson, and Ribuffo (2014).

중증장애 학생들에게 광범위한 독립 또는 연속 기술을 가르치기 위한 여러 연구들은 체계적인 교육의 근거가 되고 있다. 독립적인 과제나 기술은 단일 반응이 필요한 과제이다. 독립된 기술은 물체를 가리키거나, 물체의 이름을 짓거나, 손을 내밀거나, 물체를 보관함에 넣는 등 전환 기술을 훈련시킬 수 있다(Bambara, Koger, & Bartholomew, 2011). 이것은 교사가 여러 가지 참여 수단과 여러 가지 표현 수단을 제공하고 있는지 확인하기 위해 중요하다. 예를 들어, 본 장 처음에 제시한 글의 주인공인 Minerva는 음악을 좋아하고, 그녀의 오른팔을 왼팔보다 훨씬 더 쉽게 움직일 수 있다. Miller 선생님은 Minerva를 수업에 참여시키기 위해 활동하는 동안 음악과 Minerva가 좋아하는 빨간색을 사용한다. 그녀는 Minerva가 오른손으로 할 수 있는 수업 목표에 대해 평가하고, 빨간색 공과 스카프를 사용한다. 왜냐하면, 이것이 그녀에게 가장 유익한 도움이 될 수 있고, 그녀의 잠재력을 가장 잘 보여주는 반응을 이끌어 낼 수 있기 때문이다(그림 5.1 참조). 당신은 표적 기술의 어려움에 부합하는 촉진 시스템을 선택할 수 있다. Minerva는 학습과 평가에 해당하는 기술을 실행하기 위해 언어적 단서와 함께 약간의 신체적 보조가 필요할 수 있다. 이것은 그녀의 요구수준 및 선호도와 일치한다.

그림 5.1 이 암벽등반 인공 벽은 Minerva가 등반에서 그녀(그리고 아마도 다른 사람들)를 평가할 수 있는 간단한 추가물 중의 하나인 스카프에 도달할 수 있음을 보여주고 있다.

협력교사와 교사 지원 인력

체육교사는 학습 내용과 교수적 접근, 학생 조직을 개발하고 계획하는 교육과정의 리더가 되어야 한다. 마찬가지로 교사보조원(TAs), 교육보조원(EAs), 지도보조원(TAs)으로 알려진 협력교사는 학생들의 교과활동을 가르치고 조정하며, 학생들의 통합 수업을 지원하고 체육관에 학생들과 동행하는 효과적인 보조인력으로 인정받고 있다(Haycock & Smith, 2011; Lieberman, 2007; Lieberman & Conroy, 2013).

전미교육협회 the National Education Association 는 협력교사에 대해 "아동, 청소년, 그의 가족에게 교육 및 기타 서비스를 제공하기 위해 면허 또는 자격증을 소지한 교사의 감독 하에 함께 일하는 학교 직원"으로 정의하고 있다(National Education Association, n.d.). 많은 책임이 부여된 광범위하게 정의된 역할이지만, 협력교사는 일반적으로 추가 지원을 필요로 하는 장애학생을 보조한다. 협력교사는 학교에서 교육적으로 가장 어려운 학생과 함께 일하는 사람들이다. 체육수업에서 협력전문가의 책임은 다음과 같은 사항을 포함할 수 있다(Lee & Haegele, 2016).

1. 학생들이 지시를 듣고 과제를 수행하도록 하는 것

2. 필요하다면, 지시사항을 반복하는 것

3. 안전한 이동을 위해 학생들을 격려하는 것

4. 사정 과정에서 교사들을 보조하는 것

5. 동료들의 사회화를 북돋는 것

6. 모델로서 학생들과 함께 활동에 참여하는 것

7. 의자에서 학생들을 이동시킬 때 보조하는 것

　체육수업에서 협력교사의 활동과 참여계획은 교수-학습 환경에 큰 영향을 미칠 수 있다. 협력교사는 필요한 지식과 긍정적인 태도, 참여하고자 하는 일관된 의지를 가지고 있을 때 체육교사뿐만 아니라 교육팀 전체와 협력하여 모두에게 가장 효과적이고 유익한 교수-학습 환경을 조성할 수 있다(Bryan, McCubbin, & van der Mars, 2013; Haycock & Smith, 2011; Lieberman, 2007; Piletic, Davis, & Aschemeier, 2005). 이들이 교육팀의 일원이 된다는 것은 프로그램의 목표와 목적에 대해 토론하고, 합의된 계획서를 실행하고, 각 단원을 지도하는 동안 이러한 비전달성을 위해 노력하는 것을 의미한다. 이를 위해서, 교사와 협력교사의 협력관계를 발전시킬 수 있는 계획서가 필요하다.

　이러한 협력 관계가 긍정적이고 상호적인지 확인하기 위해 그림 5.2의 유인물을 학년 초에 사용할 수 있다. 이 유인물은 일반 체육교사들과 그들이 함께 일하는 협력교사 사이의 의사소통을 원활하게 해 줄 것이다.

본문에 기술한 바와 같이, 체육수업에서의 통합을 지원하는 데 있어서 협력교사의 역할은 중요하다.

체육교사 성명:

특수체육수업에 오신 것을 환영합니다!

특수체육수업의 목적은 무엇입니까?

특수체육교사를 만나보세요:

협력교사는 모두에게 성공적인 경험을 만들어 주기 위해 어떻게 도움을

줄 수 있습니까:

체육교육과정의 개요:

_____

협력교사는 빈칸을 채워서 체육교사에게 보내주세요:

장애학생과 함께 했던 과거 경험은 무엇입니까?_____

_____

체육교육 연수 경험이 있습니까? 예 / 아니오 _____

_____

경험했었던 또는 보조하고 싶은 특정 스포츠가 있습니까?_____

_____

보조하고 있는 학생 성명:_____

당신이 보조하는 학생을 위해 내가 알아야 할 정보가 있다면 기입해 주세요.(학생의 학습 스타일, 지도 팁, 학생의 동기유발 방법, 학생의 관심사항, 당신의 학생이 향상되는 것을 보고 싶은 방법):

_____

_____

_____

선호하는 의사소통 방법:

연락처 _____

이메일 _____

그림 5.2 협력교사와의 협력을 위한 유인물

출처 : A. Miller, L. Lieberman, K. Lane, and R. Owens, "Preparing Your Paraeducator for Success," Journal of Physical Education, Recreation & Dance 90, no. 5 (2019): 47-51.

이 유인물의 상단 부분은 체육 교사가 작성하고, 학년 초에 모든 협력교사들에게 나누어 준다. 하단 부분은 협력교사들이 작성하여 체육수업 스태프에게 되돌려준다. 이 시점에서 체육교사는 긍정적이고 지속적인 관계를 시작하면서 협력교사들을 알아갈 수 있다. 가능하 다면, 학년 초에 협력교사들을 위한 체육 연수 프로그램을 개설하여 그들의 역할과 책임에 대한 교사의 기대 수준을 알려줄 수 있다. 그렇게 하면, 교사는 일 년 내내 세분화된 연수프 로그램을 지속할 수 있다. 각 수업 시간에는 수업 지도계획이 있는 화이트보드나 종이카드 를 사용하면 된다.

교사가 수업계획을 협력교사와 공유하는 것은 교사가 성취하고 싶은 것을 협력교사들이 알도록 하는 것이다.

→ 요약

유니버설 디자인을 적용한 학급에 중증장애 및 중복장애 학생을 통합시키는 것은 추가적 인 생각과 준비, 협력이 필요하지만, 신중한 계획과 또래 지원을 통해 모든 학생이 체육수업 에 성공적으로 통합될 수 있다. 학생들이 교육과정에 접근할 수 있는 방법을 고려할 때에는 그들의 사회적, 기능적, 학문적 요구를 해결하기 위해 협력해야 한다. 학생들의 사회성 및 의사소통 기술을 고려하고, 긍정적인 지원을 제공하는 다양한 수업지도 방법이 있다. 중증 장애 학생들은 또한 스스로 옹호할 기회가 주어질 때 선택과 같은 자기 결정 기술을 배울 수 있다.

Chapter 6

학습에 대한 요구와 전환계획

학습목표

▶ 일반 교육과 체육교육에서의 UDL 역사 복습하기

▶ 요구**Advocacy**의 필요성에 대해 인식하기

▶ 학생들에게 전환기술을 가르쳐야하는 중요성에 대해 알아보기

▶ 지역사회에서 성공하기 위해 필요한 전환기술 이해하기

▶ 전문연수 프로그램에서 UDL의 모든 측면을 전문 과정 준비 학생들에게 가르치도록 지원하기

Geers는 Sleepy Hollow 고등학교 2학년 담당 체육교사이다. 그는 23년을 그곳에서 가르쳤고, 고등학교에서 가르치는 것을 진심으로 좋아했다. 학생들은 학교를 졸업한 후에도 그를 종종 보러왔고, 그는 그들의 미래에 대해 많은 관심을 가졌다. 그러나, 지난 2년 동안 이 지역에서는 2개의 학급을 하나로 합쳐버림으로써 비용을 절약하려고 노력해왔다. Geers의 학급에는 20-25명의 학생들이 있었으나, 지금은 40-50명 이상이다. 그는 학생들에게 1대1 보조를 할 때에는 협력교사를 활용할 것이지만, 능력의 차이를 가진 고등학생들의 수업을 위해 대부분의 시간을 보내고 있다. 그의 반에서는 UDL 접근을 서서히 적용시키려하고 있으나, 이것으로 충분하지는 않다. 그는 학급 규모가 더 큰 수학, 영어, 사회과목 등에서는 이행될 수 없다는 것을 알고 있다. Geers는 그의 프로그램에 대해 추가 지원을 요구하기로 결심했다. 그는 교장과 교감, 학생 지원 서비스 관리자와 약속을 잡았다. 그는 체육수업에서 필요한 접촉 시간과 관련된 주 명령을 수집하고, 학생들이 더 작은 규모의 학습에서 다른 수업 시간에 받는 교육 시간을 비교하였다. 그는 그의 교수법에 대한 몇 가지 비디오 자료를 보여주고, 학급 규모가 증가함에 따라 합치기 이전보다 신체활동과 기술 개발이 적다고 지적하였다. 그는 수업을 분반하는 것과 다른 교사가 두 번째 학급을 가르치는 것 등의 해결책을 제안하고, 수업과 함께 하는 협력교사들의 연수와 활용을 주장하였다. 추가적으로, 그는 각 교실에 장비를 더 구입하는 것이 숙련된 연습을 위한 더 많은 기회를 제공하고, 그의 학생들에게 장비 및 규칙과 관련된 선택권을 줄 수 있다고 주장하였다. Geers에게 요구된 변화는 그의 학생들이 다른 과목에서 경험하는 것과 일치한다. 결국, 체육수업은 왜 달라야 하는가?

일주일 후, 행정 당국은 그에게 다시 연락하여 그의 요청을 받아들였다. 사실상, 그들은 그에게 새로운 교실을 위해 더 많은 장비를 구입할 수 있는 1,000달러를 추가 지원하였다.

→ 일반 교육에서의 학습을 위한 유니버설 디자인

David Rose와 Ann Meyer는 1984년 응용특수기술센터 the Center for Applied Special Technology, CAST를 공동 설립하고, 1990년 미국 장애인법 the Americans with Disabilities Act이 통과된 후 유니버설 디자인의 원리를 학습환경으로 정의하고 확장시켰다(Rose & Meyer, 2000; 2002). 그들은 UDL의 원칙을 교실에서 말하기, 표현하기 및 참여하기의 여러 수단을 학생들에게 제공하는 것으로 정의했다(Rose & Meyer, 2000; 2002; 2006). 이 세 가지 원칙을 적용하면 교사들이 "학습 장벽을 인식하고, 전략적으로 그러한 장벽을 해결하며, 학생의 발전을 모니터할 수 있다"(Coyne et al., 2006, p. 1). 종종, UDL은 모든 학생들의 학습과정을 향상시키는 효과적인 교수방법으로 나타났다(Capp, 2017).

→ 체육수업에서 UDL의 중요성

UDL은 수십 년 동안 일반 교육에 활용되어 왔지만, 이 개념은 최근에야 체육에 적용되었다(Lieberman, Lytle, & Clarcq, 2008). 2017년 Taunton, Brian과 True는 체육에서 UDL의 효과에 대한 첫 번째 연구를 수행했다. 본 저자들은 교사들이 UDL을 이용하여 성공적인 통합체육 수업을 준비할 수 있기를 기대한다.

→ 체육수업에서 UDL의 필요성

체육수업은 UDL의 사용을 돕거나 방해할 수 있는 변수가 많은 역동적인 환경이다. 효과적인 체육수업에 대한 장벽은 큰 학급 크기, 학급 내의 넓은 연령 범위, 가용한 장비 부족, 특수교육보조원의 훈련 부족, 장애인을 배제하는 전통적인 규칙 등이다(Lirgg, Gorman, Merry, & Shewmake, 2017). 교사는 체육관에서 UDL을 성공적으로 실행하기 위하여, 필요한 것을 얻기 위해 요구해야 할 필요성이 있다. 교사는 학급 규모, 공간 요구, 모든 학급에서의 협력교사 활용, 다양한 장비의 요구와 관련하여 저항을 경험할 수 있다. 당신은 동료들이 전통적인 규칙, 장비, 그리고 교육 스타일을 계속하기를 원할 수도 있기 때문에 동료들로부터 저항을 받을 수도 있다. 마지막으로, 당신은 단지 전통적인 장비, 규칙, 그리고 지도방식을 가지고 활동하고 싶어하는, 그들의 또래들을 통합시키는 것에 관심이 없는 학생들로부터 저항을 받을 수도 있다. 이러한 장벽 때문에, 모든 학생들이 교육과정에 접근하도록 하는 효율적인 프로그램 구성과 의지를 요구할 준비가 되어 있는 것이 중요하다.

체육에서 UDL이 없다면, 많은 학생들은 지역사회에서 활동에 참여하는 데 필요한 사전 지식을 갖지 못할 것이다.

예상되는 저항의 예는 농구장에 의자를 두는 것일 수도 있다. 의자를 추가하면 학생이 참여할 수 있고, 모든 학생들이 참여한다. 의자 다리에 부직포나 테니스공을 추가하면 코트의 손상을 방지할 수 있다.

➜ UDL의 성공적인 전환계획 지원

지역 사회 내에서 스포츠, 신체 활동, 레크리에이션 참여를 위한 학생들의 요구에 대한 지식과 이해를 확실하게하기 위해 체육수업에 유니버설 디자인을 적용하여 설계하는 것은 중요하다(Samalot, 2018). 예를 들어, Geers는 이제 테니스에서 UDL 수업을 실행할 수 있다. 그의 학생들은 다양한 공을 사용하는 법과 투 바운드를 사용할 수 있는 서브(언더핸드, 사이드암 또는 오버핸드), 전통적인 게임에서 사용되는 규칙과 득점 방식을 배울 수 있을 것이다. Geers의 학생들은 YMCA나 공원, 하계 캠프의 테니스 수업에서 Geers로부터 배운 경험을 이용하여 성공적으로 수업에 참여할 수 있다.

표 6.1은 학생들이 지역사회의 레크리에이션 및 신체활동 프로그램에 성공적으로 참여하기 위해 필요한 것이 무엇인지 점검할 수 있는 활동 선택 목록이다(표 6.2는 예시 목록이다). 교사는 학생들이 선호하는 선택사항을 미리 파악하여 모든 학습자들이 실행할 수 있도록 전통적인 규칙, 장비, 득점 방식, 전략을 가르치는 것이 필수적이다. 교사는 그들이 지역사회로 복귀하기 전에, 당신의 수업에서 그들의 잠재력을 일깨워 주어야 한다는 것을 명심해야 한다. 이 목록을 사용하여 학생들의 안전하고 성공적이며 통합적인 전환을 지원해야 한다.

학생들이 선호하는 선택사항을 알 수 있도록 규칙, 장비, 득점 방식 및 전략을 가르쳐라.

표 6.1 선호하는 활동 선택 목록

선호하는 활동	
장비	
규칙	
환경	
선호하는 지도방법	
기타	

표 6.2 선호하는 활동 선택 목록 예시

선호하는 활동	테니스
장비	- 크고 가벼운 라켓 - 스펀지로 만든 약간 큰 공
규칙	- 언더핸드로 원 바운드 서브하기와 코트 중간에서 공치기 - (필요하다면) 투 바운드
환경	- 주의산만 제한 - 선호하는 음악
선호하는 지도방법	- 또래 교사의 시범 - 점수누계표 지원
기타	

이 학생들은 테니스 기술과 다양성을 배우고 있어서 그들 자신에게 필요한 사항을 요구할 수 있다

→ 프로그램 요구하기

UDL 접근법을 성공적으로 커리큘럼에 구현하기 위해서는, 앞서 교사 Geers가 장비와 더 작은 학급 크기를 요구했던 방식과 유사하게 당신의 프로그램을 요구할 필요가 있다 (Mitchell & Walton-Fisette, 2016). 오늘날 많은 프로그램들은 유니버설 디자인이 적용되지 않았기 때문에, 모든 학생들을 수용하기 위해서는 교육적 접근의 구조와 철학을 변경할 필요가 있다. 표 6.3은 당신의 프로그램이 성공하기 위해 필요한 사항을 파악할 수 있도록 도와주기 위한 UDL과 직접적으로 관련된 요구 목록이다.

표 6.3 요구(advocacy) 목록

이슈	접촉 인물	활동 계획
다양한 장비	운동부 감독 또는 체육수업담당자	개학 전에 논의
협력교사 연수와 지원	특수교육 담당자	연수계획에 대해 지금 논의
비장애 또래의 주의 향상 필요	담임 교사	연수계획에 대해 지금 논의
통합된 모두에게 적용할 수 있는 평가	교육과정과 지도 담당자	가능한 한 빨리 논의
더 작은 규모의 학급	운동부 감독, 체육수업 담당자, 또는 교육과정과 지도 담당자	가능하다면, 다음 학년을 준비하는 학기말에 논의

웨이트 룸에 있는 학생은 그가 필요로
하는 것을 배우기 때문에 지역 체육관에
갈 수 있다.

→ 자기-요구(Self-Advocacy) 가르치기

교사는 체육수업을 지도할 때 수업에 필요한 선택사항을 고려하지만 그것만으로는 학생들이 선호하는 스포츠와 레크리에이션 활동으로 충분하지 않을 수 있다. 당신은 모든 학생들에게 학교와 지역사회에서 그들이 원하는 것을 요구하는 방법을 의도적으로 가르쳐야 한다. 요구의 좋은 예는 Lili라는 이름의 초등학교 5학년 학생의 경우이다. Lili가 학교에서 가장 선호하는 과목은 체육이고, 그녀는 매주 그것을 기대하고 있다. 그러나, 많은 경우 체육관은 졸업 사진전, 집회, 헌혈 및 지역 사회 투표를 위한 장소로 사용되었고, 체육수업은 여러 번이고 취소되었다. Lili는 수업의 취소가 공평하지 않다고 느꼈고, 언제 실행될지 알고 싶었다. 그녀는 교실 앞쪽에서 손을 들었다. "Luchenbach 선생님, 오늘 취소된 수업은 언제 하지요? 우리는 정말로 체육수업을 하고 싶어요." 교사가 답하기를, "체육 담당 Ford 선생님께 여쭤볼게." 점심을 먹고 돌아온 Luchenbach는 칠판의 왼쪽 상단에 상자를 그렸고, 지나간 수업의 실행 시간과 날짜를 기록했다. Lili 덕분에, 그 상자는 일 년 내내 그곳에 있었고, 모든 체육 수업이 일정을 재조정하고 기록되어 있어서 모든 사람들이 수업을 언제 받을지 알게 되었다. Lili는 자신이 원하는 것을 존중하고 분명한 방법으로 요구하는 것이 그것을 해낼 수 있다는 것을 일찍부터 배웠다.

여기서 저자들은 교사들이 모든 학생들에게 요구하는 법을 가르치는 5단계 접근법을 공유하고자 한다. 모든 아이들이 게임에 참여할 수 있도록 도울 수 있는 접근 방법이 있다. 체육, 방과 후 스포츠, 지역사회, 심지어 부모와 함께 집에서도 사용할 수 있다.

1. 장애 요인(장벽)을 파악하기
   - 당신의 주장을 위한 첫 번째 단계는 장애 요인을 결정하는 것이다. 교사, 학부모 또는 지역사회 구성원들에게 왜 그들이 특정 활동에 참여할 수 없다고 느끼는지 물어보도록 학생들을 가르친다. 이러한 장애요인을 지적하는 것은 한 가지 환경에서 다양한 학습자들에게 참여하고 성공을 증진시킬 수 있도록 교사를 설득하고, 유니버설 디자인의 변화가 일어날 수 있는지를 미리 파악하는 데 도움이 될 것이다.

2. 선택사항 제공하기
   - 일단 장애 요인이 결정되면, 학생들은 모든 학생들의 요구가 충족되도록 사전에 유니버설 디자인에 대한 활동을 요구해야 한다. 얼티밋 프리즈비에서의 제한된 수비, 테니스에서의 투 바운드, 달리기에서의 또래 가이드, 배구에서 하프코트 서브 등은 모두 학습 접근성에 대한 유니버설 디자인의 일부이다. 이러한 선택들은 교사가 수업에 UDL을 적용했다면, 자연스럽게 제공되어야 한다. 교사는 학생들에게 그들이 필요로 하는 것과 그들이 어떻게 그들의 또래들과 함께 유니버설 디자인을 통해 성공할 수 있는지 설명할 수 있도록 가르쳐야 한다.

3. 긍정적인 예시 제공하기
   - 가능하다면, 당신의 학생들은 이전에 스포츠나 활동을 했을 때와 스포츠에 어떻게 접근했는지에 대한 예시를 제공해야 한다. 그들은 또한 그들처럼 스포츠에 접근한 다른 사람과 모든 학습자들에게 미리 어떠한 선택 사항이 제공되었는지 설명할 수 있다. 어느 쪽이든, 모든 학생들을 위해 유니버설 디자인의 선택사항에 모든 학생들이 참여할 수 있다고 지도자, 코치, 부모를 설득하는 것이 이 단계의 핵심이다.

4. 장비 구입 방법 설명하기
   - 어떤 경우에는, 지도자가 모든 학생들의 다양한 요구를 지원하기 위해 필요한 장비를 어디서 구해야 하는지 모를 수도 있지만, 장비를 구입하거나 대여할 수 있는 위치에 대한 정보를 갖고 있는 것은 도움이 될 것이다. 다양한 장비 선택사항을 얻을 수 있는 위치에 대한 더 많은 정보는 책자 마지막의 장비 자료 목록을 참고할 수 있다(예: 연습용 배구공, 소리 나는 야구공, 탠덤 자전거, 접을 수 있는 손잡이가 달린 볼링공).

5. 전문가와 협력하기
   - 많은 경우, 모든 사람들이 항상 이용할 수 있는 많은 장비 선택사항으로 다양한 형태의 게임을 해 온 현장 전문가들이 있다. 교사, 코치, 부모에게 그 사람 또는 그 선수를 위한 연락처를 제공하는 것은 그들이 가능한 것에 눈을 뜨는 데 도움이 될 수 있다.

자기-요구의 일환으로 가이드 러닝 기술을
선택한 학생. 여기서 그녀는 줄(tether, 테더)을
이용하여 가이드 러너와 함께 달린다.

이러한 팁들은 당신이 학생들에게 교육과정이나 방과후 또는 지역사회 스포츠에 접근할 때 스스로 요구자가 되도록 가르칠 수 있는 방법들 중 일부일 뿐이다. 자기 요구를 실행하기 전에 이러한 단계를 연습하는 것은 중요하다.

→ 평생 체육 활동을 위한 준비

일단 UDL 시스템을 갖추면, 각 학생은 각 수업에 대한 요구 선택사항 목록을 작성하고, 자기-요구 기술을 가르쳤다면, 당신이 해야 할 가장 중요한 일은 당신이 가르치는 것과 가르치는 방법에 학생들이 지역사회에서 기대할 수 있는 것을 반영하도록 하는 것이다. 이것을 실행하는 한 가지 방법은 생태학적 목록을 가지고 있는 것이다. 생태학적 목록에는 지역사회에서 학생들이 이용할 수 있는 것이 포함된다. 공공 수영장, 공원, 테니스 코트, 피클볼 코트, 아이스 스케이팅 링크, 볼링장, 트랙, 농구 코트, 배구 코트 또는 낚시와 카약을 할 수 있는 호수가 있는가? 제공되는 학습의 형태는 SHAPE America의 국가 기준 및 지역사회의 학생들이 이용할 수 있는 것과 일치해야 한다. 교육과정을 국가 기준과 지역사회에 맞추는 것 외에도, 당신의 실행이 학생들의 평생 체육 활동을 진정으로 지원하고 있는지 확인하기 위해 〈그림 6.1〉의 UDL 전환계획 점검목록을 검토할 수 있다.

1. ___교사는 학생의 관심 사항, 선호도, 강점, 요구를 파악하고 지도하였는가?

2. ___교사는 현재 가르치고 있는 학습내용에 대한 실생활 적용을 강조하였는가?

3. ___지도내용에는 실질적이고 실제적인 활동을 포함하고 있는가?

4. ___관심 사항, 선호도, 강점, 요구에 따라 적절한 목표를 설정하는 방법에 대한 지도를 하였는가?

5. ___학생들은 학교 외 장소에서도(예: 직장, 가정, 사회적 상황) 체육 활동을 수행할 수 있는 일반적인 목표 설정 방법을 배우고 있는가?

6. ___당신은 학생들이 졸업 후 목표(즉, 고용, 교육/훈련, 그리고/또는 독립적인 생활)를 설정하도록 격려하고 있는가?

7. ___학생들은 학교 외 장소에서도(예: 직장, 가정, 사회적 상황) 체육 활동을 수행할 수 있는 방법을 선택할 수 있는 전략을 배우고 있는가?

8. ___학년(학기) 내내 당신의 지도 내용은 전환 계획과 전략 개발을 재검토하는가?

9. ___학생들에게 노력이라는 것은 하나의 활동과 다른 것처럼 보일 수 있다고 가르쳤는가?

10. __학생들이 적절한 목표를 달성할 수 있다는 믿음을 형성하는데 도움을 주었는가?

11. __당신은 학생들이 목표를 향해 노력하면서 좌절/또는 불안을 경험할 때 무엇을 해야 하는지에 대한 지도를 하였는가?

12. __학년별 목표설정에 대한 평가가 계획에 포함되어 있는가?

그림 6.1 전환계획 점검목록
출처: Bartholomew & Griffin (2018)

교사들이 그들의 전환계획 점검 목록을 검토하고 있다.

→전문 준비 프로그램의 지도방법 과정에 UDL을 접목시키는 것의 중요성

> "Adapted physical education is good physical education."
> 특수체육은 훌륭한 체육수업이다.
> – Dr. Claudine Sherrill

대부분의 대학에서는 전통적인 체육수업 방법을 가르치고 있다. 대부분의 대학 교수들은 UDL에 대해 알지 못하고, 어떻게 그것을 체육에 접목시킬 수 있는지도 모른다(Crawford, O'Reilly, & Flanagan, 2012; Kwon, 2018; Özer et al., 2013).

UDL 접근법은 복잡하고 다면적이다. UDL은 특수체육수업에 대한 전문 준비프로그램에서만 가르치고 이해해서는 안 된다. 오히려, 지도방법 과정과 현장 실습 전반에 포함되어야 한다(Lieberman, & Grenier, 2019). 이러한 실습의 예는 표 6.4를 참조하면 된다.

UDL을 전문 준비 과정에 접목시키는 옵션에는 여러 가지 선택사항들이 있다. 교수들은 학부생들에게 1) 다양한 참여 방법, 2) 다양한 표현 수단, 3) 행동 및 표현의 다양한 방법을 연습 시킬 수 있는 많은 기회를 제공한다. 이 책은 초보 학생들에게 모든 학습자를 참여시킬 수 있는 충분한 아이디어와 예시를 제공한다. 우리는 모두 함께 변화를 만들 수 있다.

표 6.4 교육방법에 UDL 개념 접목

과정/ 교육 경험	UDL 개념 접목 방법	실현 방법
지도방법 과정	• UDL에 대한 강의 • 모든 수업계획에 포함 • 또래 교수에 활용 • 현장체험 수업에 포함 • 학생들이 각 수업에 UDL을 포함시켰는지 평가	학생들이 '후크(연결고리)'와 사물을 어떻게 전달할 것인지에 대해 생각할 수 있도록 참여하기, 말하기, 표현하기의 구성 요소를 포함하는 수업 계획을 만든다.
평가	• 행동과 표현 영역에 대한 강조 • 모든 능력에 따라 다양하게 평가 • 이러한 평가의 측면이 과정 내내 반영되어 평가	예비 교사들이 다양한 능력을 다루는 것에 대한 평가를 받을 수 있도록 루브릭을 활용하라. 모든 학생들이 테스트를 받을 수 있는 선택사항이 포함되어 있는 체력 테스트인지 확인한다.
활동 수업	• UDL을 모든 기술 수업에 포함(embedded) • 또래 교수에 활용	배구의 보완책으로 좌식배구를 가르치기. 학생들이 필요에 따라 스포츠 의자를 활용할 수 있도록 장비의 일부에 스포츠 의자를 포함한다.
교생 실습	• 모든 수업 계획에 포함 • UDL의 수업적용 후 피드백을 학생들에게 제공 • LIRSPE(Lieberman, Brian, & Grenier, 2017)를 활용하여 UDL을 평가	예비 교사들을 관찰할 때, 모든 학생들이 교육과정에 참여(access)할 수 있도록 다양한 장비 선택사항과 수업 지도 및 평가 지원하는 능력에 대해 피드백을 제공한다.

출처: L.J. Lieberman and M. Grenier, "Infusing Universal Design for Learning into Physical Education Professional Preparation Programs," Journal of Physical Education, Recreation & Dance 90, no. 6 (2019): 3-5.

→ 요약

유니버설 디자인은 교육 분야에서 오래된 역사를 가지고 있으나 체육 수업에서는 비교적 새로운 것이다. UDL은 학생들이 지역사회로의 복귀를 준비하도록 하는 훌륭한 방법이지만, 이것은 오직 교사 또는 지도자의 요구와 행정 당국의 교육에 의해 만들어질 수 있다. 또한, 교사들은 여전히 학교와 지역사회에 남아 있는 부정적인 고정관념과 싸우기 위해 학생들에게 자기-요구를 가르쳐야 한다. 마지막으로, UDL은 하나의 개념 소개 정도로서의 특수체육 수업이 아닌, 지도방법 영역 전체에 걸쳐 전문 준비 프로그램에서 의도적으로 가르칠 경우에만 현실화 될 것이다.

Chapter 7

체육수업에서 유니버설 디자인의 개선을 위한 LIRSPE

학습목표

▸ 체육수업에서의 리버만-브라이언 통합체육 진단 척도(LIRSPE)의 소개
▸ 유니버설 디자인 학습 설계의 정렬을 위한 교실의 구성요소 확인
▸ LIRSPE의 차별성을 증명할 수 있는 루브릭의 활용
▸ 학생의 학습과 교사의 실행력을 높이는 LIRSPE 사용의 다양한 방법 소개

Samantha는 친구들과 어울리고, 얼티미트 프리스비를 즐기고, 동네 커피숍에 가는 것을 좋아하는 전형적인 고등학생이다. 그녀는 하이킹을 즐기며 주말 하이킹을 위해 상급생 그룹을 조직한 것으로 유명하다. Samantha는 활동적인 것을 좋아하지만 경쟁적인 스포츠는 별로 좋아하지 않는다. 지난해, 고등학교 2학년이었던 그녀는 체육 과목 중 하나가 장애학생과 비장애학생이 함께하는 또래 지원 수업이라는 것을 발견했다. 또래 지원 수업의 개설 목적은 운동 기술 수준과 성격에 구애받지 않고 모든 학생들이 또래와 함께 신체 활동을 할 수 있는 장소를 갖게 하는 것이었다. 커리큘럼은 평생체육과 팀스포츠를 기반으로 하는 활동이었다. 주요 목표는 고등학교 환경에서 또래 간 직접적인 수업지도를 통해 공동체 의식을 함양하는 것이었다.

먼저 그 수업을 수강하기 위해서는 왜 이 수업에 관심이 있는지, 자원봉사나 관련된 활동 경험이 있는지 등에 대해 짤막한 에세이를 제출해야 했다. 그 수업은 종종 대기하는 학생들이 있었지만 Samantha는 운 좋게도 수강에 성공했다. 신청한 후, 체육 교사인 Frankel은 Samantha에게 멘토링 동료가 되기 위해서 필요한 기술을 설명해주었고, 가이드북을 주었다. 가이드북은 장애학생들에게 무엇을 어떻게 해야 하는지, 긍정적인 피드백을 제공하는 방법을 포함하고 있었다. 그리고 모든 학생들을 그 기술에 참여시키기 위한 노력을 지원해야 할 필요성을 강조한 규정도 포함하고 있었다.

첫 학기를 보낸 후, Samantha는 이것이 그녀가 고등학교 생활을 통해 계속하고 싶은 프로그램이라는 확신이 들었다. 또래 지원 모델을 통해 그녀는 모든 학생들이 환영받고 구성원으로 받아들여지며 무엇보다도 신체적으로 활동적인 환경에서 신체활동을 할 수 있게 한다는 것을 깨달았다.

→ 통합 학급의 필요성

통합교육은 장애의 심각성 여부와 상관없이 모든 학생이 또래들과 일반 학급에서 함께 배우는 것이다. 이 책에서 저자들은 통합체육이란 모든 학생이 다른 학생들과 함께 참여할 수 있는 기회를 제공하는 것으로 정의하였다. 여기에는 교육과정에 접근하기 위한 특별한 지원과 서비스가 포함된다(Wilhelmsen & Sorensen, 2017).

위에서 진술한 통합체육의 정의를 실현하고자 할 때, 학생들의 학습 수행능력은 차이가 있을 것이다. 그 차이란, 학습하는 것과 향상도를 의미할 것이다. 우리는 모든 학생이 그들의 능력이 반영된 기술을 보여줄 수 있다고 가정한다. 그렇기 때문에 우리는 모든 학생이 체육수업에 참여할 수 있다고 믿는다. 해당 학생의 학습결과는 SHAPE America의 국가 기준 및 학년별 결과와 일치해야 한다.

통합학급에서 성공적인 수업을 위해서는 교사들과 학생 모두 신체적, 인지적, 감정적 특성을 포함한 학생들의 차이를 받아들이고, 이해하고, 제대로 인식하는 행동양식을 보여주는 분위기가 조성되어야 한다. 우리가 이 책에서 제시하는 전략의 일차적인 목적은 모든 학생이 체육수업 환경 내에서 환영받고, 도전의식이 장려되고, 지지받고 있다고 느끼도록 하는 것이다. 이를 위해서는 체육 교사들에게 최적의 체육수업 환경으로 만들기 위해 특수체육 전문가, 관련 서비스 제공자, 그리고 학생 당사자 등의 주요 이해관계자들의 지원이 필요하다. 본 저자들은 이 책의 독자인 교사들이 학생은 때때로 산만하지 않고 조용한 환경이 필요하다는 것을 알며, 학생의 기술과 능력에 가장 적합한 선택을 제공할 것이라고 가정한다.

당신의 프로그램을 위한 내, 외적 지원을 이끌어내고, 통합수업 실천을 위한 티칭전략의 효과성 평가를 지원하기 위해서, 우리는 리버만-브라이언 통합체육 진단 척도(Liebermanrian-Brian Inclusion Rating Scale for Physical Education(LIRSPE); Lieberman, Brian & Grenier, 2017)를 제공하고 있다(그림 7.1 참조). 이 척도는 유니버설 디자인을 적용한 수업 환경을 제공하고 관련 요소를 확인하는 데 도움이 될 것이다. LIRSPE는 운영, 수업지도 및 지원 등의 세 가지 주요 요소를 평가하기 위해 리커트 척도를 사용한다. 당신은 자신을 평가하거나, 동료를 평가하거나, 개선이 필요한 영역을 확인하는데 사용할 수 있다.

LIRSPE는 각 항목에 대한 설명을 제공한다. 각 항목은 티칭 및 프로그램에 상당히 밀접한 항목일 수도 있고, 일부 수정이 필요할 수 있다. 예를 들어, "4. 활동의 속도"는 단순한 활동일 뿐 학생들의 기술과 능력을 적용 시키기 위해 조절된 게임이 아닐 수도 있다.

체육수업에서 또래교수를 통해 공차기를 가르치고 있다.

체육수업을 위한 리버만-브라이언 통합체육 진단 척도

The Lieberman-Brian Inclusion Rating Scale for Physical Education(LIRSPE)

이 척도의 목적은 교사가 장애학생을 일반 체육수업에 통합시키기 위해 기울인 노력의 정도를 평가하는 것이다. LIRSPE는 장애학생이 전형적인 발달정도를 보이는 또래집단과 함께 체육활동에 참여할 기회를 보장하기 위해 교사들이 취한 조치를 측정한다. 다만 이 척도는 장애학생과 비장애학생의 상호작용의 특성(nature) 등과 같은 통합과 관련된 수많은 복잡한 변수들은 측정하지 않기 때문에 체육수업이 통합적인지 여부는 종합적으로 판단하지 않는다는 점을 유의해야 한다.

LIRSPE는 장애학생 1명을 포함하는 최소 세 번 이상의 체육수업에 활용되어야 한다. 교사들은 준비를 위해 최소한 하루 전 이 척도로 점검하는 것이 좋다. 평가자들은 체육수업을 전체적으로 관찰하고 점수 란에 1부터 5까지 동그라미를 쳐서 서술자 란에 나열된 각 항목에 대한 등급을 매겨야 한다.

1 = 매우 열악함 – 장애학생은 수업에 통합되지 않는다.
2 = 평균 이하임 – 장애학생은 수업에 거의 통합되지 않는다.
3 = 평균 수준임 – 장애학생은 수업에 때때로 통합된다.
4 = 평균 이상임 – 장애학생은 수업에 대부분 통합된다.
5 = 매우 우수함 – 장애학생은 수업에 완전히 통합된다.

최종점수는 전체점수를 합산하여 문항 수로 나눈 값으로 계산한다. 이는 교사들이 모든 학생을 수업에 통합하기 위해 노력한 종합 등급이다.

'교사는 수업 15분 전까지 도착하고, 모든 학생이 돌아갈 때까지 남아주세요.'

참고(Note): 이들 항목 중 일부는 모든 체육 교사에게 해당하지 않을 수도 있다. 예를 들어, 체육 교사가 모든 학생을 제시간에 수업하도록 지도하기 위해 선의의 노력을 기울인다면, 그 학생은 그 항목을 '해당 없음(N/A)'으로 평가하고 총 점수에 포함시키지 않을 수 있다.

설명	점수	기타
수업의 시작 1. 일반 체육교사가 학생들을 체육관으로 맞이할 때 장애학생을 포함한 모든 학생들이 함께한다(장애학생은 체육관에 늦게 들어오지 않는다).	1 2 3 4 5 해 당 없 음	
수업의 소개 2. 장애학생은 또래집단과 함께 그룹화되고, 수업지침에 함께 포함된다.	1 2 3 4 5 해 당 없 음	
준비운동 3. 장애학생은 자기 페이스로 움직이는 학생들과 함께 준비운동을 한다. (예: 5분 내 가장 많이 돌기 vs. 5분 내 다섯 바퀴 돌기)	1 2 3 4 5 해 당 없 음	
활동 속도 4. 활동 속도는 장애학생을 포함한 모든 학생의 현 수준에 따라 달라지기 때문에, 아무도 뒤처지지 않는다. 전형적인 배구종목 대신 비치볼을 사용하게 하거나, 플로어 하키에 공이나 퍽 대신 프리스비를 사용하게 하거나(그림 7.2 참조), 야구의 스윙 대신 티에서 소프트볼을 치거나, 농구의 5초 규칙을 없애는 등의 예가 해당된다.	1 2 3 4 5 해 당 없 음	

설명	점수	기타
차별화된 지침		
5. 지침은 모든 학생이 다양한 학습 스타일(오디오, 시각, 운동 감각 및 촉각 모델링과 같은 학생 특유의 접근법 등)을 수용함으로써 일반적인 프로그램에서도 성공되도록 해야 한다.	1 2 3 4 5 해 당 없 음	
6. 이 수업은 정확한 기술을 위해 다양한 선택권을 제공한다(스테이션 활동, 과제 내(within the task), 과제 대 과제(task-to-task)에서 수행).	1 2 3 4 5 해 당 없 음	
자율성 지원 지침		
7. 학생들은 자기주도적인 학습을 선택할 기회가 있다.	1 2 3 4 5 해 당 없 음	
8. 학생들의 선택에 대한 적절한 합의와 지원이 가능하다(이것은 학생들이 어떤 선택이 가능한지, 그들에게 편안한 선택인지 알 수 있도록 약간의 사전 지도를 요구할 것이다).	1 2 3 4 5 해 당 없 음	
수업 시연		
9. 장애학생을 포함한 다양한 학급 구성원을 선택하여 수업 시간에 기술을 시연한다(단, 배운 기술을 시연할 수 있고 그렇게 하는 것을 즐기는 경우에만 포함).	1 2 3 4 5 해 당 없 음	
협력교사의 이용		
10. 지원 스탭은 필요에 따라 학생의 학습을 돕는다.	1 2 3 4 5 해 당 없 음	
11. 수업운영에 대한 지침이 수업 전 협력교사에게 제공되며, 수업에서 그들의 역할을 설명한다.	1 2 3 4 5 해 당 없 음	
또래 파트너의 이용		
12. 파트너를 이용할 때, 장애학생은 가능하면 협력교사뿐만 아니라 동급생 또래와 협력할 기회를 갖는다.	1 2 3 4 5 해 당 없 음	
13. 협력교사는 가능하면 또래와 사회적 상호작용을 장려한다.	1 2 3 4 5 해 당 없 음	
활동 파트너의 이용		
14. 교사는 파트너를 사전에 효과적으로 조직, 관리하도록 구상한다.	1 2 3 4 5 해 당 없 음	
15. 교사는 장애학생이 반드시 파트너를 갖도록 한다.	1 2 3 4 5 해 당 없 음	
팀 활동		
16. 학생은 팀을 선택하지 않는다.	1 2 3 4 5 해 당 없 음	
17. 교사는 패배하면 탈락이 결정되는 게임을 피한다.	1 2 3 4 5 해 당 없 음	
18. 교사는 학생들이 줄을 서서 기다리는 것을 피한다.	1 2 3 4 5 해 당 없 음	
19. 교사는 최대한 많은 장비를 사용할 기회를 제공한다.	1 2 3 4 5 해 당 없 음	
20. 교사는 게임의 조직과 규칙을 수정하여 모든 학생이 참여하는 시간을 극대화한다(예: 전체 수업 게임 대신 소규모 게임을 사용하거나, 배구에서 두 번 바운스를 허용하는 등).	1 2 3 4 5 해 당 없 음	

설명	점수	기타
장비		
21. 학급에는 모든 학생이 학습 욕구를 충족할 수 있는 다양한 장비가 있다 (예: 치기 활동에서 학생들은 폼 패들, 배드민턴 라켓, 납작한 배트, 테니스 라켓 등을 사용할 수 있다).	1 2 3 4 5 해 당 없 음	
환경		
22. 소음이나 산만함을 줄임으로써 성공을 극대화한다.	1 2 3 4 5 해 당 없 음	
사정		
23. 교사는 필요시 방법을 조정하여 장애학생이 동급생들과 수업에 참여하도록 한다(예: 웻지매트에 벽면 팔굽혀펴기, 윗몸일으키기).	1 2 3 4 5 해 당 없 음	
평가 점수		
24. 장애학생의 평가점수는 최초 수행을 기준으로 계산하고, 향상도를 재평가한다(예: 교사는 다른 학생들과 마찬가지로 장애학생의 수행을 평가하여 그들의 성적과 점수가 중요하다는 것을 보여준다. 휠체어를 이용하는 학생이 대근운동 발달검사(Test of Gross Motor Development Test, TGMD)를 사용하여 타격을 한다면, 그들의 현재 수준을 기록하고 평가한다).	1 2 3 4 5 해 당 없 음	
기술 관련 피드백		
25. 기술 수행에 대한 피드백은 가능하다면 수업시간 내에 모든 학생에게 주도록 한다.	1 2 3 4 5 해 당 없 음	
26. 기술 수행에 대한 피드백은 긍정적이고, 일반적이면서도 구체적이며, 학생의 이름을 사용한다. 학생들은 높은 수준의 수행을 유지하며, 단순 수행에 머무르지 않는다. 교사는 장애학생들에게 수업 참여분만 아니라, 성취와 배움에 신경을 쓴다는 것을 보여준다.	1 2 3 4 5 해 당 없 음	
수업 종료		
29. 교사가 수업을 마친다고 하면 전체가 함께 모인다.	1 2 3 4 5 해 당 없 음	
30. 교사는 수업을 마치면서 전체 학생의 이해를 확인한다.	1 2 3 4 5 해 당 없 음	
전체 평균점수 : 위의 항목별 합계 / 사용된 총 항목의 수('해당없음'은 제외) = 교사가 모든 학생을 포함시키기 위한 노력의 통합 진단 예: 총점 47/11개 항목('해당없음'으로 체크한 17항목 제외)=4.27		

그림 7.1 리버만-브라이언 통합체육 진단 척도(LIRSPE)

출처 : L. Lieberman, A. Brian, and M. Grenier, "The Lieberman-Brian Inclusion Rating Scale for Physical Education," European Physical Education Review 25, no. 2 (2017): 341-354.

그림 7.2 체육교사가 퍽의 옵션 중 하나인 색깔별 프리즈비를 사용하여 하키활동을 다양화하고 있다.

→ LIRSPE의 항목별 루브릭

LIRSPE는 일반적으로 유효하고 신뢰할 수 있는 결과를 나타내며, 심동적 영역에 관한 좋은 척도이다(Lieberman et al., 2017). 그러나 높은 신뢰도 수준에도 불구하고, 일부 루브릭은 어떤 상황에서는 약간 애매할 수 있다. 본 장에서는 각 항목에서 1점에서 5점이 의미하는 것에 대한 해석을 제공하고자 한다. 다음의 루브릭(그림 7.3)은 교사, 동료, 관리자, 부모 또는 학생들이 LIRSPE의 각 항목에 점수를 매기는 데 도움을 주기 위해 개발하였다. 이용 시 유념할 사항으로는 특정 항목이 수업에 해당하지 않을 경우(예: 수업에 동료교사가 없을 경우) '해당없음' N/A 으로 표시하고 최종 점수에 포함시키지 않을 수 있다.

LIRSPE의 항목별 루브릭

1. 일반 체육교사가 학생들을 체육관에서 맞이할 때, 장애학생을 포함한 모든 학생이 함께 한다.

1	2	3	4	5
장애학생은 수업에 들어오지 않는다(그러나 학교에 있다).	장애학생은 수업에 10분 늦게 오며 주변에 앉아 있다.	장애학생은 6-10분 수업에 늦게 오되, 쉽게 수업에 합류한다.	장애학생은 0-5분 수업에 늦게 오되, 쉽게 수업에 합류한다.	장애학생은 비장애 친구들과 마찬가지로 수업에 들어온다.

2. 장애학생들은 또래 친구들과 그룹을 짓고, 활동을 처음 소개할 때 포함된다.

1	2	3	4	5
장애학생은 활동의 소개가 시작되고, 설명을 할 때 체육관에 없다.	장애학생은 늦게 오며, 활동의 소개가 시작되면 학급 구성원들로부터 떨어져 있게 된다.	장애학생은 활동의 소개가 시작되면 학급 구성원들로부터 떨어져 있게 된다.	장애학생은 활동의 소개가 시작되면 학급 구성원들과 가까이 있게 된다.	장애학생은 활동의 소개가 시작될 때 동료들과 함께 있다.

3. 학생들은 자기 자신만의 페이스로 준비 운동을 한다.

1	2	3	4	5
장애학생은 수업의 준비운동에 포함되지 않는다.	장애학생은 낮은 수준의 결과를 적용하여 참여한다.	미리 결정된 숫자만큼 반복하는 준비운동을 한다. 일부 학생들은 다른 학생들이 끝나기를 기다려야 한다.	학생들은 미리 결정된 숫자만큼 반복하는 준비운동을 하며, 장애학생은 대다수가 끝났을 때 중지시킬 수 있다.	모든 구성원은 반복이나 거리가 아닌 시간을 재는 준비운동을 하므로, 마지막에 아무도 남지 않는다.

4. 활동(play)의 속도는 장애학생을 포함한 모든 학생의 현 수준을 기준으로 다양하게 적용하므로 아무도 뒤처지지 않는다.

1	2	3	4	5
게임은 학생들의 수준을 고려하지 않고 변형없이 진행된다.	게임 시작 후 최소한의 변형으로 진행된다.	게임은 개별적인 필요에 따라 적절한 장비와 함께 진행된다.	게임은 개별적인 필요에 따라 적절한 장비와 함께 진행하며, 과제의 선택사항은 나중에 생각한다.	게임은 처음부터 개인의 필요에 적합한 장비로 설계되어 있으며, 과제의 선택사항을 제공한다.

5. 지도방법은 모든 학생들이 다른 학습 스타일을 수용함으로써 일반적인 프로그램 내에서 성공할 수 있도록 한다.

1	2	3	4	5
전체수업에서 1가지의 지도방법만 (예: 언어적 지시만) 제공한다.	감각 영역에 관한 2가지 지도방법 (예: 시각적, 언어적)을 제공한다.	최소 3가지 지도방법 (시각, 언어적, 촉각적)을 제공한다.	3-4가지의 인체의 감각적 양상에 대처할 수 있는 지도방법을 제공한다.	각각의 지도하는 기술과 활동에 대해 다양한 지도방법 (예: 시범, 청각신호, 운동학적 단서, 신체움직임을 제공한다.

6. 수업은 학생들이 기술을 숙련시킬 수 있는 다양한 선택권을 제공한다.

1	2	3	4	5
수업은 학생들이 하나의 기술이나 특정 능력 수준에 대처하는 방식으로 지도한다.	수업은 학생들의 기술이나 능력에 대해 약간의 변형으로 지도한다.	수업은 학생들의 다양성을 고려한 변형으로 지도한다.	수업은 장비, 규칙 또는 게임수정, 지도방법을 포함한 여러 변형으로 지도한다.	수업은 학생들의 모든 능력과 기술에 대처하는 방식으로 지도한다.

7. 학생들은 그들 스스로 학습을 조절할 선택 기회를 갖는다.

1	2	3	4	5
학생들은 장비, 규칙, 활동속도에서 선택의 기회가 없다.	학생들은 장비, 기술, 게임활동에서 제한적인 기회와 최소한의 선택만을 갖는다.	학생들은 장비, 기술변형, 활동속도에서 약간의 기회와 2-3가지의 선택이 허용된다.	학생들은 장비, 기술변형에서 여러 번의 기회를 갖는다. 활동속도도 수업에서 다양하게 변형된다.	학생들은 장비, 기술변형에서 다양한 선택 기회를 갖는다. 활동속도도 학생의 요구에 따라 변형한다.

8. 학생의 선택에 대한 적절한 변형과 지원을 한다.

1	2	3	4	5
게임이나 활동은 동료교사, 협력교사, 장비옵션, 규칙변경 및 수업의 이질감을 수용하기 위해 이용할 수 있는 기술 없이 설정된다.	게임이나 활동은 소수의 동료교사, 협력교사, 장비옵션, 규칙변경 및 수업의 이질감을 수용하기 위해 이용할 수 있는 기술로 설정된다.	게임이나 활동은 동료교사, 협력교사, 장비옵션, 규칙변경 및 수용의 이질감을 약간 수용하기 위해 이용할 수 있는 기술로 설정된다.	게임이나 활동은 다양한 동료교사, 협력교사, 장비옵션, 규칙변경 및 수업의 이질성을 최대한 수용하기 위해 이용할 수 있는 기술로 설정된다.	게임이나 활동은 동료교사, 협력교사, 장비옵션, 규칙변경 및 수업의 이질성을 완전히 수용하기 위해 이용할 수 있는 기술로 설정된다.

9. 수업에서 교사가 기술을 시범 보이기 위해 장애학생을 포함한 다양한 구성원들을 선택한다.

1	2	3	4	5
교사는 시범을 보여주지 않는다.	교사가 최소한의 시범을 보여준다.	교사는 시범을 보이고, 학생들도 시범을 보이도록 한다.	교사는 시범을 보여주기 위해 여러 번 장애학생과 비장애학생을 선택한다.	교사는 수업 내내 시범을 보일 장애학생과 비장애학생을 선택한다.

10. 지원 스태프는 학생들의 학습상황에서 필요시 지원한다.

1	2	3	4	5
협력교사 또는 서비스제공자는 학생들과 동행하거나 수업에 함께 있지 않는다.	협력교사 또는 서비스제공자는 학생들과 함께 수업에 참여하고 옆으로 물러난다.	협력교사는 학생들과 함께 수업에 참여하고 때때로 학생들을 지원한다.	협력교사는 학생들과 함께 수업에 참여하고 교사의 지시 하에 학생들을 지원한다.	훈련된 협력교사는 학생들과 함께 수업에 참여하고 학생들을 지원한다.

11. 수업 시작 전에 협력교사에게 수업내용을 제공하며, 수업에서 그들의 역할에 대하여 설명한다.

1	2	3	4	5
수업전이나 수업중에 연습이나 토론을 협력교사에게 제공하지 않는다.	수업전이나 수업중에 협력교사에게 언어적 설명을 제공한다.	수업중에 협력교사에게 구체적인 지침이 담긴 수업계획을 제공한다.	수업전에 협력교사에게 구체적인 지침이 담긴 수업계획을 제공한다.	수업전에 협력교사에게 구체적인 후속지침이 담긴 강의계획을 제공한다.

12. 장애학생은 협력교사뿐만 아니라 동급생 또래 친구와 파트너가 될 기회를 갖는다.

1	2	3	4	5
장애학생은 협력교사와 짝을 이루며, 다른 학생들과는 짝을 이루지 않는다.	장애학생은 협력교사와 짝을 이루며, 종종 또래와 활동한다.	장애학생은 협력교사와 짝을 이루며, 적어도 50% 수준으로 다른 학생들과 파트너 활동을 한다.	장애학생은 대부분 또래 친구와 파트너를 하며, 일부 경우에만 협력교사와 짝을 이룬다.	장애학생은 수업의 모든 활동에서 또래 친구와 파트너를 하며 필요시 협력교사의 지원을 받는다.

13. 협력교사는 장애학생과 또래 친구와의 사회적 상호작용을 장려한다.

1	2	3	4	5
협력교사는 수업에 들어오지 않는다.	협력교사는 수업에 들어오지만 또래친구와 상호작용을 장려하지는 않는다.	협력교사는 수업에 들어오고, 상황이 조성될 때 또래와의 상호작용을 장려한다.	협력교사는 수업에 들어오지만 대부분의 수업시간동안 또래간 상호작용 및 파트너 활동을 장려한다.	협력교사는 수업에 들어오지만, 100% 수업시간동안 또래간 상호작용과 파트너 활동을 장려한다.

14. 교사는 파트너를 효과적으로 조직하고 관리할 계획을 갖고 있다.

1	2	3	4	5
교사는 반 학생들에게 파트너를 찾으라고 지시하고 장애학생은 혼자 서 있다.	교사는 학급 학생들에게 파트너를 찾도록 지시하고 장애학생은 어느 쪽도 선택하지 않는 또래와 함께하도록 강요한다.	교사는 학급 학생들에게 파트너를 찾도록 지시하고 장애학생이 파트너를 갖도록 보장한다.	교사는 학급 학생들에게 파트너를 찾도록 지시하고 장애학생을 특정 파트너와 매치시킨다.	교사는 학급 학생들에게 파트너를 찾도록 지시하고 모두 파트너를 가질 수 있는 명확한 계획이 있다.

15. 교사는 장애학생들이 파트너를 갖도록 보장한다.

1	2	3	4	5
교사는 "파트너를 정해라"고 말하고 장애학생은 결국 파트너가 없다.	교사는 "파트너를 정해라"라고 말하고 장애학생은 다른 파트너를 선택한 학생과 함께 있을 수밖에 없다.	교사는 "파트너를 정해라"라고 말하며, 수업 중에 장애학생이 파트너를 구하도록 한다.	교사는 미리 계획을 세우고 장애 학생에게는 "파트너를 정해준다"고 말하기 전에 협력한다.	교사는 모든 학생을 위한 명확한 파트너 계획을 가지고 있으며, 학급 전체가 파트너를 정할 때 같은 방법을 사용한다.

16. 학생은 팀을 선택하지 않는다.

1	2	3	4	5
학생은 팀을 선택한다.	학생들은 팀을 뽑고 교사는 마지막 네다섯 명의 학생들을 팀으로 나눈다.	교사는 파트너 매치를 거의 고려하지 않고 반을 나누었다.	교사는 팀을 선택할 때 코딩 또는 반조직화 시스템을 사용한다.	교사는 수업이 시작되기 전에 팀을 미리 짜서 팀을 원활하게 나누었다.

17. 교사는 패하면 탈락이 결정되는 게임을 피한다.

1	2	3	4	5
교사는 학생들에게 패배하면 탈락이 결정되는 게임을 시킨다.	학생들은 탈락게임을 실행하고, 일부 학생들은 시간이 지나면 친구들에게 다시 진입할 수 있다.	학생들은 탈락게임을 하지만 체력이나 운동 기술로 재진입할 수 있다.	학생들은 탈락게임을 하지만 자동적으로 다시 들어갈 수 있다.	교사는 학생들에게 탈락이 결정되는 게임을 시키지 않는다.

18. 교사는 학생들이 줄을 서서 기다리는 것을 피한다.

1	2	3	4	5
적어도 다섯 명의 학생이 줄을 서서 기다리고 있다.	한 줄에 다섯 명이 빠른 로테이션을 하며 기다리고 있다.	4명 이하의 학생들이 빠른 로테이션에 맞춰 줄을 서서 기다리고 있다.	줄을 서서 기다리는 학생이 셋 또는 이하이다.	줄이 없거나 최소의 줄이 있다.

19. 교사는 가능한 많은 장비를 준비하여 사용할 기회를 극대화한다.

1	2	3	4	5
학급 전체를 위한 하나의 공이나 장비가 있다.	몇 가지 장비가 있고 학생들이 그것을 사용 하려면 기다려야 한다.	많은 장비들이 있고 두 명의 학생이 교대로 사용한다.	모든 학생들은 장비를 가지고 있다.	각 학생은 다양한 장비 중에서 선택할 수 있다.

20. 교사는 게임의 조직과 규칙을 수정하여 모든 학생의 참여 시간을 극대화한다.

1	2	3	4	5
학생들은 과제에 시간을 할애 할 수 있는 기회가 제한되어 있다.	학생들은 참여할 수 있는 한 가지 선택권이 주어진다.	학생들은 그 내용에 참여하지만, 참여할 수 있는 선택의 여지가 거의 없다.	콘텐츠에 참여할 수 있는 여러 기회가 제공된다.	수업 내내 학생들은 자유롭게 내용을 선택하고 참여할 수 있다.

21. 학급의 모든 학생의 학습 요구를 충족시킬 수 있는 다양한 장비가 있다.

1	2	3	4	5
교사는 전통적인 배구처럼 한 종류의 장비를 학급 전체에 사용한다.	교사는 학생들이 수업을 위해 두 가지 종류의 장비를 사용할 수 있도록 허용한다.	교사는 학생들이 수업을 위해 세 가지 종류의 장비를 사용할 수 있도록 허용한다.	교사는 학생들이 수업에 네 가지 종류의 장비를 사용할 수 있도록 허용한다.	교사는 학생들이 연습용 배구공, 풍선, 비치볼, 손가락 반짝이 볼, 일반 배구공 등 다양한 장비(5개 이상)를 사용할 수 있도록 한다.

22. 소음과 산만함을 축소하여 성공적인 수행을 극대화한다.

1	2	3	4	5
조명, 소음 또는 안전 문제를 줄이기 위한 시설이 마련되어 있지 않다.	수업의 50% 이상 소음과 산만함에 노출되어 있다.	교사는 소음을 최소화한다.	수업의 50% 이하 수준으로 소음과 산만함에 노출되어 있다.	음향 효과가 좋고, 빛 섬광이 최소화되며, 안전성과 보안성이 보장된다.

23. 교사는 비장애학생과 마찬가지로 장애학생의 수행을 평가하며, 필요에 따라 수정 적용한다.

1	2	3	4	5
장애학생은 평가할 때 체육관에 출석하지 않는다.	장애학생은 체육관에 출석하지만 평가에 참여하지는 않는다.	장애학생은 장애에 대한 수정이 없는 평가에 참여한다.	장애학생에게는 장애를 고려한 몇 가지 수정된 평가를 적용한다.	교사는 평가를 위해 장애학생의 필요를 충분히 수용한다.

24. 교사는 장애 학생을 그들의 수행 기준에 따라 평가한다. 그리고 향상도를 재평가한다.

1	2	3	4	5
장애학생은 평가동작을 수행하지만 그들의 점수는 기록되지 않는다.	장애학생은 평가동작을 수행하고 점수는 기록되지만 전혀 사용되지 않는다.	장애학생은 평가동작을 수행하고, 그들의 점수는 기록되고 평가의 성과를 기록하는데 사용되지만 진행보고서는 사용하지 않는다.	장애학생은 평가되고 그들의 점수는 적어도 그들의 성적 기준에서 계산된다.	장애학생은 평가된다. 그 점수는 적어도 그들의 성적 기준에 반영된다. 그리고 그들의 향상도를 재평가한다.

25. 기술 성과에 대한 피드백은 가능한 수업 내내 모든 학생에게 주어진다.

1	2	3	4	5
어떤 학생에게도 피드백이 주어지지 않는다.	일부 상황에서만 일부 학생들에게 일반적인 피드백이 주어진다.	수업내내 일부 학생들에게 일반적인 피드백이 주어진다.	수업내내 대부분의 학생들에게 일반적이고 구체적인 피드백이 주어진다.	기술 성과에 대한 피드백은 수업 내내 모든 학생들에게 주어진다.

26. 기술 성과에 관한 피드백은 긍정적이고 일반적이며, 구체적으로 학생의 이름과 함께 사용한다.

1	2	3	4	5
학생들에게 일반적 또는 구체적인 피드백이 제공되지 않는다.	학생들에게 긍정적인 일반 피드백이 주기적으로 제공된다.	긍정적인 일반 피드백과 몇몇 특정한 피드백을 사용한다; 이름을 사용한다.	긍정적인 일반 피드백과 특정한 피드백은 가끔 이름과 함께 사용한다.	모든 학생들에게 전반적이고 특정기술에 대한 피드백이 제공한다.

27. 교사가 수업 종료를 선언하면 학급 전체가 함께 모인다.

1	2	3	4	5
장애학생들은 수업 종료 전에 강의실을 떠난다.	장애학생들은 수업 종료에 부분적으로 참석한다.	장애학생들은 수업 종료에 참여하지만 그룹에서 떨어져 있다.	장애학생들은 수업 종료에 참여하며 대부분의 수업 종료시간 동안 그룹의 일원이다.	장애학생들은 수업 종료에 참여하며 전체 수업 종료 시간에서 그룹의 일원이다.

28. 교사는 수업 종료를 선언하면서 모든 학생의 이해 정도를 점검한다.

1	2	3	4	5
교사는 수업을 종료하면서 학생들의 이해를 전혀 확인하지 않는다.	교사는 수업을 종료하면서 한 번 정도 이해 여부를 묻는다.	교사는 수업을 종료하면서 비장애학생들의 이해도만 여러 번 점검한다.	교사는 수업을 종료하면서 장애학생들을 최소한으로 점검한다.	교사는 수업 종료 내내 모든 학생들의 이해를 일관성 있게 점검한다.

→체육수업에서 LIRSPE 사용

LIRSPE는 통합체육 수업에 영향을 미치는 요소들을 확인하는 데 도움을 주고자 개발되었다. 저자들은 체육수업에서의 통합 환경은 복잡하므로, 변화를 만들어내기 위해 관련 내용을 어떻게 적용할 것인지 소개하고 있다.

LIRSPE를 활용하는 방법은 자기평가, 동료평가, 부모평가, 학생의 교사평가, 학생평가, 관리자 평가 등 다양하다. 다음은 LIRSPE를 사용하는 몇 가지 방법이다.

- 자기평가 : 가르치는 모습을 동영상으로 촬영한 후 수업장면을 검토한다.
- 동료평가 : 동료교사로부터 당신의 수업을 관찰한 피드백을 받는다.
- 학부모평가 : 학부모 공개수업을 통하여 학생의 수업참여에 대한 피드백을 받는다.
- 학생의 교사평가 : 학생들에게 교사를 관찰하고 평가하도록 한다. 이는 학생들이 학습 상황에 대해 배울 수 있도록 도와주는 훌륭한 방법이다.
- 팀 평가 : IEP 팀에서 관찰하고 성과를 평가하도록 한다. 이는 협력적인 대화를 성립시키는 좋은 방법이다.
- 관리자 평가 : 교장이나 상사에게 성과를 관찰, 평가하도록 한다. 이는 관리자가 교육 환경에서 필요한 지원을 직접 확인할 수 있는 좋은 방법이다.

학생, 교사, 협력 교사, 대학교수들과 함께 학습 커뮤니티를 구성할 수 있다.

교사, 동료, 부모, 학생 교사, IEP 팀원 및 관리자의 각 그룹은 모든 학생이 의미 있는 방법으로 수업에 참여할 수 있도록 프로그램을 개선하기 위해 LIRSPE의 일부를 사용할 수 있다.

→ 유니버설 디자인에 맞는 강의실 구성요소

LIRSPE와 함께 제공되는 루브릭을 사용하면 프로그램의 장단점을 평가할 수 있다. LIRSPE는 또한 학생들에게 콘텐츠를 표현하는 다각도의 방법을 포함하여 교사의 수업에서 UDL이 어떻게 구현되는지 고려하는 방법의 하나이다. 특히 학생들은 신체적, 언어적 또는 촉각적 의사소통 방식을 포함할 수 있는 다양한 반응을 통해 학습 내용을 교사에게 보여줄 수 있다. 또 다른 학생들과 함께 참여하도록 동기를 부여하기 위해 교실에 있는 다른 학생들을 자연적인 지원으로 활용하는 방법도 고려할 수 있다. 표 7.1은 LIRSPE가 UDL에 연계되는 방법을 설명한다.

표 7.1 LIRSPE와 UDL의 연계

다양한 참여 방법 제공	다양한 표현 수단 제공	행동 및 표현의 다양한 방법 제공
흥미를 돋우기 위한 다양한 선택 제공 21. 학급 전체 학생들의 학습 욕구를 충족시킬 수 있는 다양한 장비가 있다.	인식을 위한 선택 제공 4. 활동 속도는 장애학생을 포함한 모든 학생들의 현재 수준에 따라 달라지기 때문에 아무도 뒤쳐지지 않는다.	신체적 표현 수단을 제공 23. 교사는 또래와 함께 장애 학생을 평가하며, 필요시 수정 적용한다.
지속적인 노력과 끈기를 돕는 선택 제공 20. 교사는 게임의 조직과 규칙을 수정하여 모든 학생의 참여 시간을 극대화한다.	언어 및 기호의 선택 제공 5. 지침은 학생마다 다른 학습 스타일을 수용함으로써 일반 수업 내에서 성공할 수 있도록 한다.	표현 및 커뮤니케이션의 선택 제공 7. 학생들은 그들 스스로 학습을 조절할 선택 기회를 갖는다.
자기조절 능력을 키우기 위한 선택 제공 8. 학생의 선택을 위한 수용(Accomodation)과 지원이 가능하다.	이해 확인을 위한 선택 제공 28. 교사는 수업 종료시 모든 학생의 이해를 확인한다.	자율적 실행기능에 따른 선택 제공 7. 학생들은 수업의 모든 측면을 자율적으로 관찰할 수 있는 기회를 갖는다.
* 목적의식과 학습동기가 뚜렷한 학습자	학습자원이 풍부하고 지식을 활용할 수 있는 학습자	전략적이고 목표지향적인 학습자

→ 요약

다양성은 모든 학생의 요구를 충족할 때 계속된다. 이것은 어려움이고, 때때로 거의 불가능한 것을 극복하는 일이다. 그러나, LIRSPE는 교사들이 커리큘럼을 만들고 학생들을 조직하는 데 도움을 줄 수 있는 측면이 있을 수 있고, 어려움에도 불구하고 학생들이 학습에 접근할 수 있다. 끝으로, LIRSPE는 행동과 표현을 통해 학생들의 학습을 평가하는 방법을 파악하는데 도움이 된다. LIRSPE를 참고자료로 활용하면 창의적인 지도를 통해 학습 목표를 개발하고, 학생들이 학년에 따른 적정 수준의 수행결과에 접근할 수 있도록 장비 활용과 평가 프로토콜 을 실행하는 데 도움이 될 수 있다.

→ 추가자료

Lieberman-Brian Inclusion Rating Scale for PE article, rating scale, rubrics and informational video about the scale: https://www.nchpad.org/1702/6814/Universal~Design~for~Learning~in~Physical~Education

Chapter 8

참여와 표현 원리의 실제 적용

학습목표

▸ UDL과 참여의 연관성
▸ UDL과 표현의 연관성
▸ 참여 및 표현의 사례 제시
▸ 참여와 표현의 다양한 상황에서 활용 가능한 방법 모색
▸ 지역사회 협력을 통한 참여 및 표현의 강화 방법 모색

Denea는 초등학교 6학년 학생이다. Denea는 반 친구들과 함께 움직이고 노는 것을 좋아하지만, 체육 시간에는 수업 내용을 명확하거나 이해하기 어려울 때가 많다. Pierce는 8명의 학생을 한 조로 구성하여 각각 콘을 향해 공을 드리블해서 돌아오는 활동을 지도하고 있었다. Denea에게는 공을 조작하는 것이 쉽지 않았고, 줄을 서서 기다리는 것 또한 어렵고 지루했다. 그녀는 이 게임 활동의 목표가 무엇인지 전혀 이해하지 못했다. 속도를 위한 활동인지, 정확성을 위한 활동인지 알 수 없었다. 그녀는 공을 드리블하는 데는 서툴렀지만 정말 빠르게 달릴 수 있는 능력이 있다. 그녀는 불안한 마음이 들어 그냥 쉬고 싶다는 생각이 들었다. Pierce는 큰 박수로 학생들을 집중 시키며 빠르게 줄을 서라고 하는 순간, Denea는 "정말 바보 같아요. 이런 이상한 게임을 하는 이유가 뭐에요?"라고 말했다. Pierce는 이 활동의 목표를 잠시 동안 고민하게 되었다. 드리블의 정확성과 속도감을 배우는 것이었다. 하지만 정작 이루어지고 있는 상황은 학생들이 줄을 지어 오랜 시간 대기해 있고, 드리블 기술과 상관없이 몸을 낮췄다가 돌아오는 동작만 하였다.

Pierce는 다음 수업을 위해 수업 내용을 수정했다. 그녀는 정확성을 가르치기 위해 농구공 드리블 방법을 담은 가이드 포스터를 만들었다. 그녀는 훨씬 더 많은 공을 꺼냈는데, 어떤 공은 색과 질감이 다양한 공들이었고, 세 개의 공에는 방울이 들어 있었다. Pierce는 학생들을 여덟 명 대신 네 명씩 한 조로 나누었고 돌아가면서 드리블을 할 수 있도록 했다. 학생들은 자신이 드리블하는 공을 잘 다루어 성공적으로 콘을 돌아온 횟수를 셀 수 있었고, 스스로 자신의 능력 향상에 도전 해볼 수 있었다. Pierce는 Denea와 파트너의 시범을 통해 학생들에게 설명해주며, 학생들 개개인에게 직접 기술과 관련된 피드백을 자세히 알려 주었다. 이러한 그녀의 변화된 수업 방식은 학급의 행동과 기술발달의 변화를 가져오게 하였다. 그야말로 모두가 잘 배울 수 있는 상황이 만들어진 것이다.

UDL은 교수 학습에 유니버설 디자인을 적용하는 뇌과학 연구로부터 시작되었다(CAST, 2011). UDL은 개인차를 갖는 모든 학습자들을 포함할 수 있는 체육 교육과정 개발을 위한 교수방법으로서 다음과 같은 요인을 포함한다.

- 참여 (학생의 동기수준을 높이기 위한 다양한 신체활동 활용)
- 표현 (다양한 방법으로 자신의 능력을 표현)
- 행동과 표현 (학생들이 스스로 반응하고, 학습한 기술과 신체활동 개념을 다양하게 표현)

UDL 접근법은 건축물이나 시설, 생산물들이 누구나 접근 가능하고 편리하게 사용할 수 있도록 설계하는 건축가의 청사진과 유사하다. 마찬가지로 UDL은 체육 교사들로 하여금 학생들의 전생애를 성공으로 이끄는 교육 건축가가 되도록 장려한다(Salend, 2016).

→ 참여란?

UDL 체제는 모든 학생들이 개인차에 따라 다르게 학습하기 때문에 다양한 참여 방법을 요구한다(Eredics, 2018; Rapp, 2014). 신경학적이고 문화적인 요소, 신체 활동과 움직임에 대한 믿음, 활동에 대한 개인적인 성향, 주관성, 그리고 다른 많은 개인적이고 환경적인 요소들과 신체활동 경험 등 각 학생의 개인 차이에 영향을 줄 수 있는 많은 변수가 있다. 일부 학생들은 운동 기술과 건강에만 몰두하는 것을 좋아하는 반면, 다른 학생들은 또래와 함께 협동하여 활동하는 것을 더 선호할 수 있다. 어떤 학생들은 자유롭고 새로운 활동을 원하며, 반복되는 같은 활동에 흥미를 잃거나 겁을 먹기도 한다. 예를 들어, 어떤 학생들은 고강도의 워밍업을 위해 즐거운 음악과 함께하는 비눗방울을 쫓아 터뜨리기 활동을 좋아할 수도 있지만, 어떤 학생은 이 활동으로 인해 소외감을 느낄 수도 있다. 실제로 모든 맥락에서 모든 학생들에게 적합한 최적의 참여 방법은 없다. 참여 증진을 위해 여러 가지 선택지를 제공하는 것이 필수적이다.

흥미를 불러일으키는 것은 체육 활동에 있어서 매우 중요한 요소다. 학생들이 선호하는 스포츠 및 레크리에이션 활동, TV 캐릭터, 음악밴드, 영화, 스포츠 팀, 음식메뉴는 무엇인가? 학생들은 어떤 색깔, 어떤 소리, 어떤 보상에 동기를 얻는가? 이러한 관심사를 아는 것은 체육 수업시간 동안 학생들의 관심을 모으고 유지하는 데 도움이 될 수 있다. 예를 들어, 학생들이 하키의 패스와 슈팅 훈련에 참여하도록 동기를 부여하기 위해, 또한 학생들이 프리스비, 조끼, 표적을 흥미롭게 활용하기 위해 이들이 좋아하는 색깔을 알아내고, 수업 중에 이들이 가장 즐기는 음악을 틀어준다(그림 8.1과 8.2에서 하키와 테니스의 변형 수업 참조)

그림 8.1 한 학생이 또래 친구로부터 체육 수업 보조를 받고 있다.

그림 8.2 체육관 바닥에 다양한 크기의 테니스 라켓이 줄지어 놓아져 있고, 고무마커, 비치볼, 그리고 테니스공들이 있다.

꾸준한 노력과 끈기는 체육수업의 참여를 이끌어주는 또 다른 중요한 요소이다. 학생들의 흥미를 얻는 성공적인 수업을 위해서는 수업 시작 전의 세팅이 관건이다. 그다음 계속해서 도전하도록 유도하여, 조작기술 수업, 게임 경기나, 스테이션 활동 동안 학생들이 힘을 쏟고 끈기를 유지하여 수업에 임하는 데 도움이 될 것이다.

예를 들어, 만약 여러분의 학생들이 요가를 해본 적이 있다면, 학생들이 알고 있는 동작을 보여주도록 하는 것에서부터 시작해서 그들의 능력 안에 있는 동작을 천천히 추가하는 방향으로 진행한다. 흥미와 기술적인 동작이 동시에 받아들여질 수 있도록 학생들이 전체적으로 알고 있는 요가 동작을 포함하면서 새로운 동작으로 계속해서 도전하여 진행한다. 벽을 이용한 푸시업 포즈는 그림 8.3을 참조하면 된다.

그림 8.3 벽을 이용한 푸쉬업 활동

자기 조절은 종종 간과되는 참여적 학습의 한 부분이다. 체육 수업 중에 동기부여와 참여를 촉진할 수 있도록 환경을 변형시키는 것은 중요하다. 학생들 개개인의 감정과 동기를 조절하기 위해 학생들의 내적인 운동 능력을 개발하는 것 역시 중요하다. 다시 말해서 학생들의 자기 조절 능력, 즉 학생들의 감정 반응을 의도적으로 조정하여 학생들이 체육 수업에 더 효율적으로 참여할 수 있도록 환경을 조성해 주는 것이며, 이는 청소년 발달에 있어서 극히 중요한 측면이다(Eredics, 2018; Rapp, 2014). 보통 시행착오를 겪거나 성공한 어른을 보며 자연스럽게 자기조절 능력을 습득하지만, 정서적 통제 능력을 개발하는 데에는 대부분의 사람들이 어려움을 겪는다. 안타깝게도 많은 체육 교사들은 이러한 중요한 능력을 의도적으로 그리고 일관되게 가르치지 못하고 있는 편이다. 보이지 않는 "암묵적인" 교과과정의 구성요소로 많은 학생들이 교육적 효과를 거두지 못하고 있다.

모든 학생들은 던지기 활동에서 다양한 크기와 무게의 디스크를 선택할 수 있다.

‣ **기본형 던지기:** 학생은 우세 다리와 손을 사용한 자세를 취할 수 있고, 어깨 뒤에서 우세손 방향인 앞쪽으로 디스크를 가져오고, 디스크를 풀어 직선으로 날린다(1×)
‣ **게임형 던지기:** 학생은 우세 다리와 손을 사용한 자세를 취할 수 있고, 어깨 뒤에서 적당한 그립으로 우세 손 방향을 향해 앞으로 디스크를 가져 올 수 있다(손가락이 디스크 끝에 그립을 형성하고 있고, 손바닥이 디스크 위를 감싸고 있는 형태) 손목 스냅을 사용해 디스크를 정면으로 던질 수 있다(2×)
‣ **경쟁형 던지기:** 학생은 우세 다리와 손을 사용한 자세를 취할 수 있고, 어깨 뒤로부터 가로질러 어깨 앞쪽으로 디스크를 이동할 수 있고(손가락이 디스크 끝에 그립을 형성하고 있고, 손바닥이 디스크 위를 감싸고 있는 형태) 손목 스냅을 사용해 디스크를 5-10ft로 던질 수 있다(2×)
‣ **고급형 던지기:** 학생은 우세 다리와 손을 사용한 자세를 취할 수 있고, 어깨 뒤로부터 가로질러 어깨 앞쪽으로 디스크를 이동할 수 있고(손가락이 디스크 끝에 그립을 형성하고 있고, 손바닥이 디스크 위를 감싸고 있는 형태) 손목 스냅을 사용해 디스크를 5-10ft로 던질 수 있다. 날아가는 디스크가 큰 흔들림 없이 원하는 방향으로 이동한다(2×)
‣ **전문형 던지기:** 학생은 우세 다리와 손을 사용한 자세를 취할 수 있고, 어깨 뒤로부터 가로질러 어깨 앞쪽으로 디스크를 이동할 수 있고(손가락이 디스크 끝에 그립을 형성하고 있고, 손바닥이 디스크 위를 감싸고 있는 형태) 손목 스냅을 사용해 디스크를 10-20ft로 던질 수 있다. 날아가는 디스크가 큰 흔들림 없이 원하는 방향으로 이동한다(3×)

그림 8.4 초보수준 프리스비 백핸드 던지기를 위한 루브릭의 예

참여 예시

교육 개념: 연령에 따라 다양한 수준과 과제를 포함한 단위별 지침서 준비
사용연령: 전 연령
개념: 기대되는 능력범위와 도전의 범위를 강조한다. 기본에서 심화 수준까지 학습범위를 나누어 제공할 수 있다.
다양한 방법으로 변형시켜 사용 가능: 화이트보드, 포스터, 개별 3 × 5(인치) 카드 사용. 다양한 사진자료, 단어, 그리고 각 단계의 지시문에 해당하는 안내문을 제공하여 이해를 돕는다. 지침서는 질적이거나 양적으로 준비될 수 있다(그림 8.4의 지시문 참조)
체육관에 1-3개의 화이트보드, 포스터 또는 개별 지침 카드 비치

만약 당신이 수업을 진행할 때 의도적이고 명확하게 자기조절에 대해 다룬다면, 당신은 다양한 교육방법을 통해 UDL 접근법을 접목하는데 성공하는 것이다. 예를 들어, Devon 선생님은 중학교 2학년 체육수업의 배구를 가르치고 있었다. Sebastian은 자신이 원하는 공을 골라 원하는 방법으로 서브할 수 있고, 네트에서 서브하고자 하는 거리를 스스로 조절하여 서브했지만, 공을 네트 너머로 넘기는 데 어려움을 겪고 있었다. Sebastian이 서브 실수를 할 때마다 그는 점점 더 좌절했다. 그의 공은 네트 너머로 넘어가기에는 너무 가벼웠다. 하지만 자기조절과 문제해결 경험들로 인해 시간을 들여 다른 공을 선택해보고 네트와의 거리를 조정할 수 있었다. 그는 또한 언더핸드 서브가 투핸드 던지기보다 더 효과적이라는 것을 알아냈다. Sebastian은 어려운 상황 속에서 자신의 목적을 달성하기 위한 방법을 스스로 알아낸 것이다.

➔ 표현

무엇을 학습하게 되는지는 다양한 표현 수단을 제공하는 것에서부터 학습이 결정된다 (Rose & Meyer, 2002). 미국 국립 UDL 센터는 이러한 특정 방식으로 다양한 표현 방법을 설명하고 있다. 학생들은 정보를 인식하고 이해하는 방식이 모두 다르다. 예를 들어, 감각장애(예: 시각장애나 청각장애), 학습장애(예: 읽기장애, 쓰기장애, 실어증), 언어 또는 문화적 차이 등을 가진 학생들은 모두 각각 체육 내용을 습득하는 다른 방법들이 필요하다. 대부분의 학생들은 문자화된 지시문을 따르기보다 시각적 또는 청각적 지시에 따라 운동기술을 빠르고 효과적으로 파악할 수 있다. 학습과 기술 전이는 학생들이 운동과 기술 관련 개념들 내에서 뿐만 아니라 여러 표현들이 사용될 때 발생한다. 릴레이 경주에 미끄러지는 동작이 가능하다면 기술을 전이하여 야구, 축구, 하키에서의 슬라이딩으로 전환될 수 있다. 모든 학습자에게 해당하는 적합한 표현 수단은 없다. 다양한 표현 방법을 제공하는 것이 가장 중요하다(National Center on UDL, Principle 1, 2014).

> 무엇을 학습하게 되는지는 다양한 표현 수단을 제공하는 것에서부터 결정된다(Rose & Meyer, 2002).

지각 학습은 다양한 경험과 자극에 반응하는 감각 시스템의 능력을 향상시키는 과정이다. 지각 학습의 몇몇 예로는 다른 냄새나 음색을 구별하는 능력과 다양한 균형 기술을 구별하는 능력을 개발하는 것을 말한다. 지각 학습은 학생이 정보를 이해하지 못하거나 운동 기술이 무리한 노력과 도움이 필요한 형식으로 제시될 경우 매우 어렵다. 학습 능력의 장벽을 최소화하기 위해서는 1) 다른 형식(예: 시각, 청각 또는 촉각)으로 수업 목표를 제공하고 2) 학생에 따른 변화를 받아드리는 방식으로 핵심 개념을 제시함으로써 모든 학생이 내용을 이해하고 명확하게 수행하는 것이 무엇보다 중요하다(학생에 따라 규칙을 변형하고 다양한 크기와 촉감의 공을 사용한다). 이러한 다양한 표현 기술과 관련된 정보는 감각 및 지각 장애를 가진 학생들 뿐 아니라, 모든 학생들의 참여와 이해를 돕는다. 예를 들어 배드민턴 기능을 가르칠 때 다양한 라켓(핸들 벨크로가 그립을 잡는데 도움이 되도록 허용하는 것까지도), 다양한 크기와 색상의 셔틀콕을 제공해준다. 학생들은 다른 거리에서 서브할 수 있고, 한쪽에서 연속 치기, 언어적 단서 제공, 득점 방법 지원 등 다양한 규칙을 사용할 수 있다.

> **표현 예시 1**
>
> **교육 개념:** 화이트보드 사용
> **사용연령:** 전 연령
> **개념:** 학습 계획의 개요, 학생 그룹화, 장애 학생들을 위한 안내, 수업에 사용될 지침 및 수업의 목적 포함
> **다양한 방법으로 변형시켜 사용 가능:** 학생용 화이트보드 하나와 보조 교육자용 화이트보드를 사용하거나 평가 지침을 안내하기 위해 화이트보드를 사용
> 체육관에 수업 안내가 적힌 1-3개의 화이트보드 비치

용어사용과 동작시범을 위해 다양한 방법을 제공한다. 학생들은 다양한 형태의 표현 방법을 배울 수 있다. 한 학생에게 기술 개념을 명확하게 전달하고자 했던 동작시범이나 운동의 예는 오히려 학생에게 혼란을 줄 수 있고 또 어떤 학생에게는 이질감을 줄 수 있다. 스텝-호핑의 시범은 일부 학생들에게는 설명 없는 건너뛰기로 보이는 반면 다른 학생들은 한 다리로 호핑을 곧바로 수행할 수도 있다. 손가락 끝을 이용하여 한 손 농구 드리블을 한 학생은 빠르게 수행이 이루어지는 반면, 어떤 학생은 공을 한 번 이상 드리블하지 못할 수도 있다. 어떤 학생들에게 의미를 갖는 스포츠 기술 또는 게임은 다른 문화나 배경을 가진 학생들에게 매우 다른 의미를 가질 수 있다. 그 결과, 불균형이 발생한다. 하나의 교수법으로 모든 학생들에게 교육이 이루어졌을 때, 기억하기 위한 매우 중요한 교육적 접근방식은 모든 학생들에게 접근성, 명확성 및 이해를 위해 기술의 대안적 표현이 제공되도록 보장하는 것이다. 예를 들어, 춤 동작 학습을 위해 음악과 함께 본격적으로 연습하기 전 움직임을 가르칠 때, 안무 시범, 영상, 포스터, 그리고 또래 코칭 등을 이용하게 된다. 학생들이 춤 동작을 다양하게 접했을 때 춤을 배울 가능성이 더 높아진다. 그림 8.5에서는 또래 친구들과 협력교사가 다양한 춤 동작의 시범을 보여주고 있다.

교육 목표는 학생들이 접하는 정보를 실제 지식으로 전환하는 방법을 가르치는 것이다. 학생들의 정보를 처리하는 능력은 사전 지식을 새로운 내용과 연결하는 능력과 다르게 나타난다. 수업 내용의 정확한 설계와 발표시간을 통해 모든 학생들은 지식을 접할 수 있는 기초가 된다. 예를 들어, 학생들이 언더핸드 굴리기를 배울 때, 학생들은 어깨를 굴리는 방향으로 돌리고 반대 발을 내딛으면 효율적인 동작이 된다는 것을 배운다. 이 개념은 타격의 기술로 옮겨질 수 있다. 비우세 어깨를 목표물을 향해 돌리지 않고 반대 발로 내딛지 않으면, 원하는 결과를 이끌어내지 못할 것이다. 이러한 기초 기술들을 의도적으로 가르치고 강화해야 한다.

그림 8.5 다양한 춤 동작의 시범을 보여주고 있는 또래 친구들과 협력교사의 모습

표현 예시 2

교육 개념: 영상자료와 포스터를 활용해 지속적인 단서 제공
사용연령: 전 연령
개념: 기술습득, 활동내용 및 춤 동작의 이해
다양한 방법으로 변형시켜 사용 가능: 태블릿, 컴퓨터, 스마트 보드, 프로젝터와 스크린, 그리고 포스터나 게시판을 각 스테이션에 부착하여 성공적으로 수행할 수 있는 방법을 알려주고 활동 목적을 명확하게 전달할 수 있다.

→ 지역사회 파트너

교사가 체육수업에서 학습 목표를 설정하여 열정적으로 지도할 수 있는 좋은 방법 중 하나는 지역사회에서 교사를 도와줄 수 있는 봉사자나 전문가를 찾아보는 것이다. 지역사회 파트너는 자원봉사를 하거나 고용되어 학교에 와서 그들의 구체적인 활동을 가르칠 수 있는 지역 단체이다. 예를 들어, 지역 얼티밋 프리스비 클럽, 댄스 스쿨, 펜싱 클럽 또는 유도학교 강사들이 이 독특한 수업들을 가르치기 위해 협조할 수도 있다. 이 전략은 지역 조직에 대해 더 많이 배우고 새로운 개념을 배우는데 도움을 줄 수 있다. 게다가, 학생들은 지역사회에서 더 많은 여가활동 기회를 가질 수 있도록 무엇이 가능한지 배울 것이다. 이것들은 또한 장애 학생들을 위한 전환 목표 리스트에 기여할 수 있다.

지역기관과 연계함으로써 얻을 수 있는 또 다른 장점은 이러한 기관들이 UDL과 학생들이 어떤 활동에 관심이 있고 어떤 활동에 대해 잘 알고 있는지 배울 수 있다는 것이다. 지역기관은 모든 학생들에게 지역 사회 내에서 관련 활동을 제공할 수 있다. 그러므로, 지역사회 파트너를 체육관으로 데려오는 것은 서로 이익이 된다. 그림 8.6은 시애틀 공립학교 지역사회 파트너의 예이다.

→ 요약

다양한 표현 수단의 UDL 접근방식은 모든 학생들을 통합시키기 위한 핵심 교육 전략이다. 또한, 학생들에게 특별할 수 있는 스포츠나 활동에 대한 전문지식과 가르침을 공유할 수 있는 지역사회 파트너와 함께 하는 것은 지역사회 프로그래밍에 대한 열정과 지식을 끌어낼 수 있는 확실한 방법이다. 사전 계획, 협력, 세부사항을 주의 깊게 준비하면 모든 수업에 학생들을 참여시킬 수 있을 것이다.

장애인스포츠와 여가 활동

Puget Sound 지역

일반

- Seattle Adaptive Sports: http://www.seattleadaptivesports.org/resources.html
- Tacoma/South Sound Adaptive Sports and Recreation-Metro:
  www.metroparkstacoma.org/adaptive
- Seattle Parks and Recreation-Specialized Populations:
  http://www.seattle.gov/parks/find/specialized-programs
- Sports and Recreation Resources for People with Disabilities in Washington State:
  http://washingtonaccessfund.org/sports-recreation-resources-for-people-with-disabilites-in-
  washington-state

장애인스포츠 프로그램

양궁	카약	축구
시각 야구 beep baseball	전동 휠체어 스포츠	체력과 컨디셔닝
보치아	암벽등반	수영
카누	조정	탁구
사이클/자전거	럭비	테니스
댄스	스쿠버 다이빙	육상(트랙&필드)
펜싱	좌식배구	(좌식)배구
낚시	스키	휠체어농구
골볼	아이스슬레지하키	요가
골프		

그림 8.6 시애틀 공립학교의 지역사회 파트너 사례

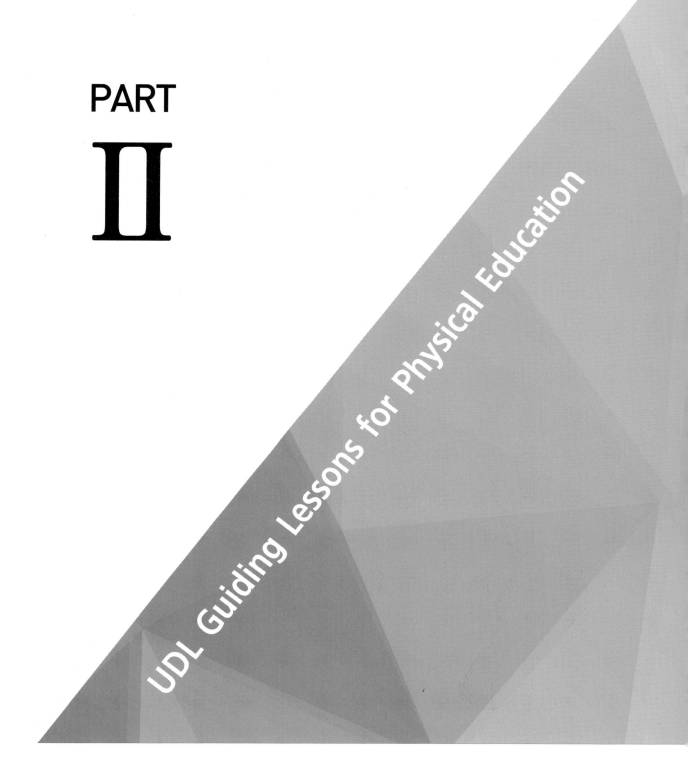

PART

II

UDL Guiding Lessons for Physical Education

UDL 기반 체육 수업 계획

Ⅱ부의 목적은 독자들에게 모든 학생을 포함하는 유니버설 디자인을 적용한 체육 수업 계획을 제공하는 것이다. 각 수업의 주요 구성 요소는 수업 계획의 각 단계에서 발생할 수 있는 여러 상황들의 사례로 자세히 다루어질 것이다. 1) 운동 기술 관련이나 수업 내용, 2) 등급 수준, 3) SHAPE America의 국가 기준을 충족하고, 4) SHAPE America의 학년별 기준에 따른 결과에 충족하고, 5) 모든 어린이를 수업에 포함시킬 수 있는 방법(다양한 참여 방법)이 포함되며, 6) 유니버설 디자인을 적용한 수업에 대한 설명(다양한 표현 방법), 7) 사용될 평가 기법(다양한 활동과 표현 방법), 8) 참여하는 기관과 필요 장비들에 대해 다룰 것이다. 학생과 학급의 개별적 요구에 따라 여러 상황이 결정된다는 점에 주의를 기울여야 한다. 이러한 수업 계획은 하나의 템플릿으로 제공되지만, 모든 사람들을 위한 학습을 극대화하기 위해 학생, 맥락과 환경에 가장 잘 맞도록 추가적인 변형이 이루어져야 한다.

UDL 수업계획 체크리스트

- ▶ 수업 계획 초기 UDL 개념 적용하기
- ▶ 장비의 변형 적용하기
- ▶ 규칙의 변형 적용하기
- ▶ 교육의 변형 적용하기
- ▶ 환경의 변형 적용하기
- ▶ 모든 학생들에게 모든 변형을 제공하기
- ▶ 모든 변형이 각 수업의 시작부터 모든 학생들과 논의되고 공유되었는지 확인하기

유니버설 디자인을 적용한 초등체육 수업 계획

→ 단원 1. 수업 1

물체 조작 기술 - 차기와 굴리기

학년 기준 : 초6

국가 기준

기준 1. 체육을 배운 학생은 다양한 운동 기술과 운동 패턴을 보여준다.

기준 2. 체육을 배운 학생은 움직임과 행동에 관련된 개념, 원리, 전략 및 전술에 대한 지식을 활용한다.

학년별 목표

S1.E21.K. 제자리에서 정지해 있는 공을 찰 수 있다. 차기 패턴의 5가지 중요 요소 중 2가지를 수행한다.

S1.E21.1. 정지해 있는 공으로 다가가 직진방향으로 공을 찰 수 있으며, 차기 패턴의 5가지 중요 요소 중 2가지를 수행한다.

S1.E21.2. 공에 가까이 달려가서 움직이는 공을 발로 찰 수 있으며, 숙련된 패턴의 5가지 중요 요소 중 3가지를 수행한다.

S1.E21.3. 공에 가까이 달려가서 의도적으로 지면을 따라 킥 동작을 할 수 있으며, 공을 킥하여 각각 차키 패턴의 5가지 중요 요소 중 4가지를 수행한다. 연속적인 달리기와 어프로치를 사용하고, 정확성을 위해 공을 정지시켜 킥한다.

S1.E21.4. 지면과 공중을 따라 킥 동작을 수행하고, 차키 패턴을 이용해 실력을 발휘한다.

S1.E21.5. 소그룹 연습과제 환경에서 차기와 펀팅 기술을 숙련된 패턴으로 수행한다.

활동 1: 10 단계

시간: 10분

소개: 교사는 체육관을 3분의 1로 나누었다. 교사는 벽의 한쪽을 따라 임의의 목표(콘, 홀라후프, 콘에 공, 볼링핀 등)를 세 번째마다 놓는다. 1구역은 자기목표, 2구역은 파트너 목표, 3구역은 단체목표이다. (수업규모가 크면 더 많은 구역을 만들 수도 있다. 한 구역에 6명 이하의 학생 구성을 권장한다.) 수업 시작 시 학생들은 자신이 참여하고 싶은 구역을 결정한다(1, 2, 3구역). 각 구역에는 단계 카드에서 완료해야 할 10개의 발차기 수행 목록이 있다(2구역 단계 카드의 예 그림 9.1 참조). 학생들은 각 단계를 완료하기 위해 다양한 공들 중

에서 하나를 선택하고, 단계 카드를 완료하기 위해 자신의 영역에서 수행한다. 학생들은 각 다섯 단계를 마친 후에 다른 구역을 선택할 수 있다. 교사는 구역별로 단계를 나눌 수 있다 (예: 구역 3은 4에서 6단계 후 완료). 각 단계는 다른 차기 과정들로 구성되어 있다. 게임의 목적상 '단계'라고 불리지만, 교사들을 위한 수업 용어는 과정이다.

단서

- '고정' 차기 전에 발을 공에 가깝게 위치하시오.
- '가리키기' 발끝이나 발 안쪽으로 공을 차시오.
- '틱 톡' 다리를 뒤로 보낸 후, 공을 차고, 다리로 공을 끝까지 따라가시오.

활동 대형: 분야별 구역

활동 2: 골 매니아

시간: 10분

소개: 교사는 체육관을 3개 구역으로 나누고 각 중앙에 균등한 개수로 다양한 목표물(콘, 콘에 공, 볼링 핀 등)을 배치한다(수업 공간이 크면 더 많은 부문을 만들 수 있다. 한 분야에 6명 이하의 학생 구성을 권장한다). 교사는 수업 시작 전 미리 학생들을 팀으로 구성해 둔다. 각 팀은 절반씩 나눈다. 일단 각 활동구역이 설정되면, 팀들은 편을 바꾸고 서로를 향해 공을 차서 골문 무너뜨리기를 시작한다. 이 게임에는 수비가 없으며, 각 팀만이 시간이 끝날 때까지 자신 편의 영역에서 상대 팀보다 더 많은 골을 성공하려고 한다(각 2분씩 1 라운드로 진행 할 것을 권장한다). 각 학생은 활동에 필요한 공이 없을 때만 움직일 수 있다. 표 9.1에 나타난 난이도 활동은 기술과 학년별 기준에 따라 다르게 적용 할 수 있다. 각 팀 내 학생들은 자신의 난이도를 그룹으로 선택하거나, 선생님이 난이도를 결정할 수 있다.

단서

- '고정' 차기 전에 발을 공에 가깝게 위치하시오.
- '가리키기' 발끝이나 발 안쪽으로 공을 차시오.
- '틱 톡' 다리를 뒤로 보낸 후, 공을 차고, 다리로 공을 끝까지 따라가시오.

활동 대형: 분야별 구역

유니버설 디자인 구성 요소

다양한 참여 방법

- '심기' 차기 전에 발을 공에 가깝게 위치하시오. 학생들은 10단계의 분야를 선택할 수 있다. 학생들은 다양한 목표, 활동, 공들 중에서 선택하여 각각의 발차기 게임을 완성할 수 있다. 휠체어, 목발, 또는 보장구를 착용한 학생들의 요구를 충족시키기 위해 다양한 장비가 제공된다. 선택별 과제: 학생들은 10단계에 맞는 목표 유형과 혼자 활동할 것인지 아니면 파트너나 그룹과 함께 활동할 것인지에 대해 분야를 선택한다.

다양한 표현 수단

- 교사는 운동기술을 활용한 게임 시범 영상을 보여주거나 활동 카드 또는 동작 시퀀스 카드를 사용할 수 있다.

행동 및 표현의 다양한 방법

- 학생들은 10단계의 분야를 선택할 수 있다. 다양한 목표, 활동, 공들 중에서 선택하여 각각의 차기 게임을 완성할 수 있다. 휠체어, 목발, 또는 다른 의료기기를 사용하고 있는 학생들의 요구를 충족시키기 위해 다양한 변형도구가 제공된다. 교사는 각 학생의 10단계 카드를 비공식 평가로 사용한다.

1단계: 파트너에게 공을 전달하기
2단계: 3번의 성공적인 패스를 위해 파트너와 함께 공을 앞뒤로 패스하기
3단계: 파트너의 발이나 손 사이에 공을 전달하기
4단계: 파트너가 2회 회정하는 동안 파트너 주위에 공을 드리블하기
5단계: 파트너에게 공을 넘겨주고 파트너가 골 넣기
6단계: 공을 특정 각도에서 파트너에게 전달하기
7단계: 두 사람 중에 한사람이 원추형이나 물체로 공을 파트너에게 전달하기
8단계: 파트너와 함께 체육관을 가로질러 공을 드리블하여 '안전한' 구역에 도달하기
9단계: 파트너를 앞에 두고 체육관을 가로질러 공을 드리블하여 골 넣기
10단계: 파트너와 함께 4번의 성공적인 패스를 완료하고 골을 기록하기

그림 9.1 10단계 차기 카드

표 9.1 골 매니아 과정

과정	설명
1	방어 없음: 학생들이 정지 상태에서 발차기
2	방어 없음: 학생들은 걷는 동안 공을 차거나 드리블 할 수 있다.
3	방어 없음: 학생들은 골을 넣기 전에 팀과 3번의 패스를 완료해야 한다.
4	부드러운 방어: 학생들은 공을 얻기 위해 서로 팔을 뻗을 수 있지만, 학생들은 몸을 움직여 몸을 구부리거나 공을 빼앗을 수 없으며, 학생들은 정지된 자세에서 발로 찬다.
5	소프트 방어: 학생들은 공을 얻기 위해 서로 팔을 뻗을 수 있지만, 학생들은 몸을 움직여 몸을 구부리거나 공을 빼앗을 수 없으며, 학생들은 달리기를 하면서 공을 차고 떨어뜨릴 수 있다.
6	부드러운 방어: 학생들은 공을 얻기 위해 서로 팔을 뻗을 수 있고, 학생들은 몸을 움직여 몸을 구부리거나 공을 빼앗지 않을 수 있으며, 학생들은 골을 넣기 전에 팀과 함께 세 번의 패스를 완료해야 한다.
7	방어: 학생들은 팔을 뻗고 서서 몸을 이용해 공을 막을 수 있고, 학생들은 달리면서 공을 이동 시킬 수 있다.
8	방위: 학생들은 골을 넣기 전에 팀과 3개의 패스를 완료해야 한다.

→ 단원 1. 수업 2

물체 조작 기술 - 던지기와 토스

학년 기준 : 초6

국가 기준

기준 1. 체육을 배운 학생은 다양한 운동 기술과 운동 패턴을 보여준다.

기준 2. 체육을 배운 학생은 움직임과 행동에 관련된 개념, 원리, 전략 및 전술에 대한 지식을 활용한다.

학년별 목표

S1.E13.K. 반대쪽 발을 앞으로 내민 채 언더핸드로 공을 던진다.

S1.E13.1. 숙련된 패턴의 5가지 중요 요소 중 2가지를 수행하여 언더핸드로 공을 던진다.

S1.E13.2. 숙련된 패턴을 사용하여 언더핸드로 공을 던진다.

S1.E13.3. 타당한 정확도로 파트너와 목표물에 언더핸드로 공을 던진다.

S1.E13.4. 친구에게 또는 목표물을 향해 적당한 거리에서의 정확성을 가지고 오버핸드로 던진다.

S1.E13.5. 비역동적 환경(폐쇄기술)에서 숙련된 패턴을 사용하여 서로 다른 크기와 유형의 공을 언더핸드로 던진다. 오버핸드로 큰 표적을 맞추기 위해 정확히 던진다.

S1.E13.5. 비역동적 환경(폐쇄 기술)에서 숙련된 패턴을 사용하여 서로 다른 크기와 유형의 물체를 언더핸드로 던진다. 큰 표적을 향해 언더핸드로 정확히 던진다.

S1.E14. 조작: 오버핸드 드로우

S1.E14.2. 숙련된 패턴의 5가지 요소 중 2가지를 수행하여 오버핸드로 공을 던진다.

S1.E14.3. 숙련된 패턴의 5가지 요소 중 3가지를 수행하여 오버핸드로 공을 던진다(비역동적 환경(폐쇄기술)에서 거리를 늘리고(늘리거나) 강한 힘을 주기 위해).

S1.E14.4. 비역동적 환경(폐쇄기술)에서 숙련된 패턴을 사용하여 서로 다른 크기와 유형의 공을 오버핸드로 던진다. 친구에게 또는 목표물을 향해 적당한 거리에서의 정확성을 가지고 오버핸드로 던진다.

S1.E14.5. 비역동적 환경(폐쇄기술)에서 숙련된 패턴을 사용하여 서로 다른 크기와 유형의 공을 오버핸드로 던진다. 오버핸드로 큰 표적을 맞추기 위해 정확히 던진다.

활동 1: 목표물을 향해 던지기와 토스

시간: 8분

소개: 교사는 각 훌라후프에 다양한 종류의 공이 있는 훌라후프를 체육관 바닥에 배치한다(표 9.2 참조). 훌라후프와 거리를 둔 벽과는 지그재그로 테이프 줄이 표시되어 있다 (빨간색 = 벽에서 3~5피트, 파란색 = 벽에서 6~8피트, 녹색 = 벽에서 9~10피트). 벽에는 다른 크기의 훌라후프를 높은, 중간, 낮은 수준에 배치한다. 교사들은 바닥 테이프나 훌라후프 홀더를 사용하여 고정시킬 수 있다. 교사는 다양한 크기의 폴리 재질의 스폿을 몇몇 후프에 무작위로 추가 할 수 있다. 학생들은 표적에 던지거나 던질 거리를 선택한다. 그런 다음 학생들은 줄에서 선택된 장소로 간다. 선생님이 가라고 하면 학생들은 훌라후프에서 공을 골라서 선으로 돌아오고, 줄 앞의 어떤 목표물에도 던지거나 던진다. 학생이 공을 던진 후 훌라후프로 돌아와 다른 공을 고르고 각각의 훌라후프에서 모든 공이 사라질 때까지 반복한다. 어떤 학생이라도 학습 기간 내내 동료 교사나 교사로부터 지원이나 피드백을 요청할 수 있다. 각 라운드는 약 3분 정도 지속된다. 각 라운드가 끝나면 학생들은 모든 공을 회수하여 지정된 훌라후프에 다시 넣는다. 그러면 교사는 또 다른 활동을 시작할 수 있다. 학생들은 얼마나 많은 표적을 맞혔는지 계산한다. 게임이 끝날 때 학생들은 한 라운드에서 가장 많은 목표물과 과제 전체에 걸쳐 타격된 목표물 성공 횟수를 기록한다.

단서

- 던지기: '스텝' – '다른 발로 스텝' – '포인트' – '표적을 향해' – '포켓' – "주머니에 손을 넣어라" "아이의 던지는 팔이 중간선을 넘어 반대편 엉덩이로 가는지 확인하라"
- 토스: "다른 발로 밟아라", "표적을 가리키라", "어깨까지 따라라"

활동 대형: 체육관 내에 벽과 마주하고 있는 정사각형으로 표시된 공간 안에서 이루어진다.

활동 2: 선박 표적 맞추기

시간: 12분

소개: 교사는 학생들을 팀으로 나눈다(2~4팀 권장). 체육관의 각 부문(팀에 따라 2, 4개)에는 다양한 표적을 가진 체조 매트가 들어 있다. 각 매트는 '선박'의 크기에 근거해 타겟 개수(타겟은 다양한 도구일 수 있음)가 다르다. 바닥에는 각 매트 주위에 세 개의 다른 색깔의 선이 있다(빨간색 = 매트에서 1~3피트, 파란색 = 매트로부터 4~6피트, 녹색 = 매트로부터 6피트). 학생들은 과녁을 향해 공을 던지는데, 던지 후 일단 과녁을 맞히면, 학생은 과녁과 정렬된 폴리 스폿에 빨간 점을 찍어서 다른 팀원들에게 과녁이 맞았다는 것을 보여준다. 일단 학생이 배에서 세 개의 표적을 맞췄다면, 팀 동료가 다른 배에 표적을 맞추

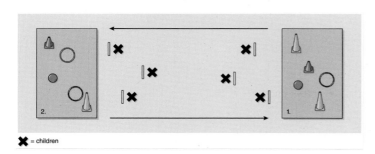

✗ = children

그림 9.2 선박 표적 맞추기 활동

어 침몰시키는 것을 도와야 한다. 두 학생 모두 거리와 목표를 선택해야 하고, 두 학생 모두 같은 과녁을 맞힌 후에 스스로 더 많은 과녁을 맞아야 한다. 어떤 학생이라도 학습 기간 내내 동료 교사로부터 지원이나 피드백을 요청할 수 있다. 각 라운드는 약 5분 정도 지속된다. 교사는 언어적 지시와 던지기 기술의 피드백을 제공하여 수업을 지도한다. 게임이 끝날 때 학생들은 한 라운드에서 가장 많은 목표물과 과제 전체에 걸쳐 맞힌 목표물의 총합을 기록한다.

단서

- 던지기: "다른 발로 밟아라", "표적을 가리켜라", "주머니에 손을 넣어라"
- 토스: "다른 발로 밟아라", "표적을 가리켜라", "어깨를 따라가라"

활동 대형: 각 분야별 구역(그림 9.2 참조).

유니버설 디자인 구성 요소

다양한 참여 방법

- 선택별 과제: 학생들은 목표물을 타격할 수 있는 거리와 타격할 물체의 종류를 선택하고, 라운드는 시간에 따라 결정되므로, 학생들은 자기계발을 위해 각 라운드에서 달성할 시험 목표의 수를 스스로 결정할 수 있다.

다양한 표현 수단

- 교사는 완벽한 자세와 기술에 대한 시범 영상을 보여줄 수 있고, 작업이나 동작 시퀀스 카드를 사용하거나, 밝은 색상의 테이프나 질감 있는 선을 사용하여 학생들이 움직일 수 있는 경로를 표시하여 변형 할 수 있다.

행동 및 표현의 다양한 방법

- 학생들이 던지기가 가능하다; 학생들은 단어, 소통 카드 또는 행동을 통해 파트너와 관계를 형성 할 수 있다.

표 9.2 골의 종류와 차기 기술을 위한 공 종류

골의 종류	공의 종류		
볼링 핀 콘 • 작은 민첩성용 원뿔 • 소형, 중형 및 대형 비닐 콘 • 돔 콘 • 교통 원뿔형 벽 타겟 (바닥 테이프와 함께 표시) • 훌라후프 • 마커 표시판 작은 민첩성 축구 목표물 청소년 축구 목표물	소형 • 스매시 공 • 코팅 폼 공 • 누즈 Nubz 공 • 테더 Tether 공	중형 • 감각적인 축구공 • 슬로모 Slo-mo 축구공 • 유틸리티 Utility 공 • 중간 크기의 비치발리볼 • 플라스틱 볼링공 • 가벼운 메디신볼	대형 • 빅기 Biggie 축구공 • 케이지 Cage 공 • 안정성 공

→단원 2. 수업 1

이동운동기술 - 점핑, 러닝, 슬라이딩, 호핑, 스키핑

학년 기준 : 초3

국가 기준

기준 1. 체육을 배운 학생은 다양한 운동 기술과 운동 패턴을 보여준다.

학년별 목표

S1.E1.K. 균형을 유지하면서 이동 기술(호핑, 갤로핑, 러닝, 슬라이딩, 스키핑)을 수행한다.

S1.E1.1. 호핑, 갤로핑, 조깅과 슬라이딩을 숙련된 패턴으로 수행한다.

S1.E1.2. 숙련된 패턴으로 스키핑을 수행한다.

활동 1: 동물 꼬리 모으기

시간: 10분

소개: 교사는 지정된 출발선에서 각자 다른 거리에 다양한 크기와 높이의 원뿔을 배열하고 각 원뿔에 '동물 꼬리'(예: 스카프)를 놓는다. 각 게임 활동 시작 전에 선생님과 학생들은 어떤 동물처럼 움직일지 결정한다(표 9.3 참조). 이 게임의 목표는 결정된 이동 운동을 이용하여 가능한 한 많은 동물 꼬리를 수집하는 것이다. 1~2분 후에 학생들은 게임을 멈추고 모든 꼬리를 재설정한다. 그리고 또 다른 동물들의 움직임을 선택하고 모든 움직임이 수행될 때까지 계속한다.

단서

- 점프: '두 발' — 제자리에서 뛰어 두 발로 착지한다.
- 슬라이드: '함께 걷기' — 몸을 옆으로 돌려 한 쪽 발을 앞발로 이동한다.
- 홉: '한 발' — 한 발로 도약하고 같은 발로 착지한다.
- 스킵: '스텝 홉' — 앞에 있는 발로 한 걸음 내딛은 후, 같은 발로 홉핑한다; 발 교대
- '보기' — 머리 위치를 유지하여 다른 학생들과 충돌하지 않도록 한다.

활동 대형: 학생들은 줄을 서서 시작하고, 자유롭게 넓은 공간에서 활동한다.

활동 2: 빈 바구니 채우기

시간: 10분

소개: 교사는 다양한 거리와 높이로 놀이공간 둘레에 여러 가지 물건(공, 콩주머니, 스카프 등)을 흩뿌린 후, 놀이공간 한가운데에 3~5개의 바구니를 놓는다. 이동 지시에 따라 각 학생은 주변으로부터 하나의 물건을 들어, 제시되는 이동 동작으로 공간의 중앙으로 이동하며, 집은 물건을 바구니 중 하나에 넣는다. 모든 물건들이 바구니에 담겨질 때까지 멈추지 않고 반복된다. 학생들은 각 라운드에 대해 다른 이동 운동을 선택할 수 있다.

단서

- 점프: '두 발' — 뛰기 및 두 발로 착지한다.
- 슬라이드: '함께 걷기' — 몸을 옆으로 돌리고, 한 쪽 발을 앞발로 이동한다.
- 홉: '한 발' — 한 발로 도약하고 같은 발로 착지한다.
- 스킵: '스텝 홉' — 앞에 있는 발로 한 걸음 내딛은 후, 같은 발로 홉핑한다; 발 교대
- '보기' — 머리 위치를 유지하여 다른 학생과 충돌하지 않도록 한다.

활동 대형: 학생들은 각 위치에서 시작하여 자유롭게 넓은 공간에서 활동한다.

유니버설 디자인 구성 요소

다양한 참여 방법

- 학생들은 모든 활동을 1인 또는 2인 이상 그룹으로 선택적으로 할 수 있다. 학생들은 자신이 원하는 이동운동 기술(런, 점프, 스킵 등)도 선택할 수 있다.

다양한 표현 수단

- 교사는 모든 이동운동 기술 동작과 시퀀스를 시범 영상이나 시퀀스 카드를 통해 보여줄 수 있다.

행동 및 표현의 다양한 방법

- 학생들은 동물 꼬리를 선택할 수 있으며, 이동할 물건과 버켓을 선택할 수도 있다.

표 9.3. 동물 꼬리 모으기

동물	이동운동 동작	단서들
개구리	점프	'두발' : 뛰어서 두발로 착지
강아지	런	'빠른' : 비우세 팔을 우세 발과 교차하여 스윙
뱀	슬라이드	'함께 걷기' : 몸을 옆으로 돌리고, 한 쪽 발을 앞발로 이동
플라밍고	홉	'한발' : 한발로 뛰어서 같은 발로 착지
여우원숭이	스킵	'스텝 홉' : 앞발로 한발 이동 후 같은 발로 홉, 교차

→ 단원 2, 수업 2

이동운동기술 - 점핑, 슬라이딩, 호핑, 스키핑, 러닝

학년 기준 : 초4

국가 기준

기준 1. 체육을 배운 학생은 다양한 운동 기술과 운동 패턴을 보여준다.

학년별 목표

S1.E3.K. 점핑과 착지 동작이 안정적이다.

S1.E3.1. 2피트 도약과 착지를 할 때 수평면에서의 점핑과 착지를 위한 5가지 중요 요소 중 2가지를 보여준다.

S1.E3.2. 다양한 1-2피트 도약과 착지를 할 때 수평면에서의 점핑과 착지를 위한 5가지 중요 요소 중 4가지를 보여준다.

S1.E3.3. 수평면과 수직면으로 점핑과 착지를 수련된 패턴으로 수행한다.

활동 1: 백합 길

시간: 10분

소개: 교사는 체육관 실내바닥이나 운동장에 다양한 거리에 무작위로 원마커들을 배치한다. 교사는 훌라후프를 출발선에서 목표지점까지 다양한 거리로 바닥 둘레에 배치한다. 학생들은 모두 함께 한곳에서 시작한다. 이동 지시에 따라, 학생들은 다른 이동 기술(예: 런, 홉, 스킵, 점프, 갤롭, 슬라이드)을 사용하여 이곳저곳으로 이동하기 시작한다. 활동의 목적은 원마커에서 원마커로만 이동하여 목표지점까지의 경로를 만드는 것이다. 일단 학생이 자신이 선택한 5~7개의 목표지점에 도달하면, 라운드가 끝날 때까지 '홈 목표지점'에서 운동 동작 작업 카드를 완성한다 (홈 목표지점 = 5 또는 7개 마커).

각 라운드는 1~2분 동안 지속하고 라운드 사이에 휴식 시간을 둔다.

단서

- 점프: '두 발' — 제자리에서 뛰어 두 발로 착지한다.
- 슬라이드: '함께 걷기' — 몸을 옆으로 돌려 한 쪽 발을 앞발로 이동한다.
- 홉: '한 발' — 한 발로 도약하고 같은 발로 착지한다.
- 스킵: '스텝 홉' — 앞에 있는 발로 한 걸음 내딛은 후, 같은 발로 홉핑한다; 발 교대

- 런 — "팔은 교차하여 각자 반대 위치로" — 오른발에 왼 팔
- "갤롭" — "함께 걷기, 함께 걷기", "발을 바꾸지 마세요"

활동 대형: 한 쪽에 줄을 서서 시작하고, 마커들을 밟아 점핑하여 길을 만든다(그림 9.3 참조).

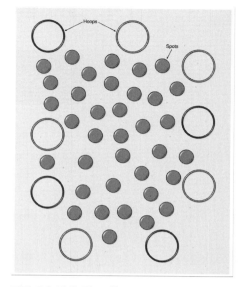

그림 9.3 백합 길 – 활동 설계 예시

활동 2: 사파리 정글

시간: 10분

소개: 교사는 색칠 된 선, 분필 선, 줄넘기를 이용하여 체육관이나 운동장에 '정글'을 만든다(점프 로프는 뱀일 수도 있고, 분필 라인은 나뭇가지일 수도 있고, 버켓은 나무가 될 수도 있고, 장애물은 강일 수도 있다). 이동 지시에 따라 학생들은 체육관을 돌아다니며, 움직일 때 정글의 장애물을 뛰어넘거나 뛰어다닌다. 학생들은 교사가 승인한 어떤 운동 기술도 점프나 점프 이외의 방법으로 정글을 통과하기 위해 사용할 수 있다. 그 활동은 2~3분 간격으로 완료되어야 한다. 다음은 필요에 따라 게임을 변형 시킬 수 있는 옵션들이다.

1. 파트너 선택 : 학생들은 파트너와 함께 정글을 통해 '관찰자'로 움직인다. 망보는 또래 코치의 역할을 하여 학생을 밀림 속을 항해하게 하여 의사소통과 팀워크를 하도록 한다. 첫 번째 라운드 후 파트너를 바꾼다. 두 바퀴를 돌고 나면 학생들은 다른 파트너를 찾는다. 교사는 게임 내내 의사소통의 형태를 바꿀 수 있다(단어, 제시 없음, 그림, 거울 동작 등).
2. 컬러 도전: 교사는 장애물을 색칠하여 난이도를 나타낼 수 있다. 학생들은 어느 수준을 완성하고 싶은지 선택할 수 있다.
3. 정글 만들기: 학생들은 작은 그룹을 형성하여 장애물이라고 칭하고 다른 그룹에 도전하여 정글 사파리를 완성한다.

단서

- 점프: '두 발', '무릎 굽히기', '팔 뒤로', '팔 스윙', '부드러운 착지'
- 립: '뛰어', '한 발 뛰기', '다른 발로 착지'

활동 대형: 학생들은 각 위치에서 시작하여 자유롭게 넓은 공간에서 활동한다.

유니버설 디자인 구성 요소

다양한 참여 방법

- 학생들은 모든 활동을 1인 또는 2인 이상 그룹으로 선택적으로 할 수 있다.

다양한 표현 수단

- 교사는 모든 이동운동 기술 동작과 시퀀스를 시범 영상이나 시퀀스 카드를 통해 보여 줄 수 있다.

행동 및 표현의 다양한 방법

- 학생들은 운동 과제 카드, 이동 경로와 과제의 난이도를 선택할 수 있다.

→ 단원 3, 수업 1

신체 공간 지각능력

학년 기준 : 초3

국가 기준

기준 2. 체육을 배운 학생은 움직임과 행동에 관련된 개념, 원리, 전략 및 전술에 대한 지식을 활용한다.

학년별 목표

S2.E1.Ka. 개인(자신의 공간)에서의 움직임과 일반 공간의 차이를 구분한다.

S2.E1.1. 지정된 박자나 리듬에 맞춰 자기 공간과 일반 공간으로 이동한다.

S2.E1.2. 일반 공간에서 이동운동 기술을 리듬과 결합하여 수행한다.

활동 1: 비눗방울을 터뜨리지 마

시간: 10분

소개: 교사는 훌라후프, 줄넘기, '버블'을 수업 공간 주변의 땅에 배치 또는 부착하여 놓는다. 교사는 연령에 따른 음원을 사용하여 음악을 틀고, 학생들은 비눗방울 안에서 (주위를 만지는) '터뜨림' 없이 박자에 맞춰 움직인다. 교사는 다른 크기의 훌라후프를 사용하거나 다른 크기의 원을 그려 학생들이 자신의 난이도를 선택할 수 있도록 한다. 움직임에는 행진, 탭댄스 형식, 박수 치기, 발 구르기나 미끄러지기 등을 지시 할 수 있다. 교사는 음악을 멈추고 학생들은 다음 노래를 위해 다른 버블을 선택할 수 있다. 또 다른 변형으로 학생들이 거품을 내지 않고 일반 공간에서 음악의 박자(높음, 중간 또는 낮음)로 이동하도록 하는 것이다.

단서

- 개인 공간 : '몸 근처 손', '거품 안쪽 발'
- 일반 공간 : '눈높이', '몸에 가까운 손', '조절'

활동 대형: 학생들은 원 안에서 시작하여 개인 공간에서 동작을 한다. 그리고 원 바깥의 일반 공간으로 나아간다.

활동 2: 훌라후프 자동차

시간: 10분

소개: 학생들은 원(홀라 후프, 플라잉 디스크, 원 마커 등)을 선택하여 자동차 핸들로 사용할 수 있으며, 음악이 시작되면 '주행'을 시작할 수 있다. 일반 공간을 주행하는 동안 학생들은 다양한 속도(예: 걷기, 가볍게 뛰기, 달리기)로 운전하며 다른 '자동차'(학생)와 충돌하지 않는다. 음악이 멈추면 학생들은 다음 라운드에 앞서 30초 동안 한 큐 동작을 수행한다('큐 동작' 참조). 학생들은 카풀처럼 또래친구와 운전을 할 수도 있고(팔이 연결된 채로 운전할 수 있다) 개인 운전수(개인적으로 움직인다)를 선택할 수도 있다. 교사들은 다음과 같은 방법으로 게임을 연장하거나 단축할 수 있다.

1. 시내 주행: 교사는 체육관의 '도로'(다각점으로 지정된 경로) 주변에 표지판(정지, 저속, 철도 건널목, 우측/좌회전, 로터리 등)을 배치한다. 학생들은 다른 '자동차'들과 마주치지 않고 표지판에 따라야 한다.

2. NASCAR: 교사는 체육관 바닥이나 운동장에 3차선 트랙을 만든다. 각 차선은 걷기(안), 조깅(가운데), 달리기(밖) 차선이다. 학생들은 그들이 다른 '자동차'에 '충돌'하지 않고 얼마나 많은 바퀴 수를 달릴 수 있다고 생각하는지 선택하도록 한다. 학생들이 엇갈린 출발을 위해 줄을 선다. 경주가 시작되면 트랙을 따라 차를 몬다. 또 다른 '자동차'를 건드리면 무릎 끝의 '정차'(출발 선과 끝 선의 콘)으로 나가 밸런스 운동 카드를 수행해야한다. 그 다음 트랙에 다시 진입하여 랩을 완료한다. 참고: 휠체어 사용자나 시각 장애가 있는 학생은 '교대운전자'를 갖고 다른 학생 또는 특수교사의 보조를 받아 경주를 완주할 수 있다.

단서

- '공기 빠진 타이어' : 개인 공간 제자리에서 호핑 또는 점핑하기
- '빨간불' : 자동차 핸들을 떨어뜨리고 기어가거나 꽃게 걸음으로 제자리에서 걷기
- '비 오는 날' : 자동차 핸들을 바닥에 놓고 유리 닦개 와이퍼와 같은 동작을 개인 공간에서 수행하기
- '주차' : 걷기, 조깅과 뛰기를 하여 주차 장소(체육관이나 운동장에 테이프로 붙여진 곳)로 이동하고, 신체 제어를 유지하여 줄을 선 다음, 다른 학생 옆에 손을 대지 않고 서서 '주차'한다(그림 9.4 참조).

활동 대형: 학생들은 각자 원하는 자동차 핸들을 선택한 후, 각 위치에서 시작하여 자유롭게 넓은 공간에서 활동한다.

유니버설 디자인 구성 요소

다양한 참여 방법

- 학생들은 움직이고 싶은 비눗방울 크기를 고를 수 있다; 학생들은 다양한 크기와 무

게에 따라 자동차 핸들을 고른다. 학생들은 유리 청소용 와이퍼의 움직임을 고른다. 학생들은 혼자서 활동 할 수 있으며, 파트너나 그룹과 함께 활동을 완료하는 것을 선택할 수 있다.

다양한 표현 수단

- 교사는 점핑 시범 영상이나 연속되는 동작 카드를 보여줄 수 있다.

행동 및 표현의 다양한 방법

- 학생들은 움직이고 싶은 비눗방울 크기를 고를 수 있다. 학생들은 다양한 크기와 무게의 자동차 핸들을 고른다. 학생들은 유리 청소용 와이퍼의 움직임을 고른다.

그림 9.4 훌라후프 자동차 활동의 큐 동작

→ 단원 3, 수업 2

신체공간 지각능력 - 열린 공간에서의 움직임

학년 기준 : 초4-5

국가 기준

기준 2. 체육을 배운 학생은 움직임과 행동에 관련된 개념, 원리, 전략 및 전술에 대한 지식을 활용한다.

학년별 목표

S2.E1.3. 움직임 개념과 함께 넓은 공간의 개념을 인식한다.

S2.E1.4a. 열린 공간의 개념을 이동(예: 드리블과 이동)과 관련해 조합된 기술능력을 응용한다.

활동 1: 열고 닫기

시간: 10분

소개: 교사는 수업 공간 주위에 장애물(콘, 막대기 등)을 배치한다. 5-10명의 학생들은 수업 공간 주위에 정지해 있고, 다른 학생들은 계속 움직이고 있다. 이동 중인 학생들은 선호하는 공을 선택하고 공 선택을 통해 열린 공간을 통과하기 시작한다. 이 게임의 목적은 정지해 있는 학생과 패스 동작을 수행하기 위해 다른 학생들과 장애물들을 피하는 것이다. 정지한 학생들은 즉시 패스를 받은 학생에게 돌려준다. 학생들은 매번 정지해 있는 학생들이 교체되면각각 2~3분씩 몇 차례의 라운드를 갖는다.

참고: 교사는 자신의 필요에 가장 적합한 패스 유형(가슴, 튕기기, 킥 등)을 선택할 수 있다. 이동 중인 학생들은 열린 공간을 통해 공을 드리블 할 수 있다.

단서

- 개인 공간 : "시선 위로", "서로를 피하여"
- 일반 공간 : "이름 부르기", "열릴 때까지 기다리기"

활동 대형: 정지해 있는 학생들은 원 안에서 시작해서 역할을 바꿀 때까지 그곳에 남아 있는다.

활동 2: 움직이는 자와 흔들리는 자

시간: 10분

소개: 이 게임은 배구장이나 비슷한 곳에서 그물이나 중간선을 활용하게 된다. 교사는 여러 개의 코트를 나누고 설치한다. 게임은 한 편, 두 편, 세 편 또는 네 편일 수 있다. 학생들은 "흔들리는 자"일 때는 작은 공간(후프, 바닥의 원 등) 안에서만 움직일 수 있는 학생이며, "움직이는 자"는 코트의 다른 곳에서도 움직일 수 있는 선수들이다. 각 팀은 어느 누가 움직이는 자와 흔들리는 자가 될지 정하여 각 팀이 동일한 수의 역할(예: 3대 3 게임에서 양팀 모두 2명의 흔들리는 자와 1명의 움직이는 자, 또는 2명의 움직이는 자와 1명의 흔들리는 자를 가질 수 있도록)을 배정할 수 있도록 한다. 일대일 게임에서는 두 선수가 같은 역할을 한다. 배구공, 비치볼, 풍선을 이용해 각 팀은 상대편의 열린 공간으로 공을 던진다. 움직이는 자들은 공이 두 번 튀어 오르기 전에 공을 잡으려고 한다. 모든 팀원들이 공을 만질 때까지 코트의 다른 쪽에서는 공을 칠 수 없다. 공은 치기, 세트, 잡기나(5초 이내), 던지기 등 다양한 방식으로 칠 수 있다. 상대팀이 공을 두 번 튕기기 전에 공을 돌려주지 못하거나 코트 밖에서 공을 치거나 모든 선수가 공을 만지게 하지 못하면 1득점을 하게 된다.

단서
- '열린 공간 찾기'
- 치기: '열린 손', '머리 위', '목표물을 향해'
- 세트: '삼각형', '팔꿈치 밖', '손가락 패드'
- 잡고 던지기: '5초', '공을 꽉 잡아', '목표물 가까이'

활동 대형: 그물이 있건 없건 다양한 크기의 코트를 만든다. 팀들은 각자의 선호도에 따라 원하는 코트를 선택한다.

유니버설 디자인 구성 요소

다양한 참여 방법
- 학생들은 혼자서 활동 할 수 있으며, 파트너나 그룹과 함께 활동하는 것을 선택할 수 있다.

다양한 표현 수단
- 교사는 숙련된 패스 동작의 시범 영상이나 시퀀스 카드를 보여줄 수 있다.

행동 및 표현의 다양한 방법
- 학생들은 사용하고자 하는 공을 고를 수 있다. 학생들은 네트를 사용해도 사용하지 않아도 좋다. 학생들은 공을 조작하는 방법을 정할 수 있다.

→ 단원 4, 수업 1

균형과 안정성 - 중심 이동

학년 기준 : 초2-4

국가 기준

기준 2. 체육을 배운 학생은 움직임과 행동에 관련된 개념, 원리, 전략 및 전술에 대한 지식을 활용한다.

학년별 목표

S1.E8.1. 춤과 체조를 통해 자기공간의 중심을 신체 한 부분에서 다른 신체부위로 이동한다.

S1.E8.2. 발에서 다른 신체 부위나 균형 잡고 있는 곳으로 무게 중심을 이동한다.

S1.E8.3. 순간적으로 무게 중심 지지를 위해 중심을 발에서 손으로 전달한다.

활동 1: 밸런스 빔

시간: 5분

소개: 교사는 바닥의 여러 줄을 테이프로 붙여 '밸런스 빔' 역할을 한다. 각 빔은 두께와 패턴(직선, 대각선, 지그재그, 막힌 곳 또는 콤비네이션)이 다양하다.

교사는 밸런스 빔을 타고 걷거나 미끄러지거나 이동하는 방법을 시연하는 것으로 활동을 시작한다. 그 후 교사는 한 체조 선수가 밸런스 빔을 걷는 비디오를 보여준다. 교사는 학생들이 탠덤(뒷꿈치에서 앞꿈치)으로 걷거나, 반탠덤을 걷거나(선에서 벗어난 발), 미끄러지며 걸을 수 있다고 설명한다. 교사는 1분 동안 타이머를 맞춘다. 학생들은 어떤 빔이라도 골라 걷거나 건너면 다른 선으로 이동한다. 마지막 순간에 학생들은 떨어지지 않고 얼마나 많은 균형 빔을 완성했는지 계산한다. 경기는 3-5라운드로 진행된다. 학생들은 각 라운드 내에서 난이도뿐만 아니라 건너온 밸런스 빔의 수를 증가시키도록 노력해야 한다. 이 활동을 위해 교사는 균형과 안정성을 위한 단서뿐만 아니라 체육관 주변을 걷고 슬라이딩 할 수 있도록 작업 카드를 가지고 있어야 한다.

단서

- '시선 위로' — 시선을 눈 위치와 평행한 곳을 응시한다.
- '키 크게' — 곧은 자세를 유지하여 머리부터 발끝까지 일직선이 될 수 있도록 한다.

- '그대로 있기' — 균형을 잡으려 할 때 안정된 자세를 유지한다. 팔을 앞으로 뻗거나 필요시에 중앙점을 찾아 자세를 취한다.

활동 대형: 학생들은 자유롭게 공간을 사용한다.

활동 2: 포즈를 취하자

시간: 5분

소개: 교사는 체육관을 4가지 구역으로 나누어, 빨간색(포즈 한 가지), 파란색(파트너와 포즈 또는 벽과 포즈), 녹색(조합된 정지 포즈), 노란색(전환하며 이동하는 포즈)으로 나눈다. 학생들은 균형 잡기 포즈를 완성하기 위해 시작할 자신의 구역을 선택한다. 4가지 구역의 예는 그림 9.5에 나와 있다. 교사들은 자신이 만들고 싶은 각각의 포즈를 그림 카드로 만들 수 있다. 교사는 2분의 시간을 측정한다. 학생은 포즈 카드를 선택하고 포즈를 수행한 다음 현재 구역 또는 다른 구역 내에서 다른 포즈 카드를 선택하여 타이머가 꺼질 때까지 계속 수행한다. 게임은 3-5라운드로 진행된다. 학생들은 매 라운드마다 포즈 수를 늘리기 위해 노력해야 한다. 학생들은 또한 라운드 내내 다양한 구역을 시도해야 한다.

단서

- '그대로 있기' — 균형을 유지하려고 할 때 안정성을 유지한다. 필요한 경우 팔을 뻗거나 중앙점으로 이동한다.
- '느린 변화' — 너무 빨리 전환 이동을 하지 않는다.

활동 대형: 4가지 구역

구역	포즈의 예시
1	자신이 원하는 한 가지 포즈 취하기 • 한쪽 다리로 서서 파트너 또는 벽을 잡고 다리를 옆, 앞이나 뒤로 들어올린다.
2	파트너 또는 벽과 포즈 취하기 • '플라밍고 자세'(예: 오른쪽 다리가 구부러지고 지지한 다리의 무릎 측면에 위치함)로 다리를 들고 서 있다. 학생들은 이 포즈를 유지하기 위해 파트너와 함께 하거나 벽의 도움을 받는. • '독수리 자세'– 한 다리는 앉는 자세로, 반대쪽 다리는 땅위 지지 다리를 가로질러 구부러진다. 학생은 벽이나 파트너를 잡고 도움을 받는다.
3	포즈 조합 Combination • '촛대 포즈'를 '플라밍고 포즈'로 표현 • '홀로우 포즈'를 '테이블 포즈'로 표현 • '푸시업 자세'를 '당나귀 킥 자세'로 표현
4	포즈 전환하기 • 학생들은 '단계적' 동작을 통해 어떤 두 가지 포즈를 만들어 전환하며 포즈를 선택하여 표현할 수 있다. • 학생이 한 포즈에서 다른 포즈로 전환하는 데 사용할 수 있는 기타 동작: • 점프　• 로그 롤　• 한 발로 중심 잡기　• 두 번째 포즈를 위해 높고, 낮거나 중간 높이의 레벨로 이동

그림 9.5 활동 2: 포즈를 취하자의 4가지 구역 포즈 예시

활동 3: 보물을 옮기자

시간: 10분

소개: 교사는 체육관을 네 개의 구역(빨간색, 파랑색, 녹색, 노란색)으로 나누고, 바닥에 다양한 무늬의 선과 폭(예: 직선, 막힌 곳, 지그재그와 다른 선의 조합)을 붙여 놓는다. 네 구역은 다양한 난이도를 나타내야 한다. 체육관 양끝에 있는 '보물'(다양한 물건)에 '바닷가'(농구 골밑 라인 또는 줄에 놓인 훌라후프)을 배치한다. 학생들은 자기 쪽에서 보물을 가져다가 스스로 선택한 선으로 걷거나 미끄러지면서 보물을 '선'(각 네 구역의 맨 끝에 놓인 훌라후프)에 올려놓음으로써 보물을 옮긴다. 일단 학생들이 훌라후프에 보물을 이동하면 훌라후프에서 '포즈 카드'를 선택하고(다양한 밸런스 포즈를 취한 표시 카드) 다른 보물을 가지러 가기 전에 표시된 균형 과제를 수행함으로써 보물을 확보해야 한다. 학생들이 줄에서 떨어지면, 바닷가로 돌아와 같은 길이나 다른 길을 다시 시도해야 한다. 학생들은 한 바퀴마다 포즈 카드를 모은다. 수업시간은 교사가 보기에 2분에서 5분 정도로 진행한다. 학생들은 카드에서 손 전용, 발 전용, 코어 전용 또는 벽 전용 활동의 조합을 선택하여 동작을 수행할 수 있다.

단서

- '시선 위로' — 시선을 눈 위치와 평행한 곳을 응시한다.
- '키 크게' — 곧은 자세를 유지하여 머리부터 발끝까지 일직선이 될 수 있도록 한다.
- '그대로 있기' — 균형을 잡으려 할 때 안정된 자세를 유지한다. 팔을 앞으로 뻗거나 필요시에 중앙점을 찾아 자세를 취한다.

활동 대형: 네 구역(그림 9.6 참조).

유니버설 디자인 구성 요소

다양한 참여 방법

- 성공을 위한 수준: 교사는 각 학생들이 수집하는 포즈나 보물들의 수에 대한 수준을 만든다. 학생들은 매 라운드마다 한 단계씩 올라가거나 현재 수준에 머무르려고 한다. 선택적 과제: 학생들은 고유의 포즈, 네 구역과 각 활동 내에서 경로를 스스로 선택해서 내적 동기 부여와 자기 규제를 촉진할 수 있도록 한다.

다양한 표현 수단

- 교사는 모든 포즈와 기술적 게임을 시범 영상을 통해 보여주거나, 작업 또는 시퀀스 카드를 사용한다. 밝은 색상의 테이프나 질감이 있는 선을 사용하여 학생들이 이동할 수 있는 경로를 변형하여 줄 수 있다.

행동 및 표현의 다양한 방법

- 학생들은 혼자나 파트너, 그룹과 함께 활동하는 것을 선택할 수 있다. 학생들은 다양한 균형 경로, 포즈와 옮길 보물을 선택할 수 있다.

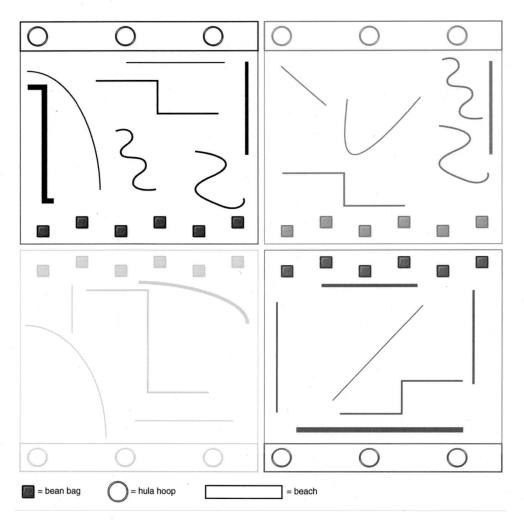

= bean bag ◯ = hula hoop ☐ = beach

그림 9.6 보물을 옮기자 게임의 도식

→ 단원 4, 수업 2

균형과 안정성 - 콤비네이션

학년 기준 : 초4-6

국가 기준

기준 3. 체육을 배운 학생은 건강을 증진시키는 수준의 신체 활동과 운동 능력을 보이고, 건강을 달성하고 유지하기 위한 지식과 기술을 보인다.

학년별 목표

S1.E12.3. 춤을 선보이고 창작하기 위해 움직임을 반영한 컨셉으로 신체중심과 균형을 조합한다.

S1.E12.4. 균형과 무게중심 이동을 조합하여 도구를 사용하거나 사용하지 않는 체조 순서를 만든다.

S1.E12.5. 동작, 균형 및 무게중심 이동을 조합하고 도구를 사용하여 파트너와 함께 체조 순서를 만든다.

활동 1: 동작 배우기

시간: 5분

소개: 교사는 체육관 바닥에 체조 균형을 맞춘 포즈 카드를 비치한다. 각 카드는 녹색(스스로 균형잡기), 노란색(파트너와 균형잡기), 빨간색(그룹으로 균형잡기), 조합(전환 또는 콤비네이션 균형잡기)이며, 1-4개의 지지 기반과 함께 다양한 밸런스 자세를 제시되어 있다. 학생들은 자신이 선택한 카드를 성공시키기 위해 공간으로 이동한다. 노란색과 빨간색 카드의 경우, 과제를 완료하는 데 필요한 학생 수가 만들어지도록 각 카드를 준비해둬야 한다 (즉, 세 사람이 과제를 완료해야 할 경우 세 개의 동일한 카드가 있어야 한다). 학생들은 각 균형 카드를 완성할 파트너나 그룹을 찾기 위해 체육관을 돌아다닌다. 카드를 완성하면 바닥에서 카드를 모은다. 모든 카드가 바닥에 떨어질 때까지 활동을 계속한다. 그런 다음 학생들은 자체 평가를 한 후, 네 구역에 완료한 카드 수 옆에 이름을 배치한다(예: 빨간색, 녹색, 노란색과 파란색 구역. 그림 9.7 참조).

단서

- '시선 위로' — 시선을 눈 위치와 평행한 곳을 응시한다.

- '키 크게' — 곧은 자세를 유지하여 머리부터 발끝까지 일직선이 될 수 있도록 한다.
- '그대로 있기' — 균형을 잡으려 할 때 안정된 자세를 유지한다. 팔을 앞으로 뻗거나 필요시에 중앙점을 찾아 자세를 취한다.

활동 대형: 학생들은 자유롭게 공간을 사용한다.

활동 2: 여행자카드 완성하기(발달 단계)

시간: 7분

소개: 교사는 수업에 앞서 4인 1조로 반을 나눈다. 학생들이 지정된 공간을 찾을 수 있도록 체육관 주변에 학생들의 이름이 적힌 색 콘을 배치한다. 각 그룹은 '움직임 학습' 활동에서 다양한 카드를 받아 그룹으로서 2-5부 균형 시퀀스를 만든다.

각 시퀀스 내에서 학생들은 1-4개의 지원 기반으로 구성하여 스스로 그룹의 조합을 정할 수 있다. 각 그룹 내에서 서로 다른 학생들과 함께 다양한 연결 동작을 선택할 수 있다(즉, 그룹 내에서 두 학생이 2부 연결동작을 수행할 수 있고, 이어서 두 학생이 4부 연결동작을 수행하여 그룹 루틴을 만들 수 있다). 각 그룹은 루틴을 만들기 위한 약 7분의 시간이 있다. 각 그룹은 교사가 균형 카드를 해당 루틴을 위해 수행되는 순서대로 시퀀스 카드에 놓음으로써 학생들에게 준 시각적 시퀀스 카드를 준비하게 된다.

단서

- '시선 위로' — 시선을 눈 위치와 평행한 곳을 응시한다.
- '키 크게' — 곧은 자세를 유지하여 머리부터 발끝까지 일직선이 될 수 있도록 한다.
- '그대로 있기' — 균형을 잡으려 할 때 안정된 자세를 유지한다. 팔을 앞으로 뻗거나 필요시에 중앙점을 찾아 자세를 취한다.
- '느린 변화' — 너무 빨리 전환 이동을 하지 않는다.

활동 대형: 그룹

활동 3: 여행자카드 완성하기(수행 단계)

시간: 10분

소개: 각 그룹은 '여행자카드'를 받고 다른 그룹과 만나기 위해 체육관 내에서 이동한다. 각 그룹은 다른 그룹의 루틴을 수행한다. 두 가지 루틴이 완료되면 각 그룹이 상대방의 여행자카드에 자기 그룹 색깔의 '도장'을 찍는다. 그런 다음 이 그룹은 다른 그룹으로 이동한다. 단체들은 모든 단체로부터 '스탬프'를 받아 여행자카드를 완성해야 한다.

단서

- '시선 위로' — 시선을 눈 위치와 평행한 곳을 응시한다.
- '키 크게' — 곧은 자세를 유지하여 머리부터 발끝까지 일직선이 될 수 있도록 한다.

- '그대로 있기' — 균형을 잡으려 할 때 안정된 자세를 유지한다. 팔을 앞으로 뻗거나 필요시에 중앙점을 찾아 자세를 취한다.
- '느린 변화' — 너무 빨리 전환 이동을 하지 않는다.

활동 대형: 학생들은 자유롭게 공간을 사용한다.

유니버설 디자인 구성 요소

다양한 참여 방법

- 학생들은 혼자, 파트너나 그룹과 함께 하는 활동을 선택할 수 있다. 학생들은 또한 시퀀스 수준(예: 2, 3, 4 또는 5 부분)을 선택할 수 있다.

다양한 표현 수단

- 교사는 모든 시퀀스에 대한 시범 영상을 보여주거나, 시퀀스 카드를 사용할 수 있다.

행동 및 표현의 다양한 방법

- 학생들은 그룹 내의 시퀀스를 스스로 선택하고, 균형 동작 카드를 선택하여 루틴을 창작 할 수 있다.

RED		GREEN	
1 - 3			**1 – 3**
Emily			
4 - 6			**4 - 6**
			James
7 – 9			**7 - 9**
Todd			Raegen
10+			**10+**

YELLOW		BLUE	
1 - 3			**1 - 3**
Matt			
Brittany			
4 - 6			**4 – 6**
			Robert
7 – 9			**7 - 9**
			Ben
10+			**10+**
Madison			

그림 9.7 균형과 안정성 활동 다이어그램

유니버설 디자인을 적용한 스포츠 활동 수업 계획

→ 수업 1: 테니스

테니스 포핸드

학년 기준 : 중2

국가 기준

기준 1. 체육을 배운 학생은 다양한 운동 기술과 운동 패턴을 보여준다.

기준 2. 체육을 배운 학생은 움직임과 행동에 관련된 개념, 원리, 전략 및 전술에 대한 지식을 활용한다.

기준 4. 체육을 배운 학생은 자신과 타인을 존중하는 책임감 있는 개인적 및 사회적 행동이 나타난다.

학년별 목표

S1.M14.7. 배드민턴이나 테니스와 같은 네트 게임에서 긴 손잡이가 있는 기구를 사용하여 성숙한 형태의 포핸드 및 백핸드 스트로크를 보여준다.

S2.M7.7. 상대방의 좌우 움직임에 긴 손잡이가 있는 기구를 사용하여 힘과 방향의 변화를 주어 net/wall 게임에서 빈 공간을 만든다.

S4.M6.7. 변형된 신체 활동 및 게임에 대한 자기심판 self-officiating 또는 댄스를 창작하거나 변형해야 하는 규칙 및 에티켓 관련 지식을 보여준다.

소개

시간: 5분

소개: 교사는 학생들에게 다음과 같은 테니스 기술을 보여준다.

- 포핸드 그라운드 스트로크 forehand ground stroke 는 무엇이며 언제 사용하는가

- 포핸드를 위해 라켓의 콘티네탈 그립을 잡는 방법(핸드쉐이크 그립)

- 움직이지 않고 발리(손바닥이 하늘을 향하게), 바운싱(손바닥이 땅을 향하게), 균형(공에서 눈을 떼지 않고 팬케이크처럼 평편하게) 실행하는 방법

또한, 교사는 학생들에게 시각 자료와 교육 신호를 보여주는 과제 카드를 제공한다.

소개: 학생들은 30초 간격으로 선택한 공을 패들이나 라켓으로 발리, 바운싱 또는 균형을 어느 한 개를 워밍업으로 선택할 수 있다. 각 간격 사이에 학생들은 다른 기술 (균형, 발리 또는 바운싱)을 선택할 수 있다.

활동 대형: 학생들은 소개를 듣기 위해 선생님 앞에 앉는다. 그런 다음 학생들은 패들 또는 라켓을 선택하고 발리, 바운스 및 균형을 위한 라켓 기술을 수행하기 위해 개인 공간을 찾는다.

활동 1: 네트넘기기(OVER-THE-NET) 목표물 연습

시간: 10-15분

소개: 이 과제를 하는 동안 학생들은 1분 간격으로 바운스 되는 공을 네트 반대쪽에 있는 목표를 향해 포핸드 그라운드 스트로크로 친다(학생은 공식 높이 네트와 낮은 네트에서 선택)(그림 10.1).

학생들은 각 간격에서 얼마나 많은 목표를 달성했는지 기록부에 기록한다(그림 10.2). 각 간격 후에 학생들은 친 공을 모두 모아 다시 가져와 시작한다.

단서

- 손의 추적(잘 안 쓰는 손)
- 라켓을 지면과 평행하게 유지한다.
- 잘 안 쓰는 발을 한 걸음 앞에 둔다(열린 자세).
- 밀듯이 치기: 테니스 공을 셋을 세는 동안 밀듯이 친다(접촉).
- 자동차 앞유리의 와이퍼: 라켓이 반대쪽 상완이두근에서 끝나야 함(폴로스루).

활동 대형: 학생들은 최소 2~3가지 옵션(예: 3m, 4.5m, 6m) 중에서 원하는 거리를 선택하며, 라인 테이프 또는 폴리 스팟으로 표시한다. 네트 반대편에 있는 목표물은 학생들이 선택하여 도전할 수 있도록 주요 위치에 크고 작은 목표물(즉, 훌라후프 내부의 작은 폴리 스팟에 있는 볼 캐니스터)을 설치한다. 공식적인 높이의 네트와 낮은 네트(지면 위의 줄넘기, 낮은 의자 또는 평균대, 실내 휴대용 네트 등)와 같이 네트 변형 옵션도 있어야 한다.

활동 2: 포핸드로 정중앙에 정확히 맞히기(BULL'S-EYE)

시간: 10-15분

소개: 과제를 수행하는 동안 학생들은 파트너에게 던지기 또는 커티스 서브(바운스 한 다음 파트너 방향으로 친다)로 네트 반대편에 있는 목표물을 향해 1분 간격으로 공을 보낸다. 학생들은 배려있는 서브(포핸드로 바운스 한 다음 친다)로 할 것인지, 던질 것인지를 선택한다. 학생들은 공을 치기 전에 한 번 바운드 후 칠 것인지 두 번 바운드 후 칠 것인지 규칙을 정한다. 학생들은 각 간격마다 목표물에 명중시킨 기록을 기록부에 기록한다(그림 10.2 참조). 각 간격 후에 학생들은 모든 공을 모아서 다시 스테이션으로 가져오고 파트너와 교대한다.

단서

- 손의 추적(잘 안 쓰는 손)
- 라켓을 지면과 평행하게 유지한다.
- 잘 안 쓰는 발을 한 걸음 앞에 둔다(열린 자세).
- 밀듯이 치기: 테니스공을 셋 동안 밀듯이 친다(접촉).
- 자동차 앞 유리의 와이퍼(폴로스루)

활동 대형: 네트 넘기기 목표물 연습과 동일한 방법으로 학생들은 네트의 다양한 목표물에 따라 거리를 다시 한 번 선택한다.

활동 3: 벽 또는 파트너와 랠리

시간: 10-15분

소개: 학생들은 파트너, 펜스 또는 벽에 랠리를 하면서 반복적으로 공을 친다. 파트너와 함께 한다면 상대방과 경쟁하지 않고 최대한 많은 랠리를 위해 협력해야 한다. 학생들은 공을 치기 전에 1 바운스 또는 2 바운스 규칙을 사용할 수 있다. 이 과제는 5분 간격으로 실시하며, 이 시점에서 학생들은 다른 시간 간격으로 반복하기 전에 파트너, 펜스 또는 벽으로 변경할 수 있다(그림 10.3 참조). 학생들은 각 간격의 랠리수를 기록부에 기록한다(그림 10.2 참조).

단서

- 손의 추적(잘 안 쓰는 손)
- 라켓을 지면과 평행하게 유지한다.
- 잘 안 쓰는 발을 한 걸음 앞에 둔다(열린 자세).
- 밀듯이 치기: 테니스공을 셋 동안 밀듯이 친다(접촉).
- 자동차 앞 유리의 와이퍼(폴로스루)

활동 대형: 이 과제의 목적을 위해 학생들은 파트너, 벽 또는 펜스와의 랠리에 중점을 둔다. 다시 한 번 학생들은 거리, 네트 높이, 파트너 또는 벽뿐만 아니라 사용하는 도구를 선택한다.

유니버설 디자인 구성 요소

다양한 참여 방법

- 교사는 학생들이 테니스 포핸드 수업에서 가장 성공적이고 도전하기 위해 장비 및 활동 변형한 것을 선택할 수 있도록 다양한 방법을 제공한다. 학생들은 공의 종류 (폼 테니스 공, 위플볼 Wiffle ball, 소리가 나는 공 등), 타격 거리 및 목표물 변형(소, 중, 대)을 선택한다. 이러한 기회를 통해 다양한 능력이 있는 학생들에게 도전할 수 있게 한다.

그림 10.1 학생은 네트 높이를 스스로 선택하여 네트 넘기기 목표물 연습을 하고 있다.

다양한 표현 수단

- 수업 내용은 모든 학생들이 자료에 쉽게 접근할 수 있도록 여러 가지 방법으로 제시되어야 한다. 그림 10.1은 스스로 선택한 네트 높이에서 활동 1, 네트 넘기기 목표물 연습에 참여하는 학생을 보여준다.

- 그림 10.3은 모든 학생에게 제공되는 장비를 사용하여 보조 교사의 도움으로 활동 3 벽 랠리에 참여하는 학생을 보여준다.

행동 및 표현의 다양한 방법

- 학생들이 자신의 학습을 표현하거나 설명할 수 있도록 한다. 이 특별한 수업에서는 학생 기록부(그림 10.2 참조)가 선택되었다. 이 도구의 사용을 통해 학생들은 동료와 함께 평가되며 모든 학생들이 다양한 장비를 선택할 수 있다. 이 평가는 학생의 운동 기술뿐만 아니라 수업에서 논의된 전략에 대한 이해를 보기도 한다.

학생 기록부
선택한 기술에 동그라미를 치십시오: 균형 발리 바운스 각 간격에 대해 얻은 숫자를 쓰십시오 (균형 기술은 초 사용):   1. _____   2. _____   3. _____   4. _____   5. _____
선택한 거리를 동그라미를 치십시오: 가까운 중간 먼 각 간격마다 목표물에 명중시킨 숫자를 쓰십시오: 1. _____   2. _____   3. _____   4. _____   5. _____
선택한 기술에 동그라미를 치십시오: 파트너와 던지기   배려있는 서브 각 간격마다 목표물에 명중시킨 숫자를 쓰십시오: 1. _____   2. _____   3. _____   4. _____   5. _____
선택한 상황에 동그라미를 치십시오: 파트너 랠리 벽 랠리 펜스 랠리 각 간격에서 기록한 최대 랠리 수를 쓰십시오: 1. _____   2. _____

그림 10.2 학생들이 자신의 선택에 따라 기술을 평가할 수 있는 기록부.

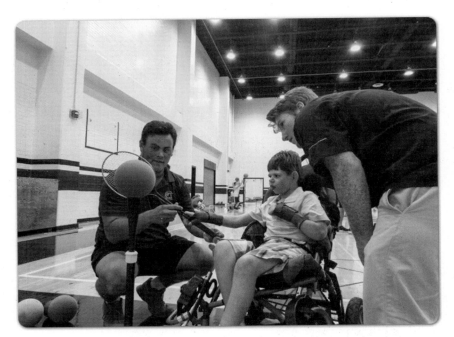

그림 10.3 휠체어를 이용하는 학생은 모든 학생에게 제공되는 장비를 사용하고, 보조 교사의 도움을 받아 벽 또는 파트너 랠리에 참여하고 있다.

→ 수업 2: 야구

신호음 야구

학년 기준 : 중1

국가 기준

기준 1. 체육을 배운 학생은 다양한 운동 기술과 운동 패턴을 보여준다.

기준 2. 체육을 배운 학생은 움직임과 행동에 관련된 개념, 원리, 전략 및 전술에 대한 지식을 활용한다.

기준 4. 체육을 배운 학생은 자신과 타인을 존중하는 책임감 있는 개인적 및 사회적 행동이 나타난다.

학년별 목표

S1.M20.6. 다양한 연습 과제에서 던진 공을 기구에 힘을 가해 친다.

S2.M10.6. 빈 공간을 보고 그 공간으로 물체를 때리려고 시도한다.

S4.M7.6. 교사의 지도에 따라 신체 활동 및 운동 기구를 적절하고 안전하게 사용한다.

활동 1: 스테이션 1-타격(BATTING)

시간: 15분

설명: 타격 연습을 하려는 학생은 다양한 배트(금속, 플라스틱, 나무 또는 폼 패들 foam paddle)과 배팅 티 batting tee, 커다란 콘, 끈에 매달린 공 또는 기존에 나와 있는 배팅 티 batting tee를 선택할 수 있다. 학생들은 장비와 학급 규모에 따라 2~3명씩 모둠으로 구성한다. 신호음 야구 beep baseball에서 투수는 타자와 같은 모둠에 있으며 스윙 영역에서 직접 공을 던진다. 모든 타자는 신호음 야구 규칙에 따라 안대를 한다(공식적인 신호음 야구 규칙은 www.nbba.org를 참조하면 된다). 이 활동에서 가장 중요한 안전 규칙은 타격 리듬이다. 동료가 주위에 사람이 없고 안전하다고 생각되면 "[타자 이름], 준비, 쳐"라고 말할 때까지 배트를 움직이지 않는다. 동료가 말하는 것이 들리면 타자가 스윙을 해도 된다는 것이다. 학생들은 타격을 위해 올려 놓는 대에서 스윙을 할 때에도 던지는 것을 맞추기 위한 활동으로 전환하기 위해 일관된 스윙을 유지해야 한다. 이 과제를 수행하는 동안 학생들은 15분 타격 연습을 할 수 있다. 10번 타격 연습을 한 후에 동료와 역할을 교대한다(타격 연습의 예는 그림 10.4 참조).

단서

- 무릎을 구부린다.
- 잘 쓰는 손을 위로 해서 잡는다.
- 반대쪽 발을 앞에 둔다.
- 뒤에 팔꿈치를 위로 든다.

활동 대형: 학생들은 동료 또는 모둠을 정한다. 2인 1조 또는 모둠에는 타격 및 안전 구역이 지정되어 있다. 각 타격 구역에는 배팅 티 batting tee와 최소 2개의 공이 있다(다양한 크기와 모양일 수 있음). 수비수 없이 배팅 티 batting tee를 사용할 때 공은 청각적 효과가 필요 없다(타자에게 도움이 될 수는 있지만). 2인 1조는 배트를 선택하고 추가 지시가 있을 때까지 기다릴 수 있는 타격 구역으로 간다. 활동하는 주변으로 충분한 공간을 확보해야 하거나 사람이 많은 모둠은 타자 사이의 안전한 거리를 두도록 한다.

그림 10.4 안대를 착용한 타자와 동료의 활동에서 동료는 주변을 안전하게 칠 수 있도록 정리한 다음 "[이름], 준비, 쳐"라고 말하면 타자는 안전하게 스윙할 수 있다는 것을 안다.

활동 2: 스테이션 2-수비 기술(FIELDING SKILLS)

시간: 15분

설명: 이 과제를 수행하는 동안 학생들은 15분의 수비 연습을 한다. 학생들은 장비와 학급 규모에 따라 4~5 모둠으로 나눈다. 신호음 야구 beep baseball 게임을 연습하기 위해 모든 수비수는 안대를 착용한다. 한 모둠 구성원이 소리가 나는 공을 3명의 수비수에게 굴려서 공이 가장 가까운 학생에게 숫자(1, 2 또는 3)를 불러준다. 교사는 의사소통 및 듣기 능력을 강조해야 한다. 이 활동에서 가장 중요한 안전 규칙은 '멈춰' 및 '피해'라는 말을 따르는 것이다. '멈춰'라는 말이 들리면 모든 학생들은 충돌을 피하기 위해 즉시 멈춰야 한다. 수비수가 '피해'라는 말을 들었을 때 수비수는 날아오는 공으로부터 배와 머리를 보호하기 위해 무릎을 굽히고 머리를 감싼다. 10번의 수비 시도 후 공을 굴리는 학생은 수비수와 역할을 바꾼다. 수비수 번호와 간이 게임 대형을 위한 도식은 그림 10.5를 참조하면 된다.

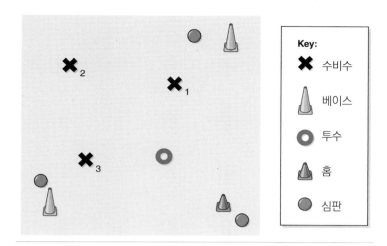

그림 10.5 신호음 야구 간이 게임을 위한 대형과 수비수 숫자

단서

- 준비 자세: 무릎을 구부리고 무릎에 손을 얹는다.
- 스위핑(Sweeping): 팔을 완전히 뻗는다; 찌르거나 움켜쥐지 않는다.
- 듣기: 공의 소리를 주의 깊게 들어서 찾는다.

의사소통

- '알았어' — 공을 잡고 머리 위로 들어올릴 때 말한다(그림 10.6 참조).
- 당신의 숫자를 듣는다(공을 언제 잡을지 안다).

그림 10.6 수비수는 공을 잡고 머리 위로 들어 올린 후 '알았어'라고 말한다.

활동 대형: 학생들은 그림 10.5와 같이 디자인된(변형된) 수비 구역에서 15분 동안 수비를 한다. 각 수비 구역에는 번호가 쓰여진 고무판poly spots, 안대 및 소리가 나는 공(청각공)이 놓여져 있다(다양한 크기와 모양일 수 있다). 공을 효과적으로 듣고 의사소통을 하기 위해 각 그룹은 활동하는 주변으로 충분한 공간을 확보하도록 한다. 활동이 경기장 안에서 이루어지려면 부드러운 공을 사용하여 천천히 굴리고 수비하는 그룹을 넓게 위치하게 한다.

활동 3: 신호음 야구(BEEP BASEBALL)

시간: 20분

설명: 이 과정에서 학생들은 간이 신호음 야구 게임small-sided game of beep baseball을 20분 동안 한다. 학생들은 장비와 학급 규모에 따라 3~4모둠으로 나눈다. 각 필드에는 3개의 모둠이 있으며, 한 모둠은 수비수, 한 모둠은 타자, 그리고 한 모둠은 베이스에서 박수쳐 주는 사람base clappers과 포수이다. 각 모둠은 타자 모둠이 모두 돌아가면 새로운 역할로 교대한다. 타자 모둠은 수비수가 되고, 수비수는 베이스에서 박수쳐 주는 사람base clappers이 되고, 베이스에서 박수쳐 주는 사람base clappers은 타자가 된다. 포수는 공이 가장 가까운 수비수의 번호를 불러주고, 타자의 리듬에 맞게 "[이름], 준비, 던져"라고 말해준다(학생이 티에다 놓고 치지 않는 한). 포수는 타자 바로 뒤에 있으며 안전을 위해 최소 90cm3 feet 떨어져 있어야 한다. 신호음 야구에서 투수는 타자와 같은 모둠에 있으며 타자 영역에서 직접 공을 던져 준다. 베이스에서 박수쳐 주는 사람은 타자 사이에서 청각 신호를 번갈아 바꾸어 준다. 공이 맞는 시점부터 타자가 베이스에 도달하거나 공이 필드에 들어갈 때까지 한 베이스에서 박수를 친다. 예를 들어, 3루에서 박수를 치는 사람은 타자 1에 대한 청각 신호를 만들 것이고, 다음 타자는 1루에서 대신 청각 신호를 사용할 수 있다. 또한 베이스에서 박수치는 사람은 '멈춰'(충돌 가능성이 있을 때) 또는 '피해'(날아오는 공이 있을 때)를 부르는 일을 담당한다. 간이 게임을 하는 동안 학생은 볼이 올려져 있는 대batting tee를 치거나 던지는 일을 선택할 수 있다. 3아웃 후 선수들은 역할을 바꾼다. 세 모둠 모두 스팟spot(포수 또는 베이스에서 박수치는 사람으로), 타자, 수비수를 할 수 있는 기회가 주어진다. 간이 신호음 야구 게임의 예는 그림 10.7을 참조하면 된다. 신호음 야구 정식 게임의 예는 다음 링크를 참조하면 된다 (www.cbsnews.com/news/beep-baseball-a-way-to-play-for-the-visually-impaired/).

일반 규칙: 신호음 야구의 공식 규칙은 다음과 같다. www.nbba.org.
- 선수가 공을 가지고 있으면서 가슴에서 멀어지면 아웃이다.
- 수비수가 공을 잡기 전에 주자가 베이스에 도착하면 아웃이다.
- 4번의 스트라이크는 아웃이다.
- 모든 타자와 수비수는 안대를 착용한다.

그림 10.7 간이 신호음 야구 게임에서 던지는 공을 치는 시각장애 학생

- 모든 안전 신호('멈춰', '피해' 및 [이름], 준비, 던져)를 반드시 따라야 한다. 그렇지 않으면 자동 아웃이 된다.

활동 대형: 각 모둠은 지정된 경기장 구역이 있다(그림 10.5 참조). 각 경기장에는 번호가 매겨진 고무판, 안대, 선택할 수 있는 다양한 배트, 소리 나는 공(다양한 크기와 모양일 수 있음)이 있다. 안전뿐만 아니라 공을 효과적으로 듣고 의사소통을 위해 활동하는 주변으로 충분한 공간을 확보하도록 한다.

유니버설 디자인 구성 요소

다양한 참여 방법

- 교사는 학생들이 신호음 야구 수업에서 가장 성공적이고 도전하기 위해 장비 및 활동 변형한 것을 선택할 수 있도록 다양한 방법을 제공한다. 학생들은 공(다양한 크기, 폼 또는 단단한, 소리 나는 공 등), 배트(금속, 플라스틱, 목재, 폼 패들), 배팅 티 batting tee 또는 던져주는 공으로 타격 할 것인지 선택할 수 있다. 이러한 기회를 통해 다양한 능력이 있는 학생들에게 도전할 수 있게 한다.

다양한 표현 수단

- 수업 내용은 모든 학생들이 자료에 쉽게 접근할 수 있도록 여러 가지 방법으로 제시되어야 한다. 신호음 야구 경기의 시범을 위해 비디오 링크가 제공되었다. 또한 위치와 경기장 대형을 위한 도식은 그림 10.5를 참조하면 된다. 학생들은 각 위치에서 연습하여 대형에 대한 운동학적 이해를 얻을 수 있는 기회를 갖는다.

행동 및 표현의 다양한 방법

- 학생들이 자신의 학습을 표현하거나 설명할 수 있도록 한다. 이 특별한 수업을 위해 학생들은 다음과 같은 표적 행동을 수행할 수 있도록 제공하는 다양한 자극들 prompts 을 논의하여 모둠으로 기술을 평가받는다. 각 구성원은 한 가지 질문에 대한 역할을 갖거나 주도할 수 있으며, 각 구성원은 각 질문에 대한 의견을 제시해야 한다.

- 신호음 야구에 대해 전체적으로 어떻게 생각하셨나요? 무엇이 도전이었고 무엇이 그것을 더 쉽게 만들었는가?

- 모둠에서 당신의 강점과 약점은 무엇이었습니까?

- 모둠에서 친구들과의 의사소통과 듣기는 얼마나 효과적이었는가?

→ 수업 3: 농구

농구 슛팅

학년 기준 : 중3

국가 기준

기준 1. 체육을 배운 학생은 다양한 운동 기술과 운동 패턴을 보여준다.

기준 2. 체육을 배운 학생은 움직임과 행동에 관련된 개념, 원리, 전략 및 전술에 대한 지식을 활용한다.

기준 4. 체육을 배운 학생은 자신과 타인을 존중하는 책임감 있는 개인적 및 사회적 행동이 나타난다.

학년별 목표

S1.M8.8. 간이 게임 경기에서 속도와 방향의 변화를 사용하여 잘 사용하는 손과 반대편 손으로 드리블한다.

S2.M9.8. 목표물과 관련하여 물체의 위치를 기준으로 슛의 속도, 힘 및 궤적을 변화시킨다.

S4.M7.8. 독립적으로 신체 활동과 운동 장비를 적절히 사용하고, 활동과 관련된 특정 안전 문제를 식별한다.

활동 1: 불타는 농구슛(HOT SHOTS)

시간: 10분

설명: 교사는 농구 코트 전체에 무작위로 고무판poly spots을 배치한다. 학생들은 고무판이 있는 코트 전역에서 연속적으로 슛을 해야 한다. 하키 스틱 등의 도구로 공을 드리블, 운반 또는 제어가 강조된다. 학생들은 자신의 슛을 리바운드 할 책임이 있다. 시작하기 전에 학생들은 원하는 공을 선택하여 슛팅을 한다(그림 10.8 참조). 학생이 슛을 하면 자신의 고무판을 집어서 재빨리 코트 옆으로 출발한다. 목표는 전체 학급이 정해진 시간(예: 2~3분) 내에 코트에서 모든 고무판을 치우는 것이다. 시간이 경과한 후, 교사는 코트에서 몇 개의 고무판이 없어졌는지 세고, 다음 라운드의 성적을 향상시키기 위해 학급에 도전을 하게 한다. '골대'는 일반적인 농구 골대뿐만 아니라 쓰레기통일 수도 있고, 매달린 훌라후프일 수도 있고, 볼링 핀을 넘어뜨릴 수도 있는 것이다.

단서

- 'B' ― 손의 균형을 잡는다.
- 'E' ― 공은 무릎 위와 팔꿈치 아래에 둔다.
- 'E' ― 눈은 목표물을 본다.
- 'F' ― 손목을 머리 위로 하고 슛을 한 다음 팔을 끝까지 뻗는다.

    B.E.E.F. 기술을 하는 학생(그림 10.9 참조)

활동 대형: 모든 학생들은 전체 코트에서 놀거나, 교사는 다양한 크기와 난이도의 다른 분야를 만들 수 있다(예: 그림 10.10 참조).

그림 10.8 자신이 고무판, 공, 목표물을 선택한 후 슛을 하고 '골대'에 들어간 것을 센다.

그림 10.9 자신이 고무판, 공 및 목표물을 선택한 후 B.E.E.F. 기술을 수행하고 있는 학생

그림 10.10 농구 코트의 베이스라인에 다양한 형태로 득점할 수 있는 것들이 제공되어 있다. 왼쪽에서 오른쪽으로: 볼링핀, 벽에 걸린 고무판과 훌라후프, 키 큰 원뿔 위에 놓인 지름 6인치 공, "자동차 정지등 형태(stoplight-style)" 훌라후프(점프 로프를 이용해 함께 묶은 훌라후프), 원형 골대, 활쏘기 표적의 뒷면.

활동 2: 골대를 선택하여 슛하기

설명: 교사는 코트의 베이스라인에 수많은 '골대'(볼링핀, 쓰레기통, 매달린 훌라후프, 볼링 램프)를 설치한다. 학생들은 각 골대에 특정한 점수(예를 들어, 일반 농구 골대는 4점을 준다)를 가지고 간이 게임을 할 수 있다. 드리블은 허용되지 않지만 나중에 교사의 재량에 따라 변경될 수 있다. 공을 가진 학생은 걸음을 내딛을 수는 없지만 피벗은 할 수 있다. 교사는 또한 모둠 규모나 수비 수준을 조정할 수 있다. 턴오버 Turnover 는 공이 땅에 닿으면 발생하며, 이 경우 소유권을 획득한 팀은 하프 코트에서 시작한다. 인터셉션 Interception 은 백코트로 가져가야 한다. 각 라운드는 5분 동안 진행되며, 그 후 학생들은 스스로 선택해서 팀을 바꾼다. 교사는 게임 경기를 위해 앞치마 같은 것을 제공한다.

단서

* 팀 동료에게 공을 패스하고 즉시 비어있는 공간을 찾는다.
* 팀원들과 끊임없이 의사소통을 하고 있는지 확인한다.

활동 대형: 학생들은 하프 코트 당 두 개의 작은 팀으로 나눈다.

유니버설 디자인 구성 요소

다양한 참여 방법

- 다양한 크기와 질감의 공, 여러 스테이션 및 다양한 형태의 '골대'와 같은 장비는 학생에게 반응의 기회를 극대화한다. 선택에 의한 도전: 학생들은 공, 물체, 거리 선택에 대한 자율성을 가지고 있다. 과제는 기준과 반대로 시간별로 측정된다(즉, "바구니에 10개 넣기" 대신 "2분 동안 넣기"). 게임과 규칙은 여러 학습 영역을 다루며 적용 가능한 경우 기계식 도구(레버식 도구, 경사로, 하키 스틱) 또는 발을 사용할 수 있다.

다양한 표현 수단

- 교사는 청각, 시각, 운동학 및 학생 특유의 접근법(예: 신체 지도, 촉각 모델링, 촉각 매핑)을 활용할 수 있다. 교수 전략에는 언어 단서, 시각적 시연, 비디오, 시퀀스, 통신 또는 행동 신호 카드(즉, 그림 교환 의사소통 체계 PECS: Picture Exchange Communication System), 동료 교사 또는 방향 기호가 포함될 수 있다.

  자세한 내용은 www.youtube.com/watch?v=6p3_rOgjlD8을 참조하면 된다.

행동 및 표현의 다양한 방법

- 모든 학생들이 참여하고 동료들과 함께 평가된다. 학생은 신체적 수행의 중요한 특징(예: B.E.E.F), 목표 지향적 결과(정확성, 거리 또는 스피드 숏, 성공한 숏의 수), 잘 사용하는 손과 반대편 손의 수행(예: 레이업), 인지적 지식 및 정서적 행동에 기초하여 평가할 수 있다. 다양한 영역과 평가 모드를 사용할 수 있다. 예를 들어, 학생들은 물리적인 시연과는 반대로 컴퓨터에서 농구 슈팅 단서의 중요한 요소에 대한 지식을 보여줄 수 있다.

→ 수업 4: 축구

축구 인사이드 패스(미는 패스)

학년 기준 : 중2

국가 기준

기준 1. 체육을 배운 학생은 다양한 운동 기술과 운동 패턴을 보여준다.

기준 2. 체육을 배운 학생은 움직임과 행동에 관련된 개념, 원리, 전략 및 전술에 대한 지식을 활용한다.

기준 4. 체육을 배운 학생은 자신과 타인을 존중하는 책임감 있는 개인적 및 사회적 행동이 나타난다.

학년별 목표

S1.M9.7. 다양한 연습 과제에서 패스와 결합한 도구를 사용하여 발로 드리블 하거나 드리블한다.

S2.M2.7. 열린 공간을 만들기 위해 다음 공격 전술 중 2개 이상을 실행한다; 다양한 패스, 피벗 및 속임수를 사용한다; 주고 간다.

S4.M1.7. 학급 친구들과 협력하고, 포용적인 행동을 보여주고, 친구들을 지원함으로써 책임 감 있는 사회적 행동을 보여준다.

활동 1: 파트너에게 직접 푸시 패스(인사이드 패스)하기

시간: 10분

설명: 교사는 고무판(즉, '홈 베이스')을 최소 2.7m 간격으로 놓는다. 수업이 시작될 때, 학생들은 무작위로 짝을 이룬 다음 패스할 때 선호하는 공을 선택한다. 그런 다음 짝들은 고무판을 홈 베이스로 선택한다. 한 학생은 홈 베이스 근처에 머무르고, 다른 학생은 (a) 앞에서, (b)파트너와 일렬로 서 있다. 함께, 짝들은 파트너가 패스하는 동안 서로 얼마나 멀리 떨어져 있고 싶은지 스스로 선택한다(예를 들어, 9m 정도를 최대 거리로 교사가 설정할 수 있다). 중요한 것은 학생들이 언제든지 서로 거리를 조정할 수 있다는 것이다(성공률을 지침으로 삼을 수 있다). 그런 다음 학생들은 30초 이내에 가능한 한 많은 푸시 패스(인사이드 패스)와 받는 것을 지속적으로 완료해야 한다. 장비 선택은 학생에 의해 언제든지 바꿀 수 있으며, 교사는 각 라운드 후에 서로 다른 공을 사용하여 짝을 회전하도록 할 수 있다(특히 짝

을 이룬 학생들이 다른 공을 좋아하는 경우). 또한, (예를 들어) 4회 후에, 교사는 학생들이 새로운 짝을 만들도록 지시할 수 있다.

단서

- 푸시 패스(인사이드 패스) Push pass
- '옆' — 공 옆에 발을 놓는다.
- '머리' — 공 너머로 머리를 위치한다.
- '나가다' — 발이 바깥쪽으로 향한다.
- '고정' — 발목과 무릎을 고정시킨다.
- '중간' — 중간 정도로 뒤로 스윙을 한다.
- 인식
- 발끝으로

활동 대형: 학생들의 절반은 한 줄의 고무판(즉, 홈베이스)에 서 있고 다른 절반은 스스로 선택한 거리에서 고무판에 서 있는 파트너 앞에 나란히 선다.

활동 2: 런-온 푸시 패스(RUN-ON PUSH PASS)

시간: 15분

설명: 교사는 7.3m 떨어진 선에 3개의 고무판을 배치한다. 가운데 고무판 앞에서 7.3m, 큰 콘을 사용하여 2.7m×2.7m 사각 외곽선을 볼 수 있어야 한다. 수업이 시작될 때 학생들은 5개 그룹으로 나뉘어 선호하는 공(예: 중간에 1명, 양쪽에 2명)을 선택한다. 중간에 있는 학생이 앞으로 드리블한다(콘 사각 쪽으로). 공을 찬 학생이 콘 사각 쪽 앞으로 이동하자마자 한 쪽의 달리는 학생(오른쪽과 왼쪽으로 변경)이 앞으로 나간다. 공을 몰고서 간 학생은 콘 사각에 들어가자마자 양쪽에서 달려오는 학생보다 앞쪽으로 공을 밀어야 한다(런-온 패스라고 한다). 런-온 패스의 경우 공을 드리블하는 학생은 사각의 콘을 가이드 또는 '통로'(즉, 콘과 콘 사이는 정확성을 위하여 사이로 통과시키기 위해 '창문' 또는 '문'으로 간주한다)로 사용해야 한다. 공을 몰던 학생은 패스를 마치고 즉시 중앙에 있는 고무판으로 다시 달려가 새로운/다양한 공(이번에는 반대편의 주자에게 패스)으로 다시 반복한다. 과제의 어려움을 증가시키기 위해 사각 박스 중앙에 두 개의 디스크 콘을 추가하여 공이 통과할 수 있는 문을 좁게 만들 수 있다. 한 명은 앞으로 전진하는 학생이 받을 수 있는 각도로 공을 보내고, 공을 받을 학생은 앞으로 달려가면서 공을 잡아야 한다. 그런 다음 공을 받는 사람은 골대로 공을 차거나 공을 최대한 빨리 뒤로 드리블 한 다음 다른 고무판으로 돌아갈 수 있다. 이 주기는 정해진 기간(예: 30초) 동안 빠르게 지속되어야 하며, 그 후에는 학생들이 과제에서 역할을 교대해야 한다.

단서

- 푸시 패스(인사이드 패스) Push pass
- '옆' — 공 옆에 발을 놓는다.
- '머리' — 공 너머로 머리를 위치한다.
- '나가다' — 발이 바깥쪽으로 향한다.
- '고정' — 발목과 무릎을 고정시킨다.
- '중간' — 중간 정도로 뒤로 스윙을 한다.
- 인식
- 발끝으로

활동 대형: 학생들은 콘과 고무판을 사용하여 선 위를 달린다. (그림 10.11 참조).

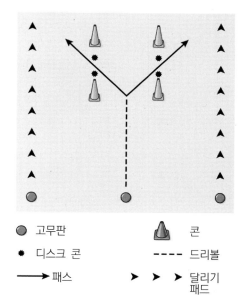

● 고무판	🔺 콘
＊ 디스크 콘	---- 드리볼
→ 패스	▸ ▸ ▸ 달리기 패드

그림 10.11 활동 2 도식: 런-온 푸쉬 패스

유니버설 디자인 구성 요소

다양한 참여 방법

- 다양한 크기와 질감의 공, 여러 스테이션 및 다양한 형태의 장비는 학생에게 반응의 기회를 극대화한다. 선택에 의한 도전: 학생들은 공과 거리 선택에 대한 자율성을 가지고 있다. 학생들은 또한 잘 사용하지 않는 발로 패스하는 것에 도전할 수 있다. 과제들은 기준(예: "10번의 푸시 패스" 대신 "30초 동안 하기")에 따라 시간별로 측정된다. 게임과 규칙은 여러 학습 영역을 다루며 적용 가능한 경우 기계식 도구(레버식 도구, 경사로, 하키 스틱) 또는 손을 사용할 수 있다.

다양한 표현 수단

- 교사는 청각, 시각, 운동학 및 학생 특유의 접근법(예: 신체 지도, 촉각 모델링, 촉각 매핑)을 활용할 수 있다. 교수 전략에는 언어 단서, 시각적 시연, 비디오, 시퀀스, 통신 또는 행동 신호 카드(즉, 그림 교환 의사소통 체계 PECS: Picture Exchange Communication System), 동료 교사 또는 방향 기호가 포함될 수 있다.

  자세한 내용은 www.youtube.com/watch?v=y8w-hee2xPM을 참조하면 된다.

행동 및 표현의 다양한 방법

- 모든 학생들이 참여하고 동료들과 함께 평가된다. 학생은 신체적 수행의 중요한 특징(예: 푸시 패스 단서), 목표 지향적 결과(푸시 패스의 정확성·거리 또는 속도, 성공한 푸시 패스의 수), 잘 사용하는 발과 반대편 발의 푸시 패스에 대한 수행력, 인지적 지식 및 정서적 행동에 기초하여 평가할 수 있다. 다양한 영역과 평가 모드를 사용할 수 있다. 예를 들어, 학생들은 물리적인 시연과는 반대로 컴퓨터에서 푸시 패스의 중요한 요소를 시연할 수 있다.

→ 수업 5: 디스크 골프

최고의 디스크 백핸드 던지기-잡기

학년 기준 : 중1

국가 기준

기준 1. 체육을 배운 학생은 다양한 운동 기술과 운동 패턴을 보여준다.

기준 2. 체육을 배운 학생은 움직임과 행동에 관련된 개념, 원리, 전략 및 전술에 대한 지식을 활용한다.

기준 4. 체육을 배운 학생은 자신과 타인을 존중하는 책임감 있는 개인적 및 사회적 행동이 나타난다.

학년별 목표

S1.M2.6. 연습 과제에서 적합한 거리 또는 힘으로 성숙한 패턴으로 던진다.

S1.M3.6. 다양한 연습 과제에서 다른 물체를 사용하여 여러 궤도로 성숙한 패턴으로 잡는다.

S2.M1.6. 움직임(예: 다양한 이동 경로, 속도·방향 또는 보폭 변경)과 함께 이동 움직임(예: 걷기, 달리기, 점핑 및 착지)을 사용하여 열린 공간을 만든다.

S4.M1.6. 적절한 예절을 갖추고, 재능에 대한 존중을 나타내며, 안전한 행동을 보여줌으로써 개인적 책임을 나타낸다.

활동 1: 백핸드 파트너 패스

시간: 10분

설명: 교사는 고무판(즉, '홈 베이스')을 최소 4.5m 간격으로 놓는다. 수업이 시작될 때 학생들은 무작위로 짝을 이룬 다음 패스할 때 선호하는 공을 선택한다. 그런 다음 짝은 고무판을 홈 베이스로 선택한다. 한 학생은 홈 베이스 근처에 머무르고, 다른 학생은 (a) 앞에서, (b)짝과 일렬로 선다. 함께, 짝들은 파트너가 패스하는 동안 서로 얼마나 멀리 떨어져 있고 싶은지 스스로 선택한다(예를 들어, 9m 정도를 최대 거리로 교사가 설정할 수 있다). 중요한 것은 학생들이 언제든지 서로 거리를 조정할 수 있다는 것이다(성공률을 지침으로 삼을 수 있다). 그런 다음 학생들은 30초 이내에 가능한 한 많은 백핸드 패스와 잡기를 지속적으로 완료해야 한다. 장비 선택은 학생에 의해 언제든지 바꿀 수 있으며, 교사는 각 라운드 후에 서로 다른 디스크를 사용하여 짝을 회전하도록 할 수 있다(특히 짝을 이룬 학생들이 다른 공

을 좋아하는 경우). 또한, (예를 들어) 2회 후에, 교사는 학생들이 새로운 짝을 만들도록 지시할 수 있다.

단서

- 그립
  - 디스크 위에 엄지손가락을 놓는다.
  - 디스크 옆면에 검지손가락을 놓는다.
  - 디스크 밑을 세 손가락으로 잡는다.
- 백핸드 던지기
  - '세트' — 옆으로 선다.
  - '크로스' — 몸을 가로질러 팔을 든다.
  - '뻗고 스텝' — 팔을 뻗으면서 앞발을 앞으로 스텝 밟으며 목표물을 향한다.
  - '스냅' — 손목 스냅으로 던진다.
- 잡기
  - '든다' — 손을 든다.
  - '악어' — 손가락을 고정한다.
  - '팬케이크' — 손으로 고정하여 잡는다.

활동대형: 학생들의 절반은 한 줄의 고무판(즉, 홈베이스)에 서 있고 다른 절반은 스스로 선택한 거리에서 고무판에 서 있는 파트너 앞에 나란히 선다.

활동 2: 디스크 골프

시간: 15분

설명: 교사는 야외 디스크 골프 코스를 만들어 학생들에게 코스 지도와 개인 점수 카드를 제공한다(그림 10.12와 10.13 참조). 수업이 시작될 때 학생들은 무작위로 짝을 이룬 다음 던질 때 선호하는 디스크를 선택한다. 짝들은 특정 티에서 시작하여 나머지 홀(그림 10.14 및 10.15 참조)을 순차적으로 던지기 위해 무작위로 할당된다. 각 티는 지정된 마커(즉, 콘)에서 시작되지만, 학생들은 각 티에서 자신의 파 par 를 선택할 수 있다. 장비 선택은 학생이 언제든지 조정할 수 있다. 신체 활동과 운동 발달을 향상시키기 위해 학생들은 디스크가 착륙하는 곳에 이동 운동 패턴을 하거나 디스크가 있는 곳에 도달해서 체중 운동(예: 팔굽혀펴기, 점프 잭)을 수행한다.

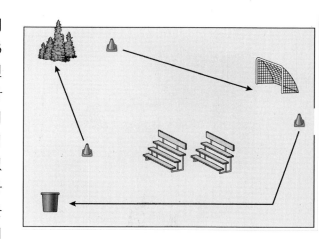

그림 10.12 실외 코스 맵의 간단한 예이다. 이 지도는 촉각 형태로 제작될 수도 있다(예: 담배 파이프 소제 용구(pipe cleaner) 사용).

홀	파	스트로크
나무		
골포스트		
학교 마스코트		

그림 10.13 디스크 골프를 위한 점수 카드 예

단서

- 그립
  - 디스크 위에 엄지손가락을 놓는다.
  - 디스크 옆면에 검지손가락을 놓는다.
  - 디스크 밑을 세 손가락으로 잡는다.
- 백핸드 던지기
  - '세트' — 옆으로 선다.
  - '크로스' — 몸을 가로질러 팔을 든다.
  - '뻗고 스텝' — 팔을 뻗으면서 앞발을 앞으로 스텝 밟으며 목표물을 향한다.
  - '스냅' — 손목 스냅으로 던진다.

활동 대형: 교사가 만든 디스크 골프 코스에 작은 그룹들이 흩어진다.

그림 10.14 가정에서 제작한 디스크 골프 홀

그림 10.15 백핸드 기법을 이용해 한 학생이 실내 디스크 골프 코스를 완주하면서 가정에서 만든 디스크 골프 홀 쪽으로 디스크를 던진다.

유니버설 디자인 구성 요소

다양한 참여 방법

- 다양한 크기와 질감의 디스크는 학생에게 반응의 기회를 극대화한다. 선택에 의한 도전: 학생들은 디스크와 거리 선택에 대한 자율성을 가지고 있다. 학생들은 또한 잘 사용하지 않는 손으로 던지는 것에 도전할 수 있다. 과제들은 기준(예: "10번의 백핸드 패스" 대신 "1분 동안 하기")에 따라 시간별로 측정된다. 게임과 규칙은 여러 학습 영역을 다루며 적용 가능한 경우 기계식 도구(레버식 도구, 경사로, 하키 스틱) 또는 발을 사용할 수 있다.

다양한 표현 수단

- 교사는 청각, 시각, 운동학 및 학생 특유의 접근법(예: 신체 지도, 촉각 모델링, 촉각 매핑)을 활용할 수 있다. 교수 전략에는 언어 단서, 시각적 시연, 비디오, 시퀀스, 통신 또는 행동 신호 카드(즉, 그림 교환 의사소통 체계 PECS: Picture Exchange Communication System), 동료 교사 또는 방향 기호가 포함될 수 있다.

  자세한 내용은 www.youtube.com/watch?v=ougNG3srEB0을 참조하면 된다.

행동 및 표현의 다양한 방법

- 모든 학생들이 참여하고 동료들과 함께 평가된다. 학생은 신체적 수행의 중요한 특징(예: 그립 또는 백핸드 던지기 기술), 목표 지향적 결과(던지기의 정확성·거리 또는 속도, 성공한 던지기 또는 받은 수), 잘 사용하는 손과 반대편 손을 사용하여 옆으로 던지기 수행력, 인지적 지식 및 정서적 행동에 기초하여 평가할 수 있다. 다양한 영역과 평가 모드를 사용할 수 있다. 예를 들어, 학생들은 신체적인 시연과는 반대로 컴퓨터에서 백핸드 던지기의 중요한 요소를 시연할 수 있다.

→ 수업 6: 골프

골프

학년 기준 : 중2

국가 기준

기준 1. 체육을 배운 학생은 다양한 운동 기술과 운동 패턴을 보여준다.

기준 2. 체육을 배운 학생은 움직임과 행동에 관련된 개념, 원리, 전략 및 전술에 대한 지식을 활용한다.

기준 4. 체육을 배운 학생은 자신과 타인을 존중하는 책임감 있는 개인적 및 사회적 행동이 나타난다.

기준 5. 체육을 배운 학생은 건강, 즐거움, 도전, 자기표현 및 사회적 상호 작용을 위한 신체활동의 가치를 인식한다.

학년별 목표

S1.M19.7. 크로켓, 셔플보드, 골프와 같은 활동에서 정확성과 거리를 얻기 위해 고정된 물체를 기구 사용하여 타격한다.

S2.M9.7. 목표물에 대한 물체의 위치에 기초하여 샷의 속도 또는 궤적을 변화시킨다.

S4.M6.7. 변형된 신체 활동 및 게임에 대한 자기심판 self-officiating 또는 댄스를 창작하거나 변형해야 하는 규칙 및 에티켓에 대한 지식을 보여준다.

S5.M5.7. 신체 활동에 의하여 자기를 표현하고 일생의 즐거움과의 관계를 설명한다.

활동 1: 그립과 자세 설명

시간: 5분

설명: 교사는 수업 내내 다뤄질 다양한 샷의 언어 지도, 시연, 사진으로 골프를 소개한다. 주제의 예는 다음과 같다.

• 누가 과거에 미니 골프를 쳐 보았나요?

• 골프는 왜 발전하기에 좋은 기술인가요?

• 파 par 는 무슨 의미인지 알고 있나요?

• 골프에서 다른 종류의 샷은 무엇이 있나요?

단서

- 그립
  - 편한 그립을 사용한다.
  - 밑으로는 잘 사용하는 손을 두고 위로는 반대편 손으로 쥔다.
- 자세
  - 균형 있는 무릎-안정적이고 약간 구부러짐
  - 나란히 있는 어깨
  - 오픈 스탠스(타구 방향 쪽의 발을 뒤로 물리고 몸을 정면으로 향하여 공을 치는 자세)
  - 삼각형 — 팔과 몸통이 함께 모여 삼각형을 만든다.

영역 1: 칩핑 목표물(CHIPPING TARGETS)

시간: 15분

설명: 학생들은 15분간 칩핑 연습을 한다. 학생들은 장비와 학급 크기에 따라 서너 명씩 그룹으로 나누어 실시한다. 각 그룹에는 학생들이 자신의 차례가 아닌 경우 뒤에 기다릴 수 있는 안전선이 있는 지정된 칩핑 구역이 있다. 학생들은 다양한 드라이버(금속, 플라스틱, 폼 또는 하키 스틱), 공을 굴리지 않도록 하는 금지 구역, 소리 도구, 공(다양한 크기, 모양, 색상, 무게) 중에서 선택할 수 있다. 학생들은 (선택한 숙련도에 따라) 300, 500 또는 1,000 까지 게임을 하며 정해진 시간에 점수를 얻으려고 한다. 빨간색(과녁의 한복판)은 100점, 흰색은 50점, 검은색은 25점이다. 목표물이 있는 곳에서 치핑 연습을 위한 구성 및 교육의 예는 그림 10.16을 참조하면 된다.

단서: 칩핑

- 좁은 자세
- 짧은 백스윙과 폴로스루 follow-through
- 접촉 전 속도를 늦추지 않고 견고한 타격
- 발 사이에 공 배치

활동 대형: 학생들은 서너 명씩 그룹으로 구성되어 있다. 학생들은 클럽을 선택하고 제공된 장비(선택할 수 있는 여러 개의 공, 목표 및 금지 구역)를 가지고 지정된 칩핑 구역으로 간다.

그림 10.16 목표물 칩핑 연습을 위한 구성과 교육. 바닥에는 중앙에 소리 자료가 있는 과녁 한복판에 표적이 있고, 뒤편에는 낮은 장벽(pool noodle:수영장에서 사용하는 발포 고무로 만든 긴 튜브)이 있어 체육관 바닥의 공을 느리게 한다.

영역 2: 미니 골프

시간: 15분

설명: 학생들은 15분 간 퍼팅 연습을 한다. 학생들은 장비와 학급 크기에 따라 서너 명씩 그룹으로 나누어 실시한다. 각 그룹은 장벽과 장애물(훌라후프, 콘, 줄넘기, 양동이 등)을 만들기 위해 선택한 만큼 많은 장비를 사용하여 자체 소형 골프 홀을 설치하는 데 시간은 3분이다. 미니 골프 홀의 예는 그림 10.17a를 참조하면 된다. 각 그룹은 미니 골프 점수 카드에 점수를 기록하면서 할당된 시간에 최대한 많은 홀을 다닌다. 학생들은 다양한 퍼터(금속, 플라스틱, 폼 또는 하키 스틱)와 공(다양한 크기, 모양, 색상, 무게) 중에서 선택할 수 있다. 교사는 일관성 있고 부드러운 스윙을 유지하는 것을 강조해야 한다. 퍼팅 동작을 통해 학생에게 신체적 촉진을 주는 교사의 예는 그림 10.17b를 참조하고 미니 골프 점수 카드의 예는 그림 10.18을 참조하면 된다.

단서: 퍼팅 Putting

- 펜듈럼 스윙(진자 스윙 pendulum swing)
    - 부드럽고 일관된; 백스윙, 다운스윙, 폴로스루 follow-through
- 짧은 거리를 위한 작은 스윙
- 긴 거리를 위한 긴 스윙
- 다리는 어깨 너비로 벌리기
- 공을 주시하기

그림 10.17 (a) 소형 골프 홀의 예   (b) 교사가 학생의 퍼팅을 보조하는 경우

	홀 1	홀 2	홀 3	홀 4	홀 5	홀 6	홀 7	합계
시도	1 / 2	1 / 2	1 / 2	1 / 2	1 / 2	1 / 2	1 / 2	1 / 2
이름								
예시	3 / 2	4 / 5	3 / 3	2 / 2	4 / 2	5 / 3	2 / 2	23 / 19

그림 10.18 미니 골프 점수 카드

영역 3: 드라이빙 범위

시간: 15분

설명: 학생들은 15분간 퍼팅 연습을 한다. 학생들은 장비와 학급 크기에 따라 서너 명씩 그룹으로 나누어 실시한다. 각 그룹에는 학생들이 자신의 차례가 아닌 경우 뒤에 기다릴 수 있는 안전선이 있는 지정된 드라이빙 구역이 있다. 학생들은 다양한 드라이버(금속, 플라스틱, 폼 또는 하키 스틱), 티(dome cone 또는 실내 티)와 공(다양한 크기, 모양, 색상, 무게) 중에서 선택할 수 있다.

단서

- 백스윙 ― 클럽을 공으로부터 어깨너머로 치우다
- 다운스윙 ― 백스윙에서 공으로 이동하다
- 폴로스루 ― 몸이 목표물을 향해 열리고 뒷발이 "벌레를 잡듯이"
- 끝 ― 잘 사용하는 뒷발 끝에서 마무리
- 공 위치 ― 앞발 바로 뒤에

유니버설 디자인 구성 요소

다양한 참여 방법

- 교사는 학생들이 골프에서 가장 성공적이고 도전하기 위해 선택할 수 있는 장비 및 활동 변형을 위한 여러 가지 방법을 제공한다. 예를 들어, 학생들은 공, 클럽, 목표 점수, 그리고 추가 지원(소리 장치 및 뒷판)을 선택할 수 있다.

다양한 표현 수단

- 모든 학생들이 자료에 접근할 수 있도록 수업 내용을 여러 가지 방법으로 제시해야 한다. 예를 들어, 교사는 각각 그림 10.17b와 그림 10.16과 같이 신체적 안내와 언어적 지침을 제공할 수 있다.

행동 및 표현의 다양한 방법

- 교사들은 학생들이 학습을 표현하거나 시연하는 것을 허용해야 한다. 이 특정한 수업을 위해 학생들은 개별적으로 또는 파트너와 함께 다음과 같은 질문에 대한 답을 토론하고 작성하여 자신의 능력을 평가한다.

  - 파 par 의 정의는 무엇인가?
  - 각 거리마다 어떤 샷 shot 을 사용하시겠습니까?
  - 오늘 골프에 대해 배운 한 가지는 무엇입니까?
  - 학교 밖에서 골프에 참여할 기회가 있는가?

→ 수업 7: 트랙과 필드

트랙과 필드

학년 기준 : 고등학교

국가 기준

기준 1. 체육을 배운 학생은 다양한 운동 기술과 운동 패턴을 보여준다.

기준 2. 체육을 배운 학생은 움직임과 행동에 관련된 개념, 원리, 전략 및 전술에 대한 지식을 활용한다.

기준 3. 체육을 배운 학생은 건강을 증진시키는 수준의 신체 활동과 운동 능력을 보이고, 건강을 달성하고 유지하기 위한 지식과 기술을 보인다.

학년별 목표

S1.H1.L1. 2개 이상의 평생 체육 활동(야외 활동, 개인 운동, 수중 운동, 네트/벽 게임 또는 표적 게임)에서 역량을 보여주거나 활동별 운동 기술을 개선한다.

S2.H2.L1. 움직임 개념과 원리(예: 힘, 움직임, 회전)를 사용하여 선택된 기술에서 자신과/또는 다른 사람의 성능을 분석하고 개선한다.

S3.H8.L1. 개인의 체력 수준과 영양 균형에 대한 생리적 반응을 연관시킨다.

활동 1: 당신 자신의 속도

시간: 15분

설명: 학생들은 가능한 한 멀리 달릴 수 있게 12분 동안 시간을 준다. 시작하기 전에, 교사는 장거리 달리기를 위한 자기 자신에 대한 속도(페이싱)의 중요성에 대해 이야기한다. 자기 자신에 대한 속도(페이싱)의 중요성에 대해 이야기하는 것 외에도, 교사는 스스로 페이싱을 시작하는 방법을 설명하는 비디오 예를 제시한다. 예를 들면 다음과 같다: https://www.runtothefinish.com/how-to-pace-yourself-while-running/. 이 과제의 목적은 학생들이 어렵지만 12분 동안 유지할 수 있는 속도로 도전하는 것이다. 학생들은 달리기, 조깅 또는 빠르게 걷기를 선택할 수 있고, 또한 서로에게 동기를 부여하는 것을 돕기 위해 파트너와 짝을 이룰 수도 있다. 교사는 제한시간이 다 될 때까지 멈추지 말라고 강조해야 한다.

단서

- 숨쉬기-코로 들이마시고 입을 통해 밖으로 내뱉는다.
- 발 중앙으로 착지하여 앞발로 선다(발바닥 앞쪽의 볼록한 부분).
- 약간 전방으로 기울이다.
- 가볍게 지면에 닿는다(반동 금지).

활동 대형: 트랙을 사용하는 것이 좋지만, 그 활동은 체육관이나 교사가 학생들에게 적절한 다른 장소에서 할 수 있다.

활동 2: 전력질주—10/20/30/40/50m 달리기

시간: 15분

설명: 이 과제를 하는 동안 학생들은 거리를 꾸준히 늘리면서 단거리 달리기 시작에 초점을 맞춘다. 학생들은 10미터 달리기, 조깅, 20미터 달리기, 그리고 조깅 등으로 시작한다. 모든 학생들이 50미터에 도달할 때까지 계속된다. 새롭게 달리는 거리는 모든 사람들이 레인으로 돌아온 다음 갈 준비가 되었을 때 시작된다. 학생들은 스탠딩 스타트, 다운 스타트 또는 블록 스타트 중에서 선택할 수 있다. 교사는 교육을 지원하기 위해 스탠딩 스타트, 다운 스타트 또는 블록 스타트를 학생들에게 사진으로 제공한다. 이것은 학생들이 다른 유형의 출발을 비교하는 데 도움이 될 것이다. 교사는 출발 자세, 표시된 레인을 유지하고 전력질주 형태로의 부드러운 전환을 강조해야 한다.

단서

- 구두로 출발 신호: "제자리에, 준비, 출발"
- 구두로 출발 신호: 초록 깃발을 흔든다.
- 앞쪽 다리는 잘 사용하는 다리를 위치시킨다.
- 스탠딩 스타트 — 반대 팔을 구부린다.
- 다운 스타트와 블록 스타트:
  - 시작선과 평행하게 손을 둔다.
  - 머리를 아래로 향한다.
  - '준비' — 엉덩이를 들어올린다.
  - '출발' — 전진하여 밀면서 나간다.

활동 대형: 학생들은 출발 자세를 선택한 다음 레인에서 각 학생과 함께 그룹으로 시작한다(여러 줄이 있을 수 있음). 직선 트랙의 사용을 권장하지만, 체육관이나 직선(최소 60m)이 있는 다른 장소에서도 할 수 있다.

활동 3: 멀리 뛰기(LONG JUMP)

시간: 15분

설명: 이 과제를 수행하는 동안 학생들은 점핑 동작에 집중해야 한다. 이 과제에서 뛰어 오르기를 시작하는 학생들은 낮게 시작하여 점차적으로 높이를 높인다(학생들은 다른 크기의 콘을 뛰어넘을 수 있다). 그런 다음 학생들은 거리를 향해 점핑을 한다. 이 과제의 목적은 도움닫기, 발구름, 공중 동작 및 착지의 4단계 중 적어도 3단계를 수행하는 것이다. 학생들은 제자리 멀리 뛰기나 도움닫기 멀리 뛰기를 시도할 수 있다. 그림 10.19는 도움닫기 멀리 뛰기를 하는 학생을 보여주고 그림 10.20은 학생이 제자리 멀리 뛰기 하는 것을 보여준다. 교사는 발구름, 공중 동작, 착지를 강조해야 한다. 3가지 활동을 모두 마친 후 학생들은 자기 속도 조절, 멀리 뛰기, 달리기 스타트에 대한 루브릭 자체 평가를 할 것이다(그림 10.21 참조). 그러면 학생들은 다음 수업을 위해 목표를 만들 것이다.

단서

- 제자리 멀리 뛰기

  - 다리는 어깨 너비로 벌린다.

  - 웅크리면서 백스윙한다(발구름 하기 전에 빠르게 하여야 한다).

  - 두 다리로 밀어내면서 손을 위로 들어 올린다.

  - 부드럽게 착지한다.

- 도움닫기 멀리 뛰기

  - 도움 닫기(학생이 속도를 조절한다)

  - 한 다리로 발구름을 한다.
    (구름판 대신에 발구름을 한 곳에서부터 측정)

  - 양팔을 들어서 앞으로 전진한다.

  - 부드럽게 착지한다.

활동 대형: 학생들은 제자리 멀리 뛰기와 도움닫기 멀리 뛰기를 선택한다. 도움닫기 멀리 뛰기를 뛰기 위해 학생들은(가능한 한) 모래 구덩이를 이용한다. 제자리 멀리 뛰기를 위해 학생들은 바닥이나 땅에서 긴 매트를 이용하여 점프를 한다.

그림 10.19 학생이 도움닫기 멀리 뛰기를 하고 있다.

그림 10.20 학생이 제자리 멀리 뛰기를 하고 있다.

점수	자기 속도 조절	멀리 뛰기	달리기 스타트
	자기 속도 조절 옵션에 동그라미를 하시오. 달리기 조깅 걷기	멀리 뛰기 옵션에 동그라미를 하시오. 제자리 멀리 뛰기 도움닫기 멀리 뛰기	스타팅 옵션에 동그라미를 하시오. 스탠딩 스타트 다운 스타트 블록 스타트
1	나는 도전하지 않는 속도를 스스로 선택했거나 적어도 3번은 멈췄다.	내가 스스로 선택한 점프로 나는 다음 중 3개 이상을 하지 않았다. 웅크리고 뒤로 밀거나, 세게 밀거나, 손을 위로 올리거나, 부드럽게 착륙한다.	내가 스스로 선택한 출발과 함께 나는 다음 중 3개 이상을 하지 않았다. 앞선 다리는 잘 사용하는 다리였고, 팔은 반대였고, 약간 앞으로 기울어졌고, 출발 신호를 기다렸다.
2	나는 도전적인 속도를 스스로 선택했지만 1-2번 멈췄다.	내가 스스로 선택한 점프로 나는 다음 중 한두 가지를 하지 않았다. 웅크리고 뒤로 밀거나, 세게 밀거나, 손을 위로 올리거나, 부드럽게 착륙한다.	내가 스스로 선택한 출발과 함께 나는 다음 중 한두 가지를 하지 않았다. 앞선 다리는 잘 사용하는 다리였고, 팔은 반대였고, 약간 앞으로 기울어졌고, 출발 신호를 기다렸다.
3	나는 도전적인 페이스를 스스로 선택하였고 멈추지 않고 성공할 수 있었다.	내가 스스로 선택한 점프로 나는 모두 하였다. 웅크리고 뒤로 밀거나, 세게 밀거나, 손을 위로 올리거나, 부드럽게 착륙한다.	내가 스스로 선택한 출발과 함께 나는 모두 하였다. 앞선 다리는 잘 사용하는 다리였고, 팔은 반대였고, 약간 앞으로 기울어졌고, 출발 신호를 기다렸다.

****위의 각 항목에 대해, 오늘 각 기술을 수행했다고 믿는 점수를 동그라미 쳐라.
여기에 당신의 점수를 합산해 보세요 _____/9
이제 다음 수업을 위해 개선해야 할 분야에 대한 현실적인 목표를 만들어라.

_____
_____
_____

그림 10.21 자기 속도 조절, 멀리 뛰기, 달리기 스타트에 대한 루브릭 자체 평가

유니버설 디자인 구성 요소

다양한 참여 방법

- 교사는 학생들이 육상에서 가장 성공적이고 도전하기 위해 선택할 수 있는 장비 및 활동 변형을 위한 여러 가지 방법을 제공한다. 예를 들어, 학생들은 점프할 콘의 크기와 기술 변화(제자리 멀리 뛰기와 도움닫기 멀리 뛰기)를 선택할 수 있다.

다양한 표현 수단

- 모든 학생들이 자료에 접근할 수 있도록 수업 내용을 여러 가지 방법으로 제시해야 한다. 예를 들어, 이 수업은 교사의 수업과 시연을 보완하기 위해 비디오(달리기 자기 속도 조절)와 과제 사진(달리기 스타트)을 학생들에게 제공한다.

행동 및 표현의 다양한 방법

- 교사들은 학생들이 학습을 표현하거나 시연하는 것을 허용해야 한다. 이 수업은 학생들을 위한 자기평가로 기술 루브릭(그림 10.21)을 선정하였다. 이 루브릭 평가를 사용하여 학생들은 자신을 평가하고 다음 수업의 목표를 설정할 수 있다. 이 평가 도구는 또한 학생들이 선택한 기술의 변화와 자기 속도 조절과 같은 개념을 설명할 수 있다.

유니버설 디자인을 적용한 체력 운동 수업 계획

→ 수업 1: 스테이션 활동

체력운동

학년 기준 : 초3-5

국가 기준

기준 3. 체육을 배운 학생은 건강을 증진시키는 수준의 신체 활동과 운동 능력을 보이고, 건강을 달성하고 유지하기 위한 지식과 기술을 보인다.

학년별 목표

S3.E2.2. 체육수업 시간에 적극적으로 참여한다.

S3.E2.3. 교사의 안내가 없어도 체육 수업 활동에 적극적으로 참여한다.

S3.E2.4. 교사 주도 및 독립적인 체육 수업 활동에 적극적으로 참여한다.

소개

시간: 5분

설명: 다음 활동은 체육관 전체에 설치된 5개의 구역(스테이션)에서 활동한다(그림 11.1 참조).

학생들은 작은 그룹에 속하며 교사의 신호에 따라 각 구역에서 순환식으로 활동한다.

구성: 교사는 학생들을 5개의 모둠으로 구성한다.

모든 모둠의 학생들은 수업 시간 동안 각 구역에 참여할 수 있다.

학생들은 체육관에서 시계 방향으로 각 스테이션으로 이동한다. 구역 번호, 활동 및 몇 가지 중요한 활동 방법을 제시한 큰 원뿔이 있다. 모든 학생들은 각 스테이션에서 흘러나오는 음악에 따라 각 노래가 나오는 동안 활동한 후 다음 구역으로 이동한다. 각 구역에서의 노래는 약 3분이며, 여러 번 수행 할 수 있다. 학생들이 스테이션을 반복하면 새롭고 도전적인 것을 시도하는 것이 좋다.

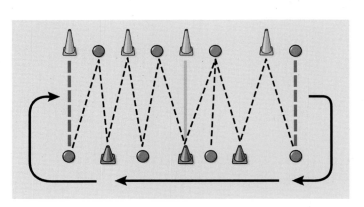

그림 11.1 구역별 체력 운동

활동 1: 줄 미로

시간: 3분

설명: 교사는 약 20피트 간격으로 원뿔을 둔다. 교사는 각 콘의 '줄 미로'를 만들기 위해 콘의 상단 구멍에 줄을 삽입하여 다른 콘에 연결한다.

규칙: 학생들은 활동하는 동안 줄 미로 아래-위로 넘거나 또는 주위를 기어다닐 수 있다. 자신의 신체로 줄을 건드리지 않기 위해 학생들은 줄 미로를 통해 이동하려는 경로와 신체 위치를 선택할 수 있다. 교사는 콘이나 줄이 느슨해지면 학생은 구역을 떠나기 전에 또는 다음 사람이 미로를 통과하기 전에 이를 조정해준다.

순환 방법: 학생들은 다양한 소그룹에 속해 있으며 체육관의 5개 각 구역에 다른 모둠이 순환하여 활동한다. 학급 규모에 따라 한 구역에 약 5-6명의 학생들로 구성한다. 각 스테이션에서 학생들은 출발 선 뒤에 대기한다. 다음 학생은 앞에 있는 학생이 미로 한가운데에 도달하면 활동을 시작한다. 활동을 마친 학생은 출발선으로 돌아간다. 학생들은 각 스테이션에서 약 3분 동안 다음 구역으로 순환한다.

콘 시작 단계의 출발색 : 녹색

콘 중간 단계의 줄색 : 노랑색

콘 마침 단계의 줄색 : 빨강색

단서

- 스스로 페이스 유지하기: 안정적인 페이스
- 낮은 수준 : 가능한 한 지면에 밀착하여 이동
- 높은 수준 : 지면에서 최대한 높은 곳에서 이동
- 중간 수준 : 일반적인 높이에서 이동

교사의 역할 : 교사는 학생들이 여러 가지 움직임으로 다양한 수준에서 미로를 통과하도록 지도한다.

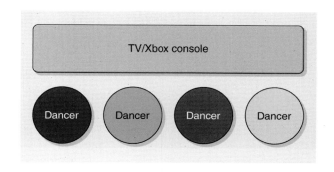

그림 11.2 춤추기

활동 2: 춤추기

시간: 3분

설명: 교사는 Xbox Kinect에 연결된 TV 모니터를 설정하고 Just Dance Kids 2014와 같은 단식 게임을 선택한다. 교사는 모든 학생들이 TV 화면을 볼 수 있도록 한다. 학생들은 화면을 보고 춤을 출 수 있는 동작을 만들어본다. 교사는 학생들이 잘 할 수 있는 움직임 위주로 화면을 설정할 수 있다. 교사는 YouTube, DVD, 비디오 등을 대안으로 사용하여 체육관 벽에 투사하여 학생들에게 활동을 보여준다.

규칙: 학생들이 선택한 정해진 구역 안에 머물면서 춤을 추어야 한다.

활동 대형: 그림 11.2. 참조

단서

- 화면 선택 : 화면에서 한 사람을 선택한다.
- 활동 추가 : 자신이 원하는 표현 움직임 포함
- 활동 신호 : 화면의 시작 신호
- 동작 연결 : 각 활동별 움직임을 부드럽게 연결

교사의 역할 : 교사는 학생들의 움직임을 관찰하여 리듬을 갖는지 알아본다.

활동 3: 균형잡기

시간: 3분

설명: 교사는 길이 약 8 피트, 폭 4-6 인치로 된 밸런스 빔 혹은 라인을 6개 설정한다. 두 개는 전통적인 바닥 보, 두 개는 슬랙 라인, 두 개는 바닥 테이퍼 선 (또는 줄넘기)이다.

교사는 휠체어를 밀거나 앞뒤로 걷기와 같은 다른 움직임을 사용하여 밸런스 빔을 이동하는 방법을 시범으로 보여준다. 각 학생은 방향과 움직임에 따라 균형 빔, 슬랙 라인 또는 선을 따라 움직인다. 각 빔 앞에는 학생들이 수행 할 수 있는 각 움직임의 일부를 보여주는 과제 카드를 비치한다.

규칙: 안전상의 이유로 한 번에 한 명의 학생 만 빔과 매트에서 활동해야 한다. 학생들은 빔 유형뿐만 아니라 빔을 가로질러 이동하는 모든 방법을 선택하여 활동에 참가한다.

단서

- 교구가 적절하지 않는 경우 평균대에서 활동 가능
- 가급적 균형을 유지하며 천천히 활동
- 균형을 잡기 위해 옆으로 팔을 들면서 이동
- 시선을 정면으로 향하게 하여 이동
- 활동 대형 : 그림 11.3 참조

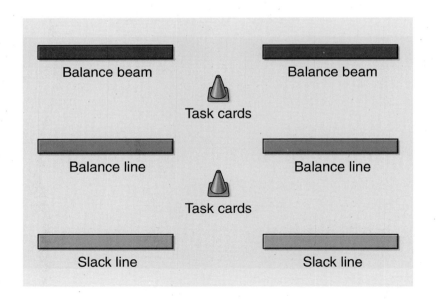

그림 11.3 균형잡기 활동

활동 4: 유지하기

시간: 3분

설명: 교사는 평소 이용 가능한 체육관에 디스크 콘을 설치하여 경기장을 만든다. 학생들은 다양한 크기와 무게 (비치 볼, 풍선, 소프트 배구 등)에서 공을 선택한다. 참가하는 학생 모두가 땅에 공을 떨어뜨리지 않도록 유지해야 한다. 그들은 다른 수학 기술 (1, 5 등으로 계산) 또는 알파벳 (알파벳순 또는 다른 단어 철자법)을 사용하여 계산한다.

규칙: 학생들은 두 번 이상 공을 접촉 할 수 없으며 다른 스테이션과의 간섭을 피하기 위해 경기장의 바깥쪽 경계선에서 활동해야 한다.

변형: 학생들은 특정 순서로 공을 쳐야 한다. 학생들은 공을 한 번만 접촉 할 수 있다. 학생들은 다양한 신체 부위를 사용하여 공을 친다.

단서

- 부드러운 터치
- 높은 곳에서 밀기
- 의사소통: 공을 터치하면서 '잡았다' 혹은 '나의 것'이라고 외치기

목표 설정: 교사는 학생들에게 시간 제한을 줘도 좋고, 수준별로 공을 터치하는 횟수에 따라 목표를 수정할 수 있다. 필요한 경우 사이에 학생들의 수준별 목표를 개별적으로 적용한다.

활동 대형: 그림 11.4 참조

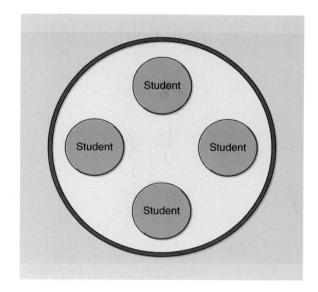

그림 11.4. 유지하기

활동 5: 카드별 과제 풀고 이동하기

시간: 3분

설명: 교사는 학생들의 수학 수준에 맞는 플래시 카드를 선택하도록 지도한다(다양한 난이도를 제시한 카드를 여러 곳에 흩뿌린다). 교사는 또한 활동 영역에 0에서 9까지 번호를 표시한 지점을 표시한다. 학생들은 스쿠터나 휠체어를 사용하거나 뛰어서 카드가 있는 곳으로 이동하여 여러 난이도가 제시된 카드를 선택한다. 학생은 카드에 제시된 방정식을 풀고 지면의 숫자만큼 (숫자 폴리 스팟)로 뛰어넘어가거나 슬라이딩하여 정답으로 이동한다.

일단 방정식에 답하면, 학생은 찾은 방정식 카드를 교체한 후 플래시 카드를 계속 잡아서 제한 시간 동안 해결한다.

규칙: 학생들은 개별적 혹은 협동하여 활동할 수 있다. 학생들은 항상 스쿠터, 카펫 광장 또는 휠체어에 있어야 하며 활동 중 학생들은 서로 부딪치지 않도록 한다.

단서

- 앉아있기
- 스쿠터, 카펫 또는 의자의 바닥
- 손잡이 또는 바퀴에 손

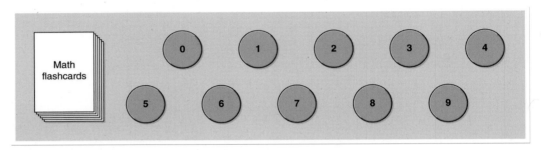

그림 11.5 카드별 과제 풀고 이동하기

유니버설 디자인 구성 요소

다양한 참여 방법

- 이 수업에서는 학생의 선택이 중요하다. 거리, 활동 속도, 장비 크기 및 시험 횟수는 각 학생마다 다르게 적용될 수 있다. 학생들은 친구들과 함께 활동하면서도 각 개인의 요구와 목표에 알맞게 활동하는 것이 바람직하다.

다양한 표현 수단

- 교사는 활동에 대한 지시 사항을 의견 및 스테이션 카드 등의 시각적 수단을 비롯하여 청각 및 촉각 등 다양한 방법으로 활동 방법을 알려준다.

행동 및 표현의 다양한 방법

- 학생들은 활동에서 성공하는 방법에 대해 스스로 또는 친구들과 협의하여 결정한다. 교사는 각 학생의 성공 수준을 학생 스스로 결정하도록 지도한다.

→수업 2: 훌라 오두막

훌라 오두막

학년 기준 : 초5

국가 기준

기준 3. 체육을 배운 학생은 건강을 증진시키는 수준의 신체 활동과 운동 능력을 보이고, 건강을 달성하고 유지하기 위한 지식과 기술을 보인다.

기준 4. 체육을 배운 학생은 자신과 타인을 존중하는 책임감 있는 개인적 및 사회적 행동이 나타난다.

학년별 목표

S3.E2.4. 교사 주도 및 독립적인 체육수업 활동에 적극적으로 참여한다.

S4.E1.4. 독립적인 모둠에서도 책임감 있는 행동을 보여준다.

활동 1: 훌라 오두막 짓기

시간: 5분

교사는 체육관내 배치를 설명한다. 두 팀에는 각각 농구장의 중앙선으로 나눈 '훌라 오두막'이 3 개 있다. 원추형 원뿔이 중앙선에 정렬되어 있다(그림 11.6 참조). 교사는 각 팀을 위해 두 팀과 세 개의 미니 그룹으로 나누고 훌라 오두막을 만드는 방법을 보여준다. 각 소모둠은 5분 동안 훌라 오두막을 3개 짓는다.

훌라 오두막을 만드는 방법: 6개의 훌라후프를 이용하여 훌라 오두막을 짓는다. 훌라후프 하나를 바닥에 평평하게 놓아 훌라 오두막의 기초를 다진다. 다음으로, 기초 안쪽 반대쪽 측면에 두 개의 훌라후프를 세운 다음 후프의 상단을 $45°$ 각도로 기울인다. 첫 번째 두 개의 반대쪽에서 두 개의 훌라 후프를 사용하여 동일한 작업을 수행하고 두 개의 상단을 45도 각도로 함께 기울인다. 그런 다음 마지막 훌라후프(지붕)를 다른 후프(벽) 위에 놓아 제자리에 고정시킨다. 각 소모둠은 시간이 다할 때까지 훌라 오두막을 짓는 연습을 계속한다.

교사의 활동

- 교사는 학생들이 서로 협력하여 훌라 오두막을 만들도록 권장한다.
- 교사는 훌라 오두막을 만들 때 팀의 모든 사람에게 다른 훌라후프를 할당하는 것과 같은 제안을 제공한다.

단서

- 친구들과 효과적으로 의사소통하기
- 친구의 의견을 적극적으로 듣기
- 기초를 만들 때 도와주기
- 측면에 후프 세울 때 도와주기
- 마무리 지도하기

활동 2: 체력 요소 연습하기

시간: 5분

설명: 교사는 체육관 주변에 있는 6개의 체력 운동하는 곳을 통과한다.

각 소모둠이 체력 운동 장소에 갔을 때, 연습 신호와 함께 각 운동에 대한 스테이션 카드를 찾을 것이다. 학생들은 각 지점으로 이동하여 해당 지점에서 총 30초 동안 체력 운동을 연습한다. 이 시간 동안 교사는 학생의 운동 형태에 대한 피드백을 제시할 수 있어야 한다 (학생들이 연습한 체력 운동을 모두 수업에서 적용해야 한다).

체력 운동 주요 지도 유의점

피트니스 체크 포인트

1. (30 초) 점프하여 몸 접기, 팔돌리기 운동, 발가락 터치, 벽에 기대어 팔굽혀펴기(혹은 바닥에서 팔굽혀펴기)
2. (30 초) 바닥에 무릎을 꿇고 팔굽혀펴기(바닥에 엎드리거나 벽에 기대어 반복하기) 또는 의자에 앉아서 팔굽혀펴기
3. (30 초) 사다리 오르기, 쪼그려뛰기, 어깨 으쓱하여 올리기, 높은 곳 올라가기
4. (30 초) 스피드 순환운동: 걷기, 조깅, 달리기, (휠체어를 사용하는 학생의 경우) 휠체어 밀며 달리기
5. (30 초) 심호흡하기, 팔꿈치로 이름쓰기, 스트레칭, 윗몸 일으키기
6. (30 초) 어깨 으쓱으쓱 하여 삼각근 올리기, 무릎이 높이 들기, 누웠다 일어서기(서 있는 자세에서 바닥에 앉았다 일어서기를 반복하기), 팔벌려뛰기

활동 3: 훌라 오두막

시간: 20분

설명: 이 활동을 시작하기 전 이전 활동에서 훌라 오두막을 완성해야 한다. 팀 모두 농구 경기장 맨 뒤(베이스 라인)에서 시작한다. 시작 신호와 함께 두 모둠은 체육관 중간으로 이동하여 공을 잡거나 오두막을 방어한다. 각 모둠의 학생들은 자신들의 오두막을 방어한다.

만약 오두막이 무너졌을 경우, 각 소모둠은 체력 검사 지점을 선택하여 카드에서 제시한 체력 운동을 한 번 수행한 후 다시 훌라 오두막을 짓는다. 각 학생들은 협동하여 모둠별로 상대 모둠에서 던지는 공을 막아 자신의 훌라 오두막을 보호하는 방어기술과 다른 모둠의 훌라 오두막에 공을 던져 넘어뜨리는 공격 기술을 연습한다. 모든 학생들은 상대 모둠의 훌라 오두막을 쓰러뜨리기 위해 공을 굴리거나 던질 수 있다.

규칙

- 각 모둠의 오두막이 쓰러지면 다른 모둠의 오두막에서 공을 던지거나 굴리기 전에 함께 조립해야 한다.
- 조립 중인 오두막에는 공을 던지거나 굴릴 수 없다.
- 각 팀은 오두막 옆에 있어야 하며 어떤 이유로 든 중간선을 넘을 수 없다. 팀은 제한선 뒤 어디에서나 공을 던질 수 있다.

연습: 여러 번 연습을 반복하지 않고 제한 시간 동안 과제를 완료해야 한다. 연습 시간을 제한함으로써 상대 모둠의 오두막을 쓰러뜨리는데 필요한 활동을 완료하는 데 더 많은 시간이 필요한 학생들에게 실제 활동에서 학생들에게 도전 기회를 제공하기 위한 것이다. 각 학생은 체력운동 지점(활동 2에 제시한 1-6번)에서 6개의 체력운동 중 하나를 선택한다. 교사는 학생들이 30초 동안 최대한 많은 체력운동을 할 수 있도록 지도한다. 교사는 학생들에게 체력운동 횟수가 중요한 것이 아니라 올바른 자세로 체력운동을 할 수 있도록 지도한다.

학생들의 역할

- 공격: 훌라 오두막에 공을 던지거나 굴려서 쓰러뜨린다.
- 방어: 상대방의 공격을 막아 우리 모둠의 훌라 오두막이 쓰러지는 것을 보호한다.

학습목표

수업에 유니버설 디자인을 적용하는 방법: 학생이 던지는 공을 스스로 선택한다.

- 여러 거리와 각도에서 던지기
- 다른 크기의 던지는 공으로 던지기

단서

- 친구들과의 의사소통 및 의견 청취하기
- 체력운동을 할 때 횟수보다 올바른 자세로 운동하기

교사 행동

- 교사는 학생들이 체력 운동하는 장소에서 시작 신호를 제시하고 올바른 자세로 운동하는지 관찰한다.
- 교사는 훌라 오두막을 만들고 공을 가져와서 모둠 친구들과 함께 자신들의 훌라 오두막을 막기 위해 협력하는 등의 팀워크 전략을 관찰한다.

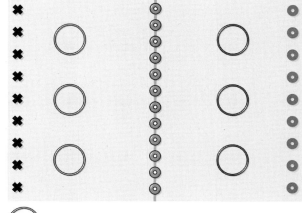

○ Hula huts   ◎ Disc cone with a ball balanced on top

그림 11.6 훌라 오두막 짓기 배치도

유니버설 디자인 구성 요소

다양한 참여 방법

- 이 수업에서는 학생의 선택이 가장 중요하다. 학생 개인이 거리, 활동 속도, 장비 크기 및 선택 운동은 결정한다. 각 모둠의 학생들은 서로 협력하고 각 개인의 요구와 의견을 반영하도록 권장한다.

다양한 표현 수단

- 교사는 활동에 대한 지침을 시범 동작을 제시한 시각 자료, 교사의 구두 신호 등의 청각 신호 등을 여러 가지 방식으로 제시하고 필요에 따라 반복한다.

행동 및 표현의 다양한 방법

- 학생들은 활동에서 성공하는 방법에 대해 스스로 또는 각 모둠 내에서 결정한다. 각 학생의 성공 수준은 학생이 선택한 체력 운동 방법 및 협력, 의사소통 및 듣기 기술 등의 팀워크 전략 중 최선의 움직임이 나타나는지 교사가 관찰하여 결정한다.

→ 수업 3: 심박수 향상 운동

심폐지구력 향상 운동

학년 기준 : 중1-3

국가 기준

기준 1. 체육을 배운 학생은 다양한 운동 기술과 운동 패턴을 보여준다.

기준 3. 체육을 배운 학생은 건강을 증진시키는 수준의 신체 활동과 운동 능력을 보이고, 건강을 달성하고 유지하기 위한 지식과 기술을 보인다.

기준 4. 체육을 배운 학생은 자신과 타인을 존중하는 책임감 있는 개인적 및 사회적 행동이 나타난다.

학년별 목표

S3.M13.8. 신체 활동 중 RPE 스케일(운동자각도)을 사용하여 운동 강도를 조정하는 방법을 정의한다.

S4.M4.6. 교사가 학생에게 격려와 긍정적인 피드백을 제공함으로써 신체 발달, 성숙 및 다양한 기술 수준에서 학생 간의 차이를 인정한다.

S4.M4.7. 학생 간의 갈등 해결을 위한 규칙과 지침을 수립하여 협력하는 기술을 보여준다.

S4.M4.8. 학생 간의 갈등 해결을 위한 규칙과 지침을 사용하여 신체 활동 중에 참가자의 윤리적 및 비윤리적 행동에 적절하게 대응한다.

소개

시간: 5분

도입

교사는 학생들에게 (동기유발을 위하여) 다음과 같은 질문을 한다.

- "심박수란 무엇이지?"(심박수는 심장이 몸 전체에 혈액을 얼마나 빨리 공급하는 횟수)

- "심박수는 어떻게 알아볼 수 있을까?"(학생들은 손을 심장 위로 올려 심박수를 찾거나 목이나 손목에서 맥박을 찾을 수 있다).

교사는 스톱워치 또는 개인 심박수 모니터(예 : Fitbit(휴대용 심박동 측정기)를 사용하여

30초 동안 심박수를 세고 결과에 2를 곱하여 (예 : 30 × 2 = 60) 자신의 심박수를 계산한다. 교사는 편안한 상태에서 심박수를 측정했기 때문에 이것을 안정 시 심박수라고 설명한다.

활동 대형: 학생들은 교사와 마주 보고 앉아서 수업을 시작한다. 교사는 심박수 기록표(그림 11.7)와 필기구를 학생들에게 제공한다.

활동 1: 안정 시 심박수 측정하기

시간: 5분

설명: 학생들은 안정 시 심박수를 측정한 후 기록지에 심박수를 기록하는 연습을 한다(그림 11.7 기록지 참조).

활동 대형: 학생들은 체육관 안에서 자신이 원하는 곳에 앉는다.

활동 2: 점진적인 심박수 올리기 활동

시간: 25-30분

설명: 이 활동은 학생 두 명이 조를 이루어 최대한 빨리 원뿔을 돌아오는 활동이다.

심박수 올리기 1단계: 이동 운동

학생들은 이동 기술을 사용하여 홈과 콘 사이를 이동한다.

- 각 모둠은 활동의 시작과 끝을 나타내는 두 개의 '홈 콘'을 배치한다. 홈 콘 사이의 거리는 최대 30피트까지 가능하다. 학생들은 스스로 도전해야 한다.
- 교사의 신호에 따라 각 조의 첫 번째 학생이 첫 번째 원뿔에서 두 번째 원뿔로 이동한다.
- 원뿔을 돌아온 학생은 자신의 심박수를 측정하여 심박수 기록지나 음성 녹음 앱에 기록한다.
- 각 조의 두 번째 학생이 원뿔을 돌아와서 역시 심박수를 기록한다.

학생들은 이 활동을 반복하고 모든 학생들이 심박수 기록을 마칠 때까지 심박수를 추가로 기록한다.

기록지 예시

30초간 심박수	심박수 계산 30초 간 측정 심박수 × 2	심박 수
31	31 × 2 = 62 or 31 + 31 = 62	62

심박수 올리기 1단계: 이동 운동

30초간 심박수	심박수 계산 30초 간 측정 심박수 × 2	심박 수

심박수 올리기 2단계: 중간 수준의 이어달리기

30초간 심박수	심박수 계산 30초 간 측정 심박수 × 2	심박 수

심박수 올리기 3단계: 낮은 수준의 이어달리기

30초간 심박수	심박수 계산 30초 간 측정 심박수 × 2	심박 수

가장 힘들거나 쉬운 이어달리기 활동은 무엇인가?		각 활동의 심박수는 얼마인가?
1. 매우 숨차게 달리기		
2. 숨차게 달리기		
3. 가볍게 달리기		

그림 11.7 심박수 기록지

심박수 올리기 2단계: 중간 수준의 이어달리기

학생들의 어깨높이의 콘 사이를 이동한다.

- 각 모둠은 활동의 시작과 끝을 나타내는 두 개의 '홈 콘'을 배치한다. 홈 콘 사이의 거리는 최대 30피트까지 가능하다. 학생들은 스스로 도전해야 한다.
- 교사의 신호에 따라 각 조의 첫 번째 학생이 첫 번째 원뿔에서 두 번째 원뿔로 이동한다.
- 원뿔을 돌아온 학생은 자신의 심박수를 측정하여 심박수 기록지나 음성 녹음 앱에 기록한다.
- 각 조의 두 번째 학생이 원뿔을 돌아와서 역시 심박수를 기록한다.

학생들이 중급 수준에서의 이동운동 방법에는 다음과 같은 활동들이 있다(단, 다른 방법으로 이동하는 것도 가능함)

- 가볍게 걷기
- 옆으로 걷기

무릎을 대고 기기 혹은 스쿠터 이용하기

학생들은 이 활동을 반복하고 모든 학생들이 심박수 기록을 마칠 때까지 심박수를 추가로 기록한다.

심박수 올리기 3단계: 낮은 수준의 이어달리기

학생들은 무릎 높이의 콘 사이를 이동한다.

- 각 모둠은 활동의 시작과 끝을 나타내는 두 개의 '홈 콘'을 배치한다. 홈 콘 사이의 거리는 최대 30피트까지 가능하다. 학생들은 스스로 도전해야 한다.
- 교사의 신호에 따라 각 조의 첫 번째 학생이 첫 번째 원뿔에서 두 번째 원뿔로 이동한다.
- 원뿔을 돌아온 학생은 자신의 심박수를 측정하여 심박수 기록지나 음성 녹음 앱에 기록한다.
- 각 조의 두 번째 학생이 원뿔을 돌아와서 역시 심박수를 기록한다.

학생들은 이 활동을 반복하고 모든 학생들이 심박수 기록을 마칠 때까지 심박수를 추가로 기록한다.

학생들이 낮은 수준에서의 이동운동 방법에는 다음과 같은 활동들이 있다(단, 다른 방법으로 이동하는 것도 가능함)

- 곰처럼 기기
- 게걸음
- 악어처럼 기기
- 낮은 포복하기(군인처럼)
- 스쿠터 사용하기

학생들은 이 활동을 반복하고 모든 학생들이 심박수 기록을 마칠 때까지 심박수를 추가로 기록한다.

활동 대형: 학생들은 체육관의 한쪽에서 대기하며, 체육관 전체에서 릴레이 활동을 한다(그림 11.8 참조).

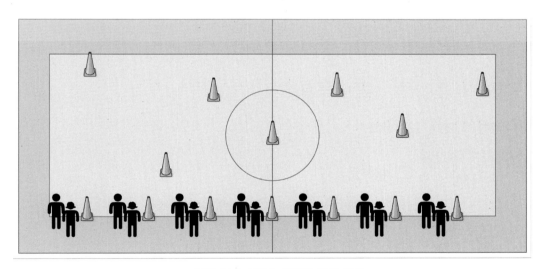

그림 11.8 심박수 올리기 활동 대형

활동3: 우리 몸에서 나타나는 반응은 무엇인가?

시간: 10분

학생들은 두 가지 목록을 고안한다.

- 가장 쉬운 활동에서부터 가장 어려운 활동까지 활동 정리
- 최저에서 최고로 심박수 조정

교사는 다음과 같은 질문을 하여 학생들과 토론을 시작한다.

- "수업 초반에 앉아있는 것보다 활동이 어려웠니?"(심혈관 활동과 휴식 비교)
- "활동하면서 신체의 어떤 변화가 있었니?"(학생들에게 각 활동 후에 기록 된 심박수를 보도록 알려준다)
- "안정 시 심박수에 비해 릴레이 활동 중 심박수와 얼마나 차이가 있니?"(안정 시 심박수와 각 릴레이 활동별 심박수와 비교)
- "어떤 활동이 가장 힘들었니? 너는 그 활동에 어떻게 반응했니?"

수업 대형: 학생들은 체육관의 한쪽에서 대기하며, 체육관을 가로질러 릴레이 활동을 한다.

유니버설 디자인 구성 요소

다양한 참여 방법

- 이 수업을 통해 학생들은 수업 중 언제든지 활동 거리를 자신이 직접 선택하고 변경할 수 있다. 또한 학생들은 활동을 통해 이동 방법을 선택할 수 있다.

다양한 표현 수단

- 이 수업에서는 모든 학생들이 활동에 참가할 수 있도록 개별화 지도가 이루어져야 한다. 활동 방법은 시범이나 그림 자료를 제시하여 학생들이 이해할 수 있도록 지도한다.

행동 및 표현의 다양한 방법

- 학생들은 친구와 함께 자신의 심박수를 측정하고 기록한다. 심박수 기록지나 녹음기를 사용할 수 있다.

→ 수업 4: 허들 / 장애물 달리기

허들 탐색 및 체력 운동

학년 기준 : 초3-5

국가 기준

기준 1. 체육을 배운 학생은 다양한 운동 기술과 운동 패턴을 보여준다.

기준 3. 체육을 배운 학생은 건강을 증진시키는 수준의 신체 활동과 운동 능력을 보이고, 건강을 달성하고 유지하기 위한 지식과 기술을 보인다.

기준 4. 체육을 배운 학생은 자신과 타인을 존중하는 책임감 있는 개인적 및 사회적 행동이 나타난다.

학년별 목표

S1.E6.3. 한 기술에서 다른 기술로 매끄럽게 전환하는 일련의 운동 기술을 수행한다.

S3.E3.2a. 체력의 발달을 위한 저항운동(예 : 몸을 판자 위치로 유지, 동물 산책)을 이해한다.

S4.E6.4. 신체 활동에 참가하는 동안 친구들과 함께 안전하게 장비를 사용한다.

도입

시간: 5분

교사는 학생들에게 (동기유발을 위하여) 다음과 같은 질문을 한다.

- "장애물이란 무엇인지 아니? 혹시 사용해 본 적 있니?"
- "다른 유형의 장애물이 있니?"
- 교사는 학생들이 장애물을 탐색하는 연습을 한 다음 다른 유형의 장애물과 운동 포스터(과제 카드)를 사용하여 장애물 코스를 만든다. 운동 포스터는 운동과 운동 수행 방법에 대한 간단한 설명을 보여준다.

활동 대형: 학생들은 교사와 마주 보고 앉아서 수업을 시작한다.

활동 1: 허들 넘기

시간: 15분

설명: 학생들은 짝과 함께 장애물을 탐색하면서 두 개의 원뿔 사이에서 최대한 빨리 이동한다.

- 각 조의 학생들은 코스가 끝날 때 5개의 장애물을 한 줄에 배치하고 하나의 운동 포스터를 배치하여 허들 코스를 설정한다. 그런 다음 교대로 과정을 진행한다. 장애물 사이의 거리는 최대 10피트이다. 학생들은 스스로 도전한다.
- 교사의 신호에 따라 각 조의 첫 번째 학생이 장애물을 탐색하고 포스터에 묘사된 동작으로 연습한다.
- 첫 번째 학생이 끝나면 각 조의 두 번째 학생이 장애물 넘기 운동을 한다.

학생들이 넘어야 하는 허들의 종류에는 다음과 같다(단, 학생들의 수준에 따라 수정 가능).

- 일반적인 허들
- 6인치 허들
- 3인치 허들
- 콘
- 간이 허들

학생들이 해야 하는 운동 포스터에는 다음의 그림을 제시한다(단, 학생들의 수준에 따라 수정 가능함).

- 스쿼트
- 팔 굽혀 펴기
- 플랭크 동작
- 엎드려 발차기(그림 11.9 참조)

학생들은 여러 가지 장애물을 거리별로 뛰어넘는 활동을 반복한다.

- 팔굽혀펴기 동작으로 준비한다.
- 한쪽 무릎을 구부리고 가슴으로 가져간 다음 다리를 원래 위치로 되돌리고 다른 쪽 무릎을 몸쪽으로 가져온다.
- 가능한 한 빨리 다리를 앞뒤로 반복한다.

그림 11.9 마운틴 클라이머 포스터

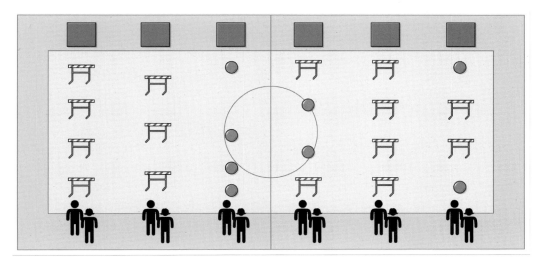

그림 11.10 허들 넘기 활동 대형

활동 대형: 학생들은 체육관에서 줄을 맞춰 대기하면서 자신의 차례가 올 때 활동을 시작한다(그림 11.10 참조).

활동 2: 여러 가지 장애물 넘어 달리기

시간: 30분

설명: 친구와 짝을 이루어 장애물의 종류와 운동 포스터(과제 카드)를 보면서 자신만의 장애물 코스를 설정한다. 운동 포스터에는 운동 방법에 대한 설명이 제시되어 있다.

- 짝을 이룬 친구와 함께 장애물 코스에 대하여 협의한다.
- 학생들이 장애물 코스를 계획 할 때 운동 포스터를 선택하고 학생이 각 포스터에 도착할 때 필요한 반복 횟수를 선택한다.
- 장애물 코스를 구성한 후, 각 족의 학생은 한 번 활동해본 후 활동을 변경할 수 있다.
- 학생들이 장애물 코스를 결정하면 제공된 코스에 장애물을 설치한다. 학생들은 사진을 찍거나 태블릿에서 그림 앱을 사용하거나 장애물 코스의 지시 사항을 음성 녹음 앱으로 지정할 수 있다.
- 교사의 지시에 따라 학생들은 최대한 빨리 장애물 코스를 탐색하여 각 운동을 반복하면서 완료한다. 교사는 수업 시간에 각 장애물 코스를 한 번에 하나씩 보여줄 수도 있다.

학생들이 해야 하는 운동 포스터에는 다음의 그림을 제시한다(단, 학생들의 수준에 따라 수정 가능함).

- 스쿼트
- 팔 굽혀 펴기
- 플랭크 동작
- 엎드려 발차기(그림 11.9 참조)

활동 대형: 학생들은 체육관에서 줄을 맞춰 대기하면서 자신의 차례가 올 때 활동을 시작한다(그림 11.11 참조).

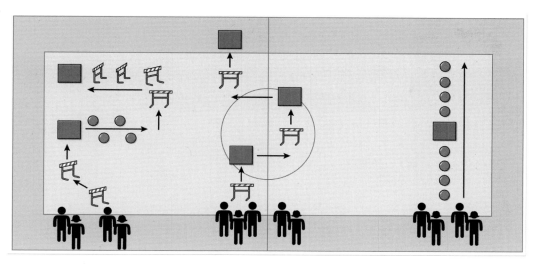

그림 11.11 여러 가지 장애물 넘어 달리기 활동 대형

유니버설 디자인 구성 요소

다양한 참여 방법

- 이 수업을 통해 학생들은 장애물과 다른 구성 요소 간의 거리와 장애물 코스의 여러 요소를 선택하고 반복 횟수도 자신에게 알맞게 변경할 수 있다.

다양한 표현 수단

- 이 수업에서는 모든 학생들이 활동에 참가할 수 있도록 개별화 지도가 이루어져야 한다. 활동 방법은 시범이나 활동방법에 대한 설명 및 그림 자료를 제시하여 학생들이 이해할 수 있도록 지도한다.

행동 및 표현의 다양한 방법

- 학생들은 짝과 함께 어떤 운동과 반복 횟수와 같은 장애물 코스 구성 요소를 결정한다. 학생들은 그림을 그리거나 사진을 찍거나 그림 응용 프로그램을 사용하거나 설명을 음성 녹음하여 장애물 코스를 기록한다.

→ 수업 5: 체중을 이용한 근력 운동

체중을 이용한 근력 운동 알아보기

학년 기준 : 중2-3

국가 기준

기준 1. 체육을 배운 학생은 다양한 운동 기술과 운동 패턴을 보여준다.

기준 3. 체육을 배운 학생은 건강을 증진시키는 수준의 신체 활동과 운동 능력을 보이고, 건강을 달성하고 유지하기 위한 지식과 기술을 보인다.

기준 4. 체육을 배운 학생은 자신과 타인을 존중하는 책임감 있는 개인적 및 사회적 행동이 나타난다.

학년별 목표

S3.M3.7. 필라테스, 저항 운동, 웨이트 트레이닝 및 가벼운 훈련과 같은 다양한 근력 및 지구력 강화 활동에 참여한다.

S3.M4.7. 웨이트 트레이닝 또는 저항 운동과 같은 다양한 근력 및 지구력 강화 활동에 참여한다.

S3.M4.8. 유산소운동, 근력 및 지구력 운동, 유연성 운동을 포함하는 훈련 프로그램을 계획하고 실천한다.

활동 1: 상지 및 하지를 이용한 웨이트 트레이닝 탐색

시간: 5분

설명: 교사는 웨이트 트레이닝(자기 체중을 이용하여 중력에 대한 저항력을 제공하는 강도 훈련)을 소개하고 학생들과 함께 팔과 다리를 목표로 하는 다양한 체중 운동을 실시한다. 짝을 이루어 학생들은 연습을 연습하고 토론을 한 후 활동 2개를 선택하여 기록지에 기록한다(그림 11.12 참조). (음성 녹음 앱에서 선택한 활동 내용을 녹음할 수도 있다.)

각 학생이 선택한 두 가지 운동은 교사가 시범을 보여준 운동이거나 교사가 승인한 운동 중 하나일 수 있다.

체중을 이용한 근력 운동의 종류

상지 이용: 팔굽혀 펴기. 암 써클(팔을 들어 올린 후 회전하기), 등 뒤로 의자를 잡고 팔굽
혀펴기

하지 이용: 벽에 기대어 앉았다 일어서기, 런지, 스쿼트

교사는 학생들에게 각자의 수준에 알맞은 변형(예: 벽 푸쉬 업)활동을 제안하면서 안전을
강조한다.

활동 대형: 학생들은 교사와 마주 보고 앉아서 수업을 시작한다. 학생들은 체육과 내 설치
한 매트에 짝과 함께 앉는다.

활동 2: 코어 운동을 위한 신체 이용 근력 운동 알아보기

시간: 25-30분

설명: 교사는 코어 운동을 위한 웨이트 트레이닝(자기 체중을 이용하여 중력에 대한 저항
력을 제공하는 강도 훈련)을 학생들에게 소개한다. 짝을 이루어 학생들은 연습을 연습하고
토론을 한 후 활동 2개를 선택하여 기록지에 기록한다(그림 11.12 참조). (음성 녹음 앱에서
선택한 활동 내용을 녹음할 수도 있다.)

각 학생이 선택한 두 가지 운동은 교사가 시범을 보여준 운동이거나 교사가 승인한 운동
중 하나 일 수 있다.

체중을 이용한 근력 운동의 종류에는 다음의 활동들이 있다.

- 물장구치기
- 플랭크 자세 취하기
- 대퇴근육 운동
- 옆으로 플랭크 자세 취하기
- 누워서 어깨를 바닥에 대고 엉덩이와 다리 들기
- 다리로 무거운 물체 밀기

교사는 학생들에게 각자의 수준에 알맞은 변형(예: 무릎 대고 플랭크 자세 취하기)활동을
제안하면서 안전을 강조한다.

활동 대형: 학생들은 교사와 마주 보고 앉아서 수업을 시작한다. 학생들은 체육관 내 설치
한 매트에 짝과 함께 앉는다.

활동 3: 전신을 활용한 웨이트 트레이닝

교사는 학생들에게 전신을 이용하는 다양한 근력 운동을 소개한다. 짝을 이루어 학생들은 연습을 연습하고 토론을 한 후 활동 2개를 선택하여 기록지에 기록한다(그림 11.12 참조). (음성 녹음 앱에서 선택한 활동 내용을 녹음할 수도 있다.) 각 학생이 선택한 두 가지 운동은 교사가 시범을 보여준 운동이거나 교사가 승인한 운동 중 하나 일 수 있다.

체중을 이용한 근력 운동의 종류

- 벌레처럼 기기
- 점프하여 무릎으로 가슴치기
- 엎드려 발차기
- 엎드려 기기
- 엎드려 다리를 폈다가 허리접어 일어서기
- 제자리에서 달리는 동작하며 무릎 높게 들기

교사는 학생들에게 각자의 수준에 알맞은 변형(예: 높이 점프하기)활동을 제안하면서 안전을 강조한다.

활동 대형: 학생들은 체육과 내 설치한 매트에 짝과 함께 앉는다.

활동 4: 루틴

시간: 10분

설명: 교사는 학생들에게 자신의 운동량과 횟수를 기록하도록 지도한다(그림 11.2 참조).

- 상하지 이용 운동: 4가지 활동
- 코어 운동: 4가지 활동
- 전신 운동: 4가지 활동

교사는 학생들에게 각자의 신체 조건과 수준에 따라 활동 시간이 서로 다르므로 적당한 시간 동안 활동하도록 지도한다.

활동 대형: 학생들은 체육과 내 설치한 매트에 짝과 함께 앉는다.

유니버설 디자인 구성 요소

다양한 참여 방법

- 수업을 통해 학생들은 교사가 제시하는 활동 혹은 자신이 선택한 활동을 선택할 수 있다. 학생들은 자신의 일상생활 중 실천 가능한 활동을 선택하여 자유롭게 참여할 수 있다.

체중을 이용한 체력 운동 기록지

신체를 이용한 체력 운동은 자신의 체중을 이용한 근력운동이다.

상/하지 운동	횟수	코어 운동	횟수	전신운동	횟수
1.		1.		1.	
2.		2.		2.	
3.		3.		3.	
4.		4.		4.	

그림 11.12 체중을 이용한 근력 운동 기록지

다양한 표현 수단

• 수업에서는 모든 학생들이 활동에 참가할 수 있도록 개별화 지도가 이루어져야 한다. 교사는 학생들에게 활동의 이해를 주기 위해 비디오나 소책자를 활용할 수 있다.

행동 및 표현의 다양한 방법

• 학생들은 자신에게 알맞은 운동 방법을 탐구하고 자주 실천해야 한다. 모든 학생들은 일상적인 운동에 포함시킬 운동방법을 선택할 수 있다.

유니버설 디자인을 적용한 여가 활동 수업 계획

→ 수업 1: 패들보드 서서 타기

패들 저어 앞으로 가기

학년 기준 : 고등학생

국가 기준

기준 1. 체육을 배운 학생은 다양한 운동 기술과 운동 패턴을 보여준다.

기준 2. 체육을 배운 학생은 움직임과 행동에 관련된 개념, 원리, 전략 및 전술에 대한 지식을 활용한다.

기준 4. 체육을 배운 학생은 자신과 타인을 존중하는 책임감 있는 개인적 및 사회적 행동이 나타난다.

학년별 목표

S1.H1.L1. 2개 이상의 평생 스포츠 활동(야외 활동, 개인 활동, 수상 활동, 네트형 혹은 벽치기 게임 또는 목표 게임)에서 역량을 보여주거나 활동별 운동 기술을 개선한다.

S2.H1.L1. 선택한 개인 공연 활동, 댄스, 네트/월 게임, 대상 게임, 수상 또는 야외 활동에 대한 운동 및 참여와 관련된 용어를 적절하게 적용한다.

S2.H1.L1. 신체 활동 또는 사교 댄스에 참여하면서 적절한 에티켓과 다른 사람에 대한 존중 및 팀워크를 중요하게 생각한다.

패들보드 들기 소개

소개

- 스탠드 업 패들보드 시작 방법 알아보기
- 스탠드 업 패들보드 활동 장소 알아보기
- 스탠드 업 패들보드 장비 알아보기

시간: 10분

설명: 학생들은 친구와 함께 보드와 패들을 찾는다.

친구와 서로 협력하여 보드의 각 명칭과 패들에 대해 알아본다(한 학생은 친구에게 보드의 부분을 말하고 다른 학생은 친구에게 패들의 부분을 알려준다). 보드의 각 명칭은 노즈(보드 앞면), 테일(보드 뒷면), 핀, 가죽 끈 및 데크(핸들이 있는 위치) 등이다. 패들의 다른 부분은 핸들, 샤프트 및 블레이드이다.

활동 대형: 학생은 짝과 함께 교사와 친구들에게 패들보드에 대하여 소개한다.

활동 1: 패들에 대한 소개

시간: 10분

설명: 학생들은 패들보드 옆에 서서 패들을 올바르게 잡고 땅에서 연습한다(이전에 카약이나 카누를 탔던 경험이 있어도 함께 연습한다). 학생들은 짝과 함께 좌우로 패들링을 연습한다. 교사는 모든 학생의 손 위치를 관찰하면서 학생들이 교대로 활동하도록 지도한다.

단서

- 주로 사용하지 않는 쪽 손으로 T-그립 만들기
- 주로 사용하는 쪽 손을 아래로 내리기

활동 대형: 학생들은 짝과 함께 활동한다.

활동 2: 앞으로 치기

시간: 10분

설명: 짝을 이루어 학생들은 육지에서 보드의 오른쪽과 왼쪽으로 정방향 스트로크를 올바르게 수행하는 방법을 연습한다.

교사가 모든 학생들의 정방향 스트로크 기술을 관찰하면서 학생들이 교대로 연습하도록 지도한다.

단서

- 손 얹기 ─ 오른쪽으로 패들을 잡고 있으면 왼손이 위를 향하게 한다. 반대쪽으로도 마찬가지 방법을 사용한다.
- 패들 담그기 ─ 보드 앞 2 피트의 물에 패들을 담근다.
- 잡아당기기 ─ 아래쪽 팔이 보트 뒤쪽을 향하도록 패들을 뒤로 당긴다.
- 손을 ─ 물에서 패들을 꺼내고 다시 시작한다.

활동 대형: 학생들은 짝과 함께 활동한다.

활동 3: 물에서 활동하기

시간: 10분

학생들은 물 위에서 패들보드를 조종하면서 정방향 스트로크를 연습한다. 앞으로 나아가는 스트로크를 수행하는 동안 학생들은 패들보드에 앉거나 무릎을 꿇거나 서 있을 수 있다.

활동 대형: 학생들은 수중에서 친구와 함께 있을 것이다. 한 명은 패들보드에서 활동하고 다른 한 명은 보드근처에 있다. 보드에 있는 학생은 앉거나 무릎을 꿇거나 서서 활동할 수 있다. 보드 근처를 여행하는 다른 친구는 친구에게 단서와 방향을 알려준다.

수업 정리

시간: 5분

설명: 학생들은 짝을 이루어 다음 내용에 대하여 토의하면서 상호 평가한다.

1. 보드 오른쪽에서 포핸드 스트로크를 수행하는 동안 패들을 어떻게 올바르게 잡았는지 알아봅시다.

2. 오늘 물 위를 이동하면서 보드 위에서 앉은 자세, 무릎 꿇은 자세, 서 있는 자세 중 어떤 자세를 취했는지 알아보고 그 이유에 관하여 이야기하여 봅시다.

토의를 마친 후 자신의 답변에 대하여 친구들과 공유한다.

유니버설 디자인 구성 요소

다양한 참여 방법

● 교사는 학생들의 동기 유발을 위하여 여러 방법을 사용한다. 예를 들어 보드 위에서 앉은 자세, 무릎 꿇은 자세, 서 있는 자세 중 학생이 자세를 취하기 편한 방법을 알려준다. 또한, 수업에 참가하는 학생에게 보드뿐만 아니라 자신을 도와줄 친구도 선택할 수 있다.

다양한 표현 수단

● 교사는 모든 학생이 보드 활동 정보와 코스 내용에 관련된 정보와 코스 내용을 여러 형식으로 제시해야 한다(그림 12.1 및 12.2 참조).

그림 12.1 패들보드에서 무릎 꿇은 자세

그림 12.2 패들보드에 서서 스트로크하는 바른 자세

행동 및 표현의 다양한 방법

- 교사는 학생들이 한 가지 자세가 아니라 여러 자세로 패들보드를 탈 수 있도록 지도한다. 교사는 학생이 패들보드를 타면서 나타내는 기초 기술을 평가한 다음 학생이 할 수 있는 기술에 대한 평가 기준(루브릭)을 만들 수 있다(예: 학생은 패들보드의 양쪽에 패들을 장착하거나, 양손으로 패들을 고정할 수도 있고, 패들 위에서 뛸 수도 있다).

→ 수업 2: 볼링

볼링: 공을 굴려 목표물 맞히기

학년 기준 : 고등학생

국가 기준

기준 1. 체육을 배운 학생은 다양한 운동 기술과 운동 패턴을 보여준다.

기준 2. 체육을 배운 학생은 움직임과 행동에 관련된 개념, 원리, 전략 및 전술에 대한 지식을 활용한다.

기준 4. 체육을 배운 학생은 자신과 타인을 존중하는 책임감 있는 개인적 및 사회적 행동이 나타난다.

학년별 목표

S1.H1.L1. 2개 이상의 평생 스포츠 활동(야외 활동, 개인 활동, 수상 활동, 네트형 혹은 벽치기 게임 또는 목표 게임)에서 역량을 보여주거나 활동별 운동 기술을 개선한다.

S2.H2.L1. 운동 개념 및 원리(예: 힘, 동작, 회전)를 사용하여 선택한 기술에서 자신 및 다른 사람의 성과를 분석하고 개선한다.

S4.H3.L1. 팀에서 구성원들과 소통하기 위한 기술과 전략을 사용한다.

준비 운동: 친구와 공 굴려 주고받기

소개

- 볼링공을 올바르게 굴리는 방법에 대하여 알아보기
- 지역사회에서 볼링장을 찾아보기
- 볼링 장비를 구할 수 있는 곳 알아보기

시간: 7분

설명: 학생들은 친구와 볼링공을 주고받는 연습을 한다. 학생들은 공을 굴릴 때 무릎을 구부리고 공을 굴리는 친구가 있는 방향으로 반대쪽 발을 앞으로 내밀며 나아가면서 동시에 팔을 몸 뒤로 가져온 다음 공을 굴린 다음 폴로 스로 동작을 지속한다. (4분 후) 학생들은 볼링핀이나 콘을 맞혀 쓰러뜨리거나 훌라후프 안에 공을 넣는다. 학생들은 처음엔 짧은 거리에서 굴리기 시작하며 성공할수록 점차 투구 거리를 늘릴 수 있다.

조직: 학생들은 친구와 함께 체육관에서 활동한다. 학생들이 앞으로 투구할 때 도움이 필요하다면 발 디딜 곳을 표시하여 준다.

활동 1: 뒤로 볼링공 굴리기

시간: 8분

설명: 학생들은 친구와 협력하여 다양한 거리에서 볼링공을 굴려 핀을 쓰러뜨린다. 한 명은 볼링공을 굴리고 다른 학생은 쓰러진 볼링 핀을 다시 정렬한다. 학생들은 다양한 공(게이트볼 공, 농구공, 실내에서 사용 가능한 크기의 볼링공) 및 핀(콘, 간이 볼링핀)을 선택할 수 있다. 학생 한 명이 30초 동안 공을 굴린 후 짝과 교대한다. 학생들에게 가장 짧은 거리에 빨강색 표식, 중간 지점에 노란색 표식, 가장 먼 거리에 녹색 표식 중 한 곳을 선택하여 활동에 참가한다. 학생들은 처음에 가장 짧은 거리에서 시작하여 점차 투구 거리를 늘려서 도전해본다.

단서

- 무릎을 굽히기
- 발을 교대하면서 앞으로 나아가기
- 공을 든 손을 뒤로 빼면서 앞으로 나아간 후 공을 굴리기

활동 대형: 학생들은 짝과 함께 활동한다.

활동 2: 팀 볼링

시간: 10분

설명: 이 활동에서 학생들은 두 팀으로 나뉘어 볼링 핀을 쓰러뜨린다. 각 팀은 경기 구역의 한쪽에서 시작하며 각 팀에 15-20개의 볼링 핀을 설치한다. 학생들은 자신의 지역 어디에서나 볼링공을 굴릴 수 있지만 정해진 하프 라인을 넘을 수는 없다. 각 학생은 자신이 선택한 볼링공으로 시작한다. 그 후, 학생은 경기장에서 활동 중인 다양한 볼링공 중에서 선택한다. 반대편의 모든 핀을 먼저 쓰러뜨린 팀이 게임에서 승리한다.

단서

- 무릎을 굽히기
- 발을 교대하면서 앞으로 나아가기
- 공을 든 손을 뒤로 빼면서 앞으로 나아간 후 공을 굴리기

활동 대형: 수업은 두 팀으로 나뉘며, 볼링핀은 체육관 양쪽에 펼쳐져 학생들이 볼링핀을 쓰러뜨린다.

램프를 활용하여 볼링하기

활동 3: 볼링 게임 도전!!

시간: 15분

학생들은 친구들과 팀을 이루어 볼링 레인에서 투구한다. 각 레인마다 핀 설정을 다르게 한다. 볼링 핀 아래에 작은 폴리 스폿이 배치되어 학생들은 핀을 떨어뜨린 후 핀을 어디에 배치해야하는지 알 수 있다.

단서

- 무릎을 굽히기
- 발을 교대하면서 앞으로 나아가기
- 공을 든 손을 뒤로 빼면서 앞으로 나아간 후 공을 굴리기

활동 대형: 학생들은 팀을 이루어 볼링 레인에서 연습한다.

수업 정리

시간: 5분

설명: 수업을 마치면 학생들은 다음 질문에 대답한다.

1. 볼링에서 공을 굴리기 위한 단서에 무엇이 있는지 아는가?
2. 일반적인 볼링 게임에서 몇 개의 핀이 설정되는지 아는가?
3. 볼링의 한 프레임(1회)에 몇 번 투구하는지 아는가?

유니버설 디자인 구성 요소

다양한 참여 방법

- 교사는 다양한 방법으로 학습에 대한 학생들의 관심과 동기를 유발하도록 지도한다. 예를 들어, 학생들은 볼링 투구를 할 거리와 수업 중에 사용할 공(털실공, 와플 공(구멍이 난 플라스틱 공), 볼링공 등)을 선택할 수 있다.

다양한 표현 수단

- 교사는 모든 학생이 보드 활동 정보와 코스 내용에 관련된 정보와 코스 내용을 여러 형식으로 제시해야 한다. 학생들에게 볼링 투구와 관련된 기술 관련 정보를 제공한다.

행동 및 표현의 다양한 방법

- 교사는 학생들이 한 가지 자세가 아니라 여러 자세로 볼링공을 투구할 수 있도록 지도한다. 예를 들어, 학생들은 기록지를 사용하여 매 차례 쓰러지는 볼링핀 수를 확인할 수 있다(그림 12.3 참조).

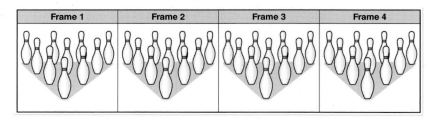

그림 12.3 볼링 투구 기록지(쓰러뜨린 핀에 표시)

➔ 수업 3: 카약과 카누

카약과 카누 활동

학년 기준 : 고등학생

국가 기준

기준 1. 체육을 배운 학생은 다양한 운동 기술과 운동 패턴을 보여준다.

기준 3. 체육을 배운 학생은 건강을 증진시키는 수준의 신체 활동과 운동 능력을 보이고, 건강을 달성하고 유지하기 위한 지식과 기술을 보인다.

기준 4. 체육을 배운 학생은 자신과 타인을 존중하는 책임감 있는 개인적 및 사회적 행동이 나타난다.

학년별 목표

S1.H1.L1. 2개 이상의 평생 스포츠 활동(야외 활동, 개인 활동, 수상 활동, 네트형 혹은 벽치기 게임 또는 목표 게임)에서 역량을 보여주거나 활동별 운동 기술을 개선한다.

S3.H4.L1. 지역 사회에서 할 수 있는 활동, 지원 혜택, 사회적 지원 네트워크 및 참여 요구 사항 등을 평가한다.

S4.H5.L1. 신체활동, 훈련, 무용 등의 활동에 안전하게 참가할 수 있는 최상의 조건을 적용한다(부상 방지, 올바른 자세 유지, 수분 섭취, 장비 사용, 규칙 준수, 자외선 차단 등).

소개

시간: 5분

설명: 학생들은 육상 및 수중에서 안전사항 준수, 장비 및 수업 절차 등을 포함한 카약 및 카누 활동을 배운다.

교사는 카약 장비 구역, 카누 장비 구역, 안전사항 준수 구역 등 세 곳으로 나누어 수업한다. 카약과 카누 장비가 있는 곳에서는 학생들에게 올바른 장비 사용 방법을 설명한다. 학생들은 카약과 카누의 부분별 명칭과 기능에 대하여 배운다.

카약 소개하기

학생들은 안전사항 준수 구역에서 안전하게 보트를 타는 방법에 대한 규칙을 배운다. 학생들은 세 모둠으로 나누어 각 구역에서 잠시 동안 설명을 듣고 다시 모여 토의한다.

단서

- 카약 활동
- 카누 활동
- 한쪽으로만 패들링하기(노젓기)
- 양쪽으로 패들링하기(노젓기)
- 경계와 부표를 활용하여 방향 정하기

활동 대형: 학생들은 모둠별로 활동한 후 다시 모여 토의한다.

활동 1: 지상 훈련

시간: 5분

설명: 학생들은 장비 수량에 따라 2-3명씩 모둠별로 활동한다. 학생들은 카약이나 카누와 패들을 사용하여 보트를 조종하는 방법을 익힌다. 학생들은 스트로크 기술, 장비를 안전하고 적절하게 다루는 방법, 친구들과 잘 어울리면서 교대로 활동하는 에티켓, 의사소통 기술 등을 연습한다. 이 모든 활동은 지상에서 이루어지며, 학생들은 활동에 대한 평가를 받는다.

단서

- 정방향 스트로크
- 역방향 스트로크
- 한 번 스트로크. 한 번 쉬기
- 패들 위치 변경에 따른 손 위치
- 비상 발생 시 사용하는 안전 신호

활동 대형: 학생들은 장비 수량에 따라 2-3명씩 모둠별로 활동한다.

활동 2: 수상에서 연습하기

시간: 10분

설명: 학생들은 장비 수량에 따라 2-3명씩 모둠별로 활동한다. 이 활동의 주요 목적은 학생들이 물 위의 부표로 표시된 카누 또는 카약에서 몇 번이나 코스를 완주할 수 있는지 알아보는 것이다. 학생들은 카약이나 카누의 외륜을 사용하여 물에서 보트를 조종하는 방법을 탐구한다. 학생들은 스트로크 기술, 장비를 안전하고 적절하게 다루는 방법, 친구들과 잘 어울리면서 교대로 활동하는 에티켓, 의사소통 기술 등을 연습한다. 이 활동은 수상에서 연습한다.

- 정방향 스트로크
- 역방향 스트로크
- 한 번 스트로크. 한 번 쉬기
- 패들 위치 변경에 따른 손 위치
- 카약과 카누에 시승하는 방법
- 비상 발생 시 사용하는 안전 신호

활동 대형: 학생들은 장비 수량에 따라 2-3명씩 모둠별로 물에서 활동한다.

2인승 카약

유니버설 디자인 구성 요소

다양한 참여 방법

- 학생들은 원하는 목표를 선택할 수 있다(다양한 수준의 도전과 어려움을 나타냄). 교사는 일반 학생들에게 안대나 휠체어 활용을 통한 여가 활동 체험을 통하여 장애 인식 개선을 제공할 수도 있다.

다양한 표현 수단

- 교사는 지역 사회에서 안전하게 카약, 카누 활동에 참여하는 방법에 대한 비디오 자료, 시범, 구두 신호 및 서면 신호를 제공할 수 있다. 여기에는 지상과 수상에서의 경험뿐만 아니라 수영장과 야외에서 연습하는 것까지 포함한다.

행동 및 표현의 다양한 방법

- 학생들은 자신이 사용할 장비(카약이나 카누)를 선택할 수 있다. 학생들은 다양한 크기와 유형의 패들과 보트, 촉각 또는 시각적 마커를 사용하여 물을 들어오고 나가는 곳(학습 환경 및 모든 장비 주변), 아웃리거 카누, 밝은 색상 또는 경계선, 시트용 카누 패드, 부상 장치 및 두껍거나 얇은 패들 등을 사용할 할 수 있다.
  (장비지원에 대해서는 표 12.1 참조)

표 12.1 카약 및 카누 장비 관련 정보제공 사이트

장비 관련 정보 제공 사이트	
카약과 카누	www.austinkayak.com www.cabelas.com
패들	www.angleoar.com
구명 조끼	www.llbean.com
부표	www.polyformus.com

→ 수업 4: 양궁

양궁

학년 기준 : 고등학생

국가 기준

기준 1. 체육을 배운 학생은 다양한 운동 기술과 운동 패턴을 보여준다.

기준 2. 체육을 배운 학생은 움직임과 행동에 관련된 개념, 원리, 전략 및 전술에 대한 지식을 활용한다.

기준 4. 체육을 배운 학생은 자신과 타인을 존중하는 책임감 있는 개인적 및 사회적 행동이 나타난다.

학년별 목표

S1.H1.L1. 2개 이상의 평생 스포츠 활동(야외 활동, 개인 활동, 수상 활동, 네트형 혹은 벽치기 게임 또는 목표 게임)에서 역량을 보여주거나 활동별 운동 기술을 개선한다.

S2.H1.L1. 선택한 개인 공연 활동, 댄스, 네트/월 게임, 대상 게임, 수상 또는 야외 활동에 대한 운동 및 참여와 관련된 용어를 적절하게 적용한다.

S2.H1.L1. 신체 활동 또는 사교 댄스에 참여하면서 적절한 에티켓과 다른 사람에 대한 존중 및 팀워크를 중요하게 생각한다.

활동 1: 안전한 양궁활동

시간: 5분

설명: 교사는 학생들에게 양궁을 안전하게 수행하는 다양한 방법에 대한 동영상 자료를 제공한다. 이 자료에는 변형한 양궁 활동, 전문 기술을 설명하는 내용 및 학생들의 연령과 능력에 알맞은 내용이 포함되어 있다. 이것은 수업의 시작 단계에서 안전하게 활동할 수 있는 기반을 제공한다. 학생들은 동영상을 시청하면서 다양한 정보를 제공받은 후 양궁 수업과 관련한 필요한 정보가 더 있는지 알아본다. 교사는 여러 형태의 동영상 자료(시각 자료, 구두 및 단서 카드)를 사용하여 모든 학습자의 요구를 충족시키고 양궁 활동에 필요한 정보를 학생들과 토의한다.

단서

- '스탠스' — 사로를 바라보고 평행하기 서기
- '녹킹' — 활에 화살을 장착하기
- '드로우' — 팔이 표적 쪽으로 완전히 확장되고 집게손가락을 입가에 놓기
- '릴리즈' — 잡았던 화살을 손가락에서 풀어주는 동작
- '중지' — (위험한 경우) 모든 사람이 활동을 중단하고 활을 안전하게 내리기

활동 대형: 학생들은 동영상을 시청하면서 친구들과 함께 토의한다. 이러한 과정을 통하여 모든 학생들이 안전하게 참가하기 위한 정보를 서로 공유한다.

표 12.2 양궁 구분 동작의 동작 분석

양궁 기술	
학생을 위한 단서	**평가 기준**
스탠스	1. 어깨너비만큼 서기 2. 사로와 평행하게 서서 한 발 앞으로 내밀기
녹킹	3 활에 화살 장착하기
드로우	4. 활은 목표를 향해 조준하기 5. 활시위 당기기(입 가까이 끌어당김)
릴리즈	6. 팔을 앞으로 펴기 7. 엄지손가락을 어깨에 대기
멈추기	8. 즉시 활을 즉시 내리기 9. '주의'라는 말하기
정확성	10. 목표에 집중하기 11 특정 영역에 목표 설정하기
회수	12. 모든 학생들이 동시에 과녁에 꽂힌 화살을 회수하기

활동 2: 기술 연습

시간: 10분

설명: 학생들은 화살을 장착하지 않는 활을 이용하여 이전 활동에서 배운 활시위 동작을 연습한다. 모든 학생들이 안전하게 활시위를 당길 수 있게 되면, 학생들은 실제 화살을 발사하는 동작을 지도한다. 이는 학생이 아직 정확도에 중점을 두지 않기 때문에 교사가 활시위 기술을 평가하는 데 매우 도움을 주는 활동이다.

단서

- '스탠스' ― 사로를 바라보고 평행하기 서기
- '녹킹' ― 활에 화살을 장착하기
- '드로우' ― 팔이 표적 쪽으로 완전히 확장되고 집게손가락을 입가에 놓기
- '릴리즈' ― 잡았던 화살을 손가락에서 풀어주는 동작
- '중지' ― (위험한 경우) 모든 사람이 활동을 중단하고 활을 안전하게 내리기
- '회수' ― 활동을 마친 후 안전하게 화살을 회수하기(그림 12.4와 표 12.2 참조)

그림 12.4 연습용 양궁 표적대

활동 대형: 학생들은 친구와 짝을 이룬다(공간에 따라 차이는 있음). 활을 든 학생은 발사대(녹색 표식)에 서고 다른 학생은 발사대 뒤에서 대기한다(빨간색 경계선으로 식별). 모든 학생들은 활을 쏘는 학생의 동작에 주의를 기울이고 모든 안전 규칙을 준수한다(그림 12.5 참조).

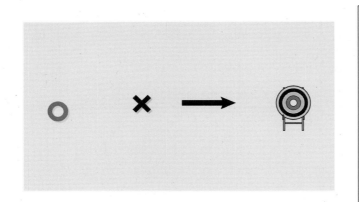

Diagram Key:

- 양궁 표적
- 짝궁 B
- 짝궁 A
- 화살을 쏘는 방향

그림 12.5 양궁기술 향상을 위한 연습 위치

활동 3: 정확성 향상 연습

시간: 5분

설명: 이 활동에서 교사는 학생들에게 벽에 특정 목표(만화나 영화 캐릭터, 풍선 등)를 제

시한다. 학생들은 표적으로부터 3, 5, 10 피트 거리와 같은 다양한 거리를 선택할 수 있다. 표적 크기와 거리에 따라 점수를 다르게 제시한다. 과녁 중앙에 더 많은 점수를 부여한다.

단서

- '스탠스' — 사로를 바라보고 평행하기 서기
- '녹킹' — 활에 화살을 장착하기
- '드로우' — 팔이 표적 쪽으로 완전히 확장되고 집게손가락을 입가에 놓기
- '릴리즈' — 잡았던 화살을 손가락에서 풀어주는 동작
- '중지' — (위험한 경우) 모든 사람이 활동을 중단하고 활을 안전하게 내리기
- '정확성' — 표적을 겨냥한 후 교사의 발사 신호에 따라 표적으로 발사하기
- '회수' — 활동을 마친 후 안전하게 화살을 회수하기(표 12.2 참조)

활동 대형: 학생들은 친구와 짝을 이룬다(공간에 따라 차이는 있음). 활을 든 학생은 발사대에 서고 다른 학생은 발사대 뒤에서 대기한다. 모든 학생들은 활을 쏘는 학생의 동작에 주의를 기울이고 모든 안전 규칙을 준수한다.

유니버설 디자인 구성 요소

다양한 참여 방법

- 학생들은 원하는 자신이 원하는 목표를 선택할 수 있다(다양한 수준의 도전과 어려움을 나타낼 수 있음). 학생들에게 필요한 경우 앉아서 활동할 수 있도록 한다.

다양한 표현 수단

- 교사는 동영상, 시범, 언어적 단서, 서면 단서 등 명확한 단서를 사용하여 화살을 발사하는데 도움을 줄 수 있는 정보를 검색하여 제공하는 것이 필요하다. 여기에는 좋은 조명, 실내 공간 또는 야외 공간, 개별 사격, 2인 1조 활동 또는 단체 활동에서 친구의 도움 등이 포함될 수 있다.

행동 및 표현의 다양한 방법

- 학생들은 짝을 이룬 친구와 함께 목표를 협의하여 결정한다. 학생들은 다양한 크기와 강도의 활(크로스 로크 및 파커 활)을 시도하는 것과 같은 다른 옵션을 활용할 수 있으며, 서 있는 방법에 대한 도움을 받기 위해 촉각 또는 시각적 단서를 갖는다(개인의 그림 또는 활과 함께 앉아 있는 그림). 다양한 표적과 거리(3~10 피트) 중에서 선택하고, 표적 재질을 선택하며, 표적을 쉽게 식별할 수 있는 시각 혹은 청각 단서(음성, 빛 등)를 활용한다.

→ 수업 5: 체력 운동

체력 운동

학년 기준 : 고등학생

국가 기준

기준 1. 체육을 배운 학생은 다양한 운동 기술과 운동 패턴을 보여준다.

기준 2. 체육을 배운 학생은 움직임과 행동에 관련된 개념, 원리, 전략 및 전술에 대한 지식을 활용한다.

기준 4. 체육을 배운 학생은 자신과 타인을 존중하는 책임감 있는 개인적 및 사회적 행동이 나타난다.

학년별 수준

S1.H1.L1. 2개 이상의 평생 스포츠 활동(야외 활동, 개인 활동, 수상 활동, 네트형 혹은 벽치기 게임 또는 목표 게임)에서 역량을 보여주거나 활동별 운동 기술을 개선한다.

S2.H3.L1. 자신의 기술을 향상시키기 위하여 연습 계획을 수립한다.

S4.H5.L1. 신체활동, 훈련, 무용 등의 활동에 안전하게 참가할 수 있는 최상의 조건을 적용한다(부상 방지, 올바른 자세 유지, 수분 섭취, 장비 사용, 규칙 준수, 자외선 차단 등)

소개

시간: 10분

설명: 교사는 아래의 체력증진 관련 내용을 수업 시간에 설명한다.

- 체력단련실에 있는 기구를 활용한 운동
- 체력단련실에서 안전하게 기구 사용하기
- 다양한 체력 운동 방법(심폐지구력 향상 운동, 근지구력 향상 운동, 근력 강화 운동, 적절한 체질량 지수 유지 운동)

학생들은 교사가 제공하는 자신의 체력운동 기록지를 이해하면서 듣고 따라간다. 기록지는 종이가 아닌 컴퓨터 파일 형태로 제공할 수도 있다. 학생들은 기구별로 연관성 있는 근육을 기록한다.

활동 대형: 학생들은 교사가 알려주는 각 기구를 올바르게 사용하는 방법에 대하여 경청한다.

활동 1: 심폐지구력 준비 운동하기

시간: 10분

설명: 학생들은 줄넘기, 운동장(트랙) 또는 체육관 걷기, 일립티컬 활동하기, 10분 동안 가벼운 줄넘기 등 다양한 심폐지구력 향상 운동을 선택하여 실시한 후 운동량을 기록하거나 녹화한다. 학생들은 상지 운동, 하지 운동, 전신운동 중 한 가지를 선택한다.

활동 대형: 학생들은 준비 운동으로 심폐지구력 관련 운동을 할 운동 방법과 장비를 선택한다. 학생들이 선택하는 운동방법에는 줄넘기, 운동장(트랙)이나 체육관 걷기, 일립티컬 활동하기, 제자리에서 점프하기 등이 있다.

활동 2: 학생들의 연습 계획

시간: 20분

설명: 학생들은 각자의 연습 계획을 완성하기 위해 노력해야 한다. 운동은 한 번에 12회씩 모두 3~5번 이상 수행한다. 학생들이 지구력보다 근육 강도에 더 집중하는 경우 더 많은 무게를 사용하여 운동한다. 학생들은 운동을 완료한 후 수행 결과를 기록한다.

활동 대형: 학생들은 체력단련실에서 자신의 계획을 성취하도록 운동한다.

정리: 정리 운동

시간: 5분

설명: 학생들의 정리운동 시간은 5분 정도가 적절하다. 교사는 학생들의 정리운동이 마무리되면 수업 내용에 대한 과정과 결과에 대하여 서로 토의한다.

활동 대형: 교사와 학생들은 자유로운 대형으로 앉아서 토의한다.

유니버설 디자인 구성 요소

다양한 참여 방법

- 교사는 다양한 방법으로 학습에 대한 학생들의 동기를 유발한다. 예를 들어, 학생들이 개별적으로 운동할 것인지 혹은 친구와 운동할 것인지 아니면 3-5 모둠별로 운동할 것인지를 선택하게 한다. 교사는 학생들에게 특정 기구를 올바르게 사용하는 방법에 대한 동영상을 제공할 수 있다.

다양한 표현 수단

- 교사는 체력 운동과 관련된 인터넷 사이트에서 여러 정보를 제공한다.
- 교사는 학생들에게 바벨을 드는 동작을 이해할 수 있도록 반복하여 시청할 수 있도록 한다.
- 교사는 올바르게 기구를 사용할 수 있도록 적절한 시범을 보여준다.
- 교사는 학생들이 성공적으로 동작할 수 있도록 언어적 단서와 관련 정보를 제공한다.
- 교사는 학생들의 안전을 위해 위험하다고 판단되면 즉시 활동 중지를 지시하는 것이 필요하다. 교사가 위험하다고 판단한 경우 학생들에게 활동 중지를 지시하더라도 이는 모든 학생의 안전을 보장하기 위함이라는 것을 이해할 수 있기 때문이다.
- 교사는 시각 자료를 제공함으로써 학생이 기구를 어떻게 사용해야 하고 이로 인하여 어느 부위의 근육이 발달하는지 알 수 있다.

행동 및 표현의 다양한 방법

- 비형식 평가: 학생들은 교사 앞에서 올바른 자세로 체력운동 기술을 발휘한다(표 12.3 참조)

표 12.3 학생이 선택한 체력 운동(근력 운동) 기술에 대한 비공식 평가

체력 운동 기술(근력 운동)	선택한 기술
스쿼트	1. 어깨 뒤로 들어올리기_____ 2. 자세 유지하기_____ 3. 무릎 굽히기_____ 4. 발뒤꿈치 들기_____ 5. 흔들리지 않고 위로 들기_____

유니버설 디자인을 적용한 수중 운동 수업 계획

→ 수업 1: 물 탐험

물 탐험

학년 기준 : 중1

국가 기준

기준 1. 체육을 배운 학생은 다양한 운동 기술과 운동 패턴을 보여준다.

기준 2. 체육을 배운 학생은 움직임과 행동에 관련된 개념, 원리, 전략 및 전술에 대한 지식을 활용한다.

기준 5. 체육을 배운 학생은 건강, 즐거움, 도전, 자기표현 및 사회적 상호 작용을 위한 신체활동의 가치를 인식한다.

학년별 목표

S1.M23 (수중 운동). 되도록 초급 또는 중급 수준으로 가르친다. 그러나 교육과정에서 수영 및 물에 대한 안전이 제공될 때 시설을 이용할 수 있다.

S4.M7.6. 교사의 지도에 따라 신체 활동 및 운동 기구를 적절하고 안전하게 사용한다.

수업 목표

1. 학생들은 물 탐사의 기본적인 행동(수영장에 들어가고, 잠수하고, 거품을 불고, 수영장을 나가고)을 보여줄 수 있을 것이다.

2. 학생들은 거품을 일으키는 단서("물고기들과 대화하기", "물고기들 말을 들어요")를 설명할 수 있을 것이다.

3. 학생들은 수영 수업 중에 친구들과 안전하게 수업을 할 수 있을 것이다.

준비: 물 탐험과 안전에 관한 소개

시간: 10분

설명: 교사는 수영장에서 뛰어다녀서는 안 되고, 친구를 밀거나 물을 튀겨서도 안 되며 얕은 물에서 다이빙하지 않는 등 수영장 안팎의 안전 수칙에 대해 학생들에게 이야기한다. 학생들은 수영장 주변에서 안전에 관한 비디오를 볼 수 있다. 교사는 수영장 바닥에서 천천히 움직이는 방법을 보여준다. 그런 다음 학생들은 수영장 주변을 돌아다니며 사다리와 인명구조대, 다이빙 보드, 깊은 곳이 어디인지 찾아본다. 수영장에서 나가면 학생들은 안전을 위

해 관람석에 앉아서 더욱 지시를 따라야 한다.

활동 대형: 학생들은 수업을 시작하기 위해 교사 앞에 앉는다. 그런 다음 학생들은 수영장 가장자리로 이동하여 리프트를 사용하거나 수영장으로 슬라이딩하거나 사다리를 사용하여 교대로 입장한다.

활동 1: 물에 얼굴 담그기

시간: 15분

설명: 활동은 "얼굴을 칠하라"는 게임으로 시작한다. 학생들은 얼굴의 어느 부분을 먼저 젖게 할지 선택할 수 있다. 이것은 학생들이 얼굴을 물에 담그는 데 익숙해지는 입문 활동이다. 이 게임은 학생들의 머리 부분이 모두 '칠해질' 때까지 계속한다. 학생들은 머리를 끄덕거리며 움직인다. 학생들은 어깨를 물속에 넣기 시작하여 점점 머리 쪽으로 올라가며 물속에 넣고, 그런 다음 편안해지면 머리를 완전히 물속에 넣는다.

활동 대형: 학생들은 수영장 벽면에서 가까운 수심이 얕은 곳에 서 있다.

활동 2: 입으로 거품 내기

시간: 15분

설명: 학생들은 자유롭게 물에서 입으로 거품을 낼 수 있도록 탁구공이나 풀 누들pool noodle : 수영장에서 사용하는 발포 고무로 만든 긴 튜브을 작은 조각으로 절단하여 물 위에 띄어놓고 불어서 움직이도록 한다. 이런 활동들을 성공적으로 숙달한 후에 학생들은 코로 거품을 내뿜는 연습을 할 수도 있고, 얼굴을 물에 완전히 잠긴 채 거품을 내뿜는 연습을 할 수도 있다.

단서

- "물고기들과 대화하기", "물고기들 말을 들어요"
- "콧바람으로 휴지를 불어요"

활동 대형: 학생들은 수영장 벽면에서 가까운 수심이 얕은 곳에 있는다.

종료: 열광 탁구

시간: 5분

설명: 학생들은 짝 또는 작은 그룹을 이루어 5분 동안 가능한 한 많은 탁구공을 양동이에 담는다. 학생들은 수영장에서 탁구공을 찾아 입으로 거품을 내어 지정된 양동이에 가져와야 한다. 탁구공이 수영장 전체에 떠다니고 있다.

활동 대형: 학생들은 얕은 물속 벽에 퍼져 있고, 탁구공은 얕은 물 전체에 흩어져 있다. 개인 양동이는 얕은 물 맞은편에 있다(그림 13.1 참조).

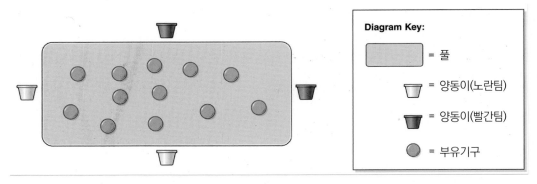

그림 13.1 열광 탁구 대형

유니버설 디자인 구성 요소

다양한 참여 방법

- 교사는 다양한 방법으로 학생들의 흥미와 학습 동기를 자극해야 한다. 예를 들어, 학생들은 탁구공이 있든 없든 입으로 거품을 만드는 연습을 할 수 있다. 또한 필요한 경우 수업 내내 다양한 부유 기구를 사용할 수 있다.

다양한 표현 수단

- 교사는 수영장 바닥에서 천천히 움직이는 방법에 대한 시각적 시연을 하고 수업 내내 언어 및 서면 단서를 제공한다. 안전을 위해 명확한 신호를 사용해야 하며, 수영장 안에서는 모든 학생들이 교사를 보고 들을 수 있도록 가까이 있는 것이 중요하다. 교사는 학생들이 신호를 듣고 시연하는 것을 볼 수 있도록 눈에 잘 띄고 학생들 앞에 있어야 한다.

행동 및 표현의 다양한 방법

- 공식 평가: 교사는 수업이 끝날 때 학생들에게 이해도 설문지 Exit slip 를 제공한다(그림 13.2 참조).

안내: 다음 질문에 답하시오.

1. "물고기들과 대화하기"할 때 얼굴의 어느 부분을 물에 담그고 있었는지 동그라미로 표시하십시오.

2. 물속에서 수영할 때 누가 있어야 하는가?
   a. 구조대원
   b. 부모 또는 보호자
   c. 성인
   d. 위의 모든 사람

그림 13.2 수업 1이 끝날 때 학생들을 위한 이해도 설문지(exit slip)

→ 수업 2. 수영 스트로크

기본적인 수영 스트로크

학년 기준 : 중1-2

국가 기준

기준 1. 체육을 배운 학생은 다양한 운동 기술과 운동 패턴을 보여준다.

기준 2. 체육을 배운 학생은 움직임과 행동에 관련된 개념, 원리, 전략 및 전술에 대한 지식을 활용한다.

기준 3. 체육을 배운 학생은 건강을 증진시키는 수준의 신체 활동과 운동 능력을 보이고, 건강을 달성하고 유지하기 위한 지식과 기술을 보인다.

학년별 목표

S1.M23 (수중 운동). 되도록 초급 또는 중급 수준으로 가르친다. 그러나 교육과정에서 수영 및 물에 대한 안전이 제공될 때 시설을 이용할 수 있다.

S2.M13.7. 상황을 분석하고 자신과 타인의 안전을 보장하기 위해 조절할 수 있다.

S3.M14.6. 선택된 신체 활동에 사용되는 주요 근육을 식별할 수 있다.

수업 목표

1. 학생은 자유형을 올바르게 수영하는 법(물장구질 flutter kick, 팔, 호흡)을 보여줄 수 있을 것이다.

2. 학생은 수영장을 분석할 수 있고(구조원이나 성인이 있는지 확인) 수업 시간에 수영해도 안전한지 확인할 수 있을 것이다.

3. 학생은 수영과 관련된 주요 근육 그룹(다리, 팔, 등, 코어 core)을 식별할 수 있을 것이다.

그림 13.3 앞으로 엎드려 뜨기를 하고 있는 학생

준비: 물에 뜨기 FLOATS

시간: 10분

설명: 이 활동에서 학생들은 앞뒤로 물에 뜨는 것에 중점을 둔다. 학생들은 먼저 연습 할 앞으로 뜨기 또는 뒤로 뜨기를 선택할 수 있다. 학생들이 물에서 잘 뜨기 위해서 뒤로 뜨기는 등 아래 또는 앞으로 뜨기는 배 아래에 풀 누들 pool noodle : 수영장에서 사용하는 발포 고무로 만든 긴 튜브 을 사용할 수 있다(그림 13.3 참조). 동료 교사(이 사람은 수영 훈련을 받은 사람이거나 강사 일 수 있다)는 뒤로 뜨기를 하는 동안 학생들의 어깨를 잡고 일대일 도움을 줄 수 있다.

단서

- 앞으로 뜨기
  - 숨을 참는다
  - 불가사리
- 뒤로 뜨기
  - 머리를 뒤로 한다
  - 복부 위
- 불가사리

활동 대형: 학생들은 얕은 물에서 자신의 개인적인 공간을 갖는다.

활동 1: 자유형 발차기와 팔 동작

시간: 15분

설명: 학생들은 벽의 가장자리를 잡고 자유형 발차기를 연습하는 것으로 시작한다. 학생들은 발차기 동작을 잘하기 위해 수영장 바닥에서 자유형 발차기를 연습할 수 있다. 일단 학생들이 지면 또는 벽을 잡고 연습을 하고 나면, 부유 기구 풀 누들 pool noodle, 아쿠아 조거 aqua jogger, 킥보드 를 선택하고 수영장 얕은 곳에서 자유형 발차기를 연습한다. 3분 후에 그들은 부유 기구 없이도 연습할 수 있다. 학생들은 부유 기구 없이 팔 동작으로 자유형 발차기를 연습한다.

단서

- 자유형 발차기 (그림 13.4 참조)
  - 엉덩이로부터 발차기
  - 다리를 약간 구부림
  - 편안한 발목
- 팔 동작을 위한 단서
  - 구부러진 팔꿈치 (그림 13.4 참조)
  - 엄지손가락

- 손을 뻗다
- 당기다

활동 대형: 학생들은 수영장의 얕은 물에서 연습을 한다.

그림 13.4 팔에 부유기를 하고 엎드려서 발차기 하기

활동 2: 리듬 있는 호흡

시간: 10분

설명: 학생들은 벽이나 풀 누들을 잡고 코를 물속에 넣고(물고기들과 대화를 하고) 머리를 돌려 귀가 물에 들어가도록(물고기의 말을 들으면서) 리듬감 있는 호흡을 연습한다. 학생들이 리듬 있는 호흡에 익숙한 후에는 부유 기구(풀누들, 킥보드, 아쿠아 조거 등)를 사용하여 자유형 발차기와 리듬 있는 호흡을 동시에 연습할 수 있다. 5~7분 동안 자유형 발차기와 리듬 있는 호흡을 연습한 후에 학생들은 부유 기구를 제거하고 팔 동작을 추가할 수 있다.

단서

- 물고기들과 대화를 하고, 물고기들의 말을 듣는 느낌을 갖는다.
- 코는 아래로 향한다.
- 귀를 넣는다.

구성: 학생들은 레인 끝 얕은 곳에 있다.

종료

시간: 10분

설명: 교사는 수영에서 사용하는 중요한 근육 그룹(대퇴 사두근, 등, 팔 등)에 대해 토론한다. 수업이 끝난 후, 학생들은 자유형 스트로크를 연습하기 위해 5분간의 랩 lap 수영을 한다. 학생들은 특히 선택한 부유 기구를 사용하여 자유형 발차기를 연습하거나 자유형의 모든 부분을 추가할 수 있다. 만약 학생들이 완벽한 자유형을 원한다면, 그들은 성공을 위해 아쿠아 조거 aqua jogger를 착용할 수 있다. 학생들이 5분 동안 수영하는 것을 마친 후에, 교사는 학생들이 끝날 수 있도록 이해도 설문지 exit slip를 나눠준다.

활동 대형: 학생들은 랩 레인 lap lane에 있고 순환 수영을 한다. 그런 다음 학생들은 수영장 밖으로 나와 이해도 설문지를 작성한다(그림 13.5 참조).

유니버설 디자인 구성 요소

다양한 참여 방법

- 교사는 다양한 방법으로 학생들의 흥미와 학습 동기를 자극해야 한다. 예를 들어, 학생들은 풀 누들, 아쿠아 조거, 킥보드와 같은 다양한 부유 기구를 선택할 수 있다.

안내: 수영에 사용되는 근육 그룹에 동그라미를 치시오.

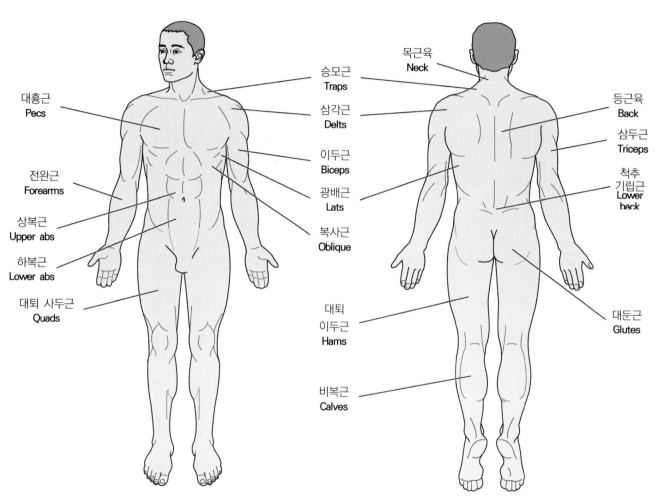

그림 13.5 수영에 사용되는 근육

다양한 표현 수단

- 교사는 학생들이 배우고 있는 기술이나 과제를 볼 수 있도록 시각적 시연을 사용한다. 각 과제에 대해 언어 및 서면 단서도 제공한다(그림은 특히 뜨기 과제에 도움이 된다). 교사는 학생들과 가까운 곳에 있어야 시연 중이나 단서가 주어지면 학생들이 교사를 보고 들을 수 있다. 동료 교사가 훈련된 교사라면 수업 시간에 도와줄 수 있다. 이것은 뜨기 과제에 좋으므로 학생들은 신체적 자극을 사용하여 서로 물 위에 뜰 수 있다.

행동 및 표현의 다양한 방법

- 공식적인 평가는 이해도 설문지에 서면으로 할 수도 있고, 학생들이 수영할 때 사용했던 다양한 근육을 가리킬 수도 있다.

→ 수업 3: 수상 안전

수상 안전

학년 기준 : 중1

국가 기준

기준 1. 체육을 배운 학생은 다양한 운동 기술과 운동 패턴을 보여준다.

기준 4. 체육을 배운 학생은 자신과 타인을 존중하는 책임감 있는 개인적 및 사회적 행동이 나타난다.

학년별 목표

S1.M23 (수중 운동). 되도록 초급 또는 중급 수준으로 가르친다. 그러나 교육과정에서 수영 및 물에 대한 안전이 제공될 때 시설을 이용할 수 있다.

S4.M7.6. 교사의 지도에 따라 신체 활동 및 운동 기구를 적절하고 안전하게 사용한다.

주석: 체육 수업 중 수영 활동에 대한 구체적인 학년 목표를 설정하기 어렵기 때문에, 이 수업을 지도하기 위해 적십자 수영 목표를 사용하였다.

준비: 기초

시간: 10분

설명: 교사는 학급 전체의 수영장 규칙을 개괄적으로 설명하면서 시작하는데, 이 규칙은 적십자 수영 수준의 기대에 따라 그룹으로 나뉜다. 수영하는 환경이 잠재적으로 안전하지 않은 공간이기 때문에 수영 그룹은 학생 선택이 아닌 교사가 시행한 사전 테스트에 의해 결정된다. 이 수영 테스트는 이전 수업에서 완료하여야 한다. 그룹은 지정된 수영 구역으로 이동하여 수준에 맞는 과제를 수행한다(다음 영역에 나열됨). 수영 후, 교사는 학급과 함께 비상 행동 계획 the emergency action plan 을 검토한 다음, 학생들은 일지를 작성한다.

1. 수영장 규칙 (학급 모두)

2. 수영장 바닥 안전 — 비디오와 연습 문제지 worksheets

3. 수영장 입구 — 사다리, 리프트, 경사면, 구조 점프 rescue jumps

4. 뜨기와 스트로크 Floats and strokes — 생존 수영, 평영, 횡영 sidestroke, 그리고 자유형

5. 보조와 구조-바닥에서부터 보조를 한다.

6. 비상 조치계획 검토(학급 모두)

활동 1: 수준 1과 2

시간: 30분

설명: 이 과제를 수행하는 동안 학생들은 먼저 물 안전에 관한 짧은 비디오를 본다(샘플 동영상은 www.youtube.com/watch?v=iNO18rEMR1o에서 찾을 수 있다). 비디오를 시청하지 못하는 경우 학생들이 물에 들어가기 전에 마칠 수 있는 물 안전에 관한 간단한 독서 및 참고 자료를 제공한다. 비디오나 참고 자료를 보고 난 후, 학생들은 수영장 바닥에서 다양한 부유 기구(예: 아쿠아 조거, 구명조끼)를 착용하고 벗는 것을 한다.

수영장에서 학생들은 가능한 한 스스로 물에 들어가고 나오는 일(옵션에는 리프트, 사다리, 경사로로 입수하는 것이 포함됨)을 하고, 물에서 얼굴을 담그고, 고개를 흔들고, 물을 튀기며 편하게 활동을 하고, 배나 등으로 생존 수영을 연습한다. 마지막으로, 학생들은 바닥에서 보조를 할 수 있게 발전시킨다. 학생들은 각 단계로 발전하기 위해 그들만의 속도로 움직인다. 과제 카드에 지시사항과 교육 단서를 제공하고, 교사는 활동하는 동안 보조를 위해 학생들을 단계별로 순환시킨다.

단서

- 안전 교육-구명 조끼/아쿠아 조거 착용법 알아보기(그림 13.6 참조)
- 경사로 입수—가장자리에 앉아, 팔로 아래로, 발로 먼저
- 등으로 뜨기—팔을 바깥으로 뻗고, 턱은 뒤로 젖히고, 가슴은 위로 올린다.
- 바닥에서부터 보조하기-바닥에 엎드려서, 풀 누들이 도착할 때까지 천천히 당긴다.

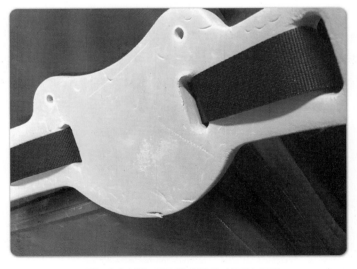

그림 13.6 부유 기구의 일종인 아쿠아 조거

활동 대형: 학생들은 먼저 가능하다면 동영상을 보거나 수상 안전 참고 자료지를 읽는다. 수영 레인으로 들어가기 전에 비디오를 재생한다면 디자인된 위치 the designated location 로 이동하기 전에 관람석 또는 좌석 공간에서 태블릿을 사용하는 것이 좋다. 비디오를 볼 수 있는 기기 또는 위치를 사용할 수 없는 경우 학생들이 읽을 수 있는 수상 안전에 대한 참고 자료를 제공한다. 그런 다음, 그들은 수영 수준에 맞춰 지정된 레인으로 가서 각 활동별로 접착된 과제 카드가 있는 콘을 찾는다. 각 과제 카드에는 그림, 교육용 단서 및 과제에 대한 기본 지침이 있다. 만약 학급에 특수교육보조원이 있다면, 안전을 위해 그룹 수준 1, 2에 있는 것이 좋다. 수준 1과 2의 디자인된 레인은 그림 13.7을 참조하면 된다.

활동 1: 수준 3과 4

시간: 30분

설명: 이 과제를 수행하는 동안 학생들은 먼저 구조 점프에 관한 짧은 비디오(비디오를 볼 수 있는 기기를 사용하고 장소가 있는 경우)를 시청한다. 하나의 샘플 비디오는 www.youtube.com/watch?v=utJ0Y_Vy3TI에서 찾을 수 있다. 비디오 시청 후, 학생들은 최소한 1.5m 깊이의 물에서 스트라이드 점프 stride jumps: 다리를 앞뒤로 벌리면서 물에 입수하는 방법 와 콤팩트 점프 compact jumps: 다리를 붙이고 점프해서 무릎과 허리를 구부려 의자에 앉는 자세로 입수하는 방법 를 한다.

비디오를 시청하지 못하는 경우, 교사는 각 구조 점프 **스트라이드 점프 stride jumps** 및 콤팩트 점프 compact jumps 시범을 보여야 한다. 구조 점프를 하려면 학생에게 구조 튜브(부유 기구)를 제공해야 한다. 구조용 튜브를 사용할 수 없거나 장비가 부족한 경우, 학생은 풀 누들을 대신 사용하여 연습할 수 있다. 그리고 나서 학생들은 약간 깊은 물에서 밥스 bob, 입영 treading water, 몸을 완전히 물에 담그어 잠수를 하고, 그 다음에 물 밖으로 불쑥 나타나기)를 하고, 이어서 2분간의 랩 수영 준비운동(자유형 또는 배영)을 한다. 다음으로, 교사는 평영을 소개하고 왜 평영이 안전하고 긴 수영을 위한 좋은 스트로크인지 소개한다. 평영의 경우, 학생들은 먼저 킥보드를 사용하여 다리로 연습을 한 다음 팔에 집중하며, 완전한 평영을 위해서는 팔과 다리 동작을 결합하여 연습을 한다. 학생들은 이 과제에 대해 자신의 속도로 연습을 한다; 그들은 교사가 승인하면 다음 단계로 넘어갈 수 있다. 이 학습자 그룹의 마지막 과제는 바닥에서 보조할 수 있는 사람이 되는 것이다.

단서

- 스트라이드 점프 — 튜브 (구조 튜브)를 가슴에 대고 물에 뛰어들며, 물과 접촉할 때 다리를 함께 물에 맞부딪친다.
- 콤팩트 점프 — 튜브 (구조 튜브)를 가슴에 대고 위로 점프

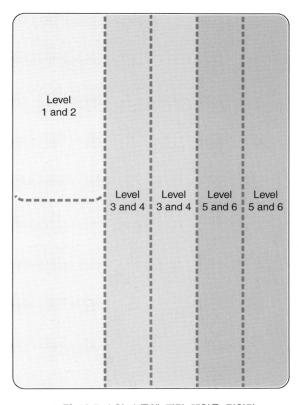

그림 13.7 수영 수준에 따라 레인을 정한다.

하여 멀리가면서, 의자에 앉는(다리를 붙이고, 무릎과 허리를 구부린다) 자세를 취하면서 입수를 한다.

- 평영 다리 ― 뒤꿈치를 위로 올리고 밖으로 회전하면서 뒤로 차서 보낸 다음 양쪽 뒤꿈치가 만난다(개구리 다리).
- 평영 팔 ― 손을 뻗고 구부리면서 뒤로 젖히다.
- 바닥에서부터 보조 하기 ― 바닥에 엎드려서, 튜브(구조 튜브)가 도착할 때까지 천천히 당긴다.

활동 대형: 학생들은 먼저 (좌석이나 관람석에서) 비디오를 시청한 다음, 수영 수준에 맞게 지정된 레인으로 가서, 각 활동에 대해 지시가 적힌 붙어 있는 과제 카드의 원뿔을 순서대로 찾는다. 각 과제 카드에는 그림, 교육용 단서 및 과제에 대한 기본 지침이 있다. 수준 3과 수준 4에 해당하는 과제가 적용된 레인은 그림 13.7을 참조하면 된다.

활동 1: 수준 5와 6

시간: 30분

설명: 이 과제를 수행하는 동안 학생들은 먼저 구조 영법 rescue stroke 의 어려움을 알 수 있는 동영상을 시청한다. (샘플 영상은 www.youtube.com/watch?v= 6d3GlQOxAxc에서 찾을 수 있다). 이 동영상은 누군가를 구조하기 위해 물에 들어가는 것이 아니라 구조원의 도움을 요청하는 것을 강조해야 한다. 비디오를 시청하지 못하는 경우 교사는 구조 스트로크와 한계를 알 수 있게 하는 것에 대한 짧은 독서나 참고 자료를 제공해야 한다(이 부분은 학생 안전에 대해 강조되어야 한다). 비디오를 시청한 후, 학생들은 최소한 1.5m 깊이의 물에서 스트라이드 점프와 콤팩트 점프를 한다. 그런 다음 학생들은 약간 깊은 물에서 밥스 bobs 를 하고, 이어서 한 번 랩 준비운동(평영)을 한다. 다음으로 교사는 횡영 sidestroke 에 대해 소개하고, 왜 그것이 인명구조원들에게 좋은 스트로크인지에 대해 소개한다. 횡영의 경우 학생들은 먼저 다리에 초점을 맞춘 다음, 팔에 초점을 맞추고, 마지막으로 완전한 횡영을 위해 모든 것을 한데 모은다. 학생들은 이 과제에 있어서 자신의 속도로 움직인다; 그들은 일단 교사가 인정을 하면 다음 단계로 나아갈 수 있다. 이 학습자 그룹이 완료할 마지막 과제는 튜브 또는 누들을 사용하여 수영장으로 뛰어드는 구조 점프이며, 그 다음 평영 또는 횡영으로 수영장 반대쪽까지 가는 것이다.

단서

- 스트라이드 점프 ― 튜브를 가슴에 대고 물에 뛰어들며, 물과 접촉할 때 다리를 함께 물에 맞부딪친다.
- 콤팩트 점프 ― 튜브를 가슴에 대고 위로 점프하여 멀리가면서, 의자에 앉는(다리를 붙이고, 무릎과 허리를 구부린다) 자세를 취하면서 입수를 한다.
- 평영 ― 개구리 다리처럼 차고, 팔로 당기고, 미끄러지듯 움직인다.

- 횡영 — 물에 한 쪽 귀를 담그고, 사과를 따서, 다른 손으로 사과를 바구니에 넣기 위해 쭉 뻗고, 가위 발길질을 한다.

활동 대형: 학생들은 먼저 (좌석이나 관람석에서) 비디오를 시청한 다음, 수영 수준에 맞게 지정된 레인으로 가서, 각 활동에 대해 지시가 적힌 붙어 있는 과제 카드의 원뿔을 순서대로 찾는다. 각 과제 카드에는 그림, 교육용 단서 및 과제에 대한 기본 지침이 있다. 수준 3과 수준 4에 해당하는 과제가 적용된 레인은 그림 13.7을 참조하면 된다.

유니버설 디자인 구성 요소

다양한 참여 방법

- 교사는 안전, 도전 및 학생 학습 목표를 극대화하기 위해 각 수영 수준의 학생들에게 장비와 활동 변화에 대한 다양한 옵션을 제공한다. 이 수업을 위해 학생들은 수영 수준(리프트로 입수, 사다리로 입수, 경사로 입수 및 구조 점프)을 기준으로 수영장에 들어갈 수 있는 다양한 방법을 선택할 수 있지만, 모든 학생들은 수영장에 안전하게 들어가고 나가는 법을 배우고 있다.

다양한 표현 수단

- 모든 학생들이 자료에 접근할 수 있도록 수업 내용을 여러 가지 방법으로 제시해야 한다. 이 수업을 위해 학생들은 비디오, 과제 카드(사진, 단서 및 지시사항)와 교사 시연과 지도를 통해 교육을 받는다.

행동 및 표현의 다양한 방법

- 교사는 학생들이 그들의 학습을 표현하거나 시연할 수 있는 대안들을 허용해야 한다. 이 특별한 수업을 위해 학생들은 일기를 완성한다(그림 13.8 참조). 이 평가 도구를 사용하여 학생들은 6개의 수업 구성 요소(수영장 규칙, 수영장 바닥 안전, 수영장 입수, 부유 기구와 스트로크, 보조 및 구조, 비상 행동 계획) 모두에서 자신의 학습을 반성한다. 이 평가 도구는 또한 학생들이 수행하고 있는 기술의 변화를 설명한다.

수중운동 활동 일지(Aquatics Journal Reflection)
일지에는 6가지 수업 구성요소(수영장 규칙, 수영장 바닥 안전, 수영장 입수, 부유 기구 및 스트로크, 보조 및 구조, 비상조치 계획)에 대한 목표와 성취를 기술한다.

그림 13.8 학생들이 수행한 목표와 기술을 간략하게 반영할 수 있는 일지

→ 수업 4: 워터 볼

워터 볼

학년 기준 : 6

국가 기준

기준 1. 체육을 배운 학생은 다양한 운동 기술과 운동 패턴을 보여준다.

기준 4. 체육을 배운 학생은 자신과 타인을 존중하는 책임감 있는 개인적 및 사회적 행동이 나타난다.

학년별 목표

S1.M23 (수중 운동). 가능한 한 초급 또는 중급 수준으로 가르친다. 그러나 교육과정에서 수영 및 물에 대한 안전이 제공될 때 시설을 이용할 수 있다.

S4.M7.6. 교사의 지도에 따라 신체 활동 및 운동 기구를 적절하고 안전하게 사용한다.

주석: 수영에 있어서 체육에 대한 구체적인 학년 목표가 없기 때문에, 수업을 지도하기 위해 적십자협회가 제시하고 있는 수영 목표를 사용하였다.

도입

시간: 2분

설명: 교사는 전체 학급에 대한 수영장 규칙(예: 수영장 바닥에서 뛰지 않고, 허가 없이 수영장에 들어가지 않으며, 친구를 확인한다)의 개요로 시작하며, 이 규칙은 적십자협회의 수영 수준에 따라 그룹을 나눈다. 그룹들은 그들의 특정한 과제를 수행하기 위해 지정된 수영 구역으로 이동한다. 세부 내용은 다음 섹션에서 설명하고 있으며, 수영 수준에 따른 권장 위치는 그림 13.9를 참조하면 된다.

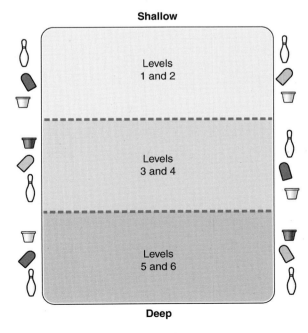

그림 13.9 수영 수준에 대한 권장 구역

활동 1: 목표 공

시간: 20분

설명: 이 과제 동안 학생들은 수영장 가장자리에 설치된 다양한 목표물(볼링 핀, 킥보드, 바구니)을 맞히는 일을 한다. 모든 학생들은 같은 거리에서 출발하지만, 연속해서 다섯 번을 맞힌 후에 목표물에서 점점 더 멀리 움직일 수 있다. 이 게임은 시간이 지날 때까지 계속 진행되는데, 학생이 공을 던지면 수영을 하여 그 공을 가지고 오고 그 과제를 계속 반복한다. 그런 다음 학생들이 선택한 공을 던질 수 있는 거리까지 가지고 수영(영법으로 이동)을 하고 목표물을 맞히도록 하여 과제의 거리를 늘려간다(볼은 다양한 크기와 모양일 수 있지만 물은 안전해야 한다). 이것 또한 시간이 지날 때까지 계속된다.

단서

- 던지기
  - 목표물을 옆으로 둔다.
  - 팔을 뒤로 뺀다.
  - 공을 던진다.
- 공을 가지고 수영을 한다(이동).
  - 물 위로 공을 놓는다.
  - 공이 당신 앞에 있어야 한다.

활동 대형: 교사는 수영장 가장자리에 수많은 표적(볼링 핀, 바구니, 킥보드 등)을 설치한다. 수영장의 각 구역은 폭이 2레인이며 수영장을 수평으로 나눌 수 있는 레인 라인이 있다. 수준 1과 수준 2는 얕은 구간, 수준 3과 수준 4는 중간 구간, 수준 5와 수준 6은 가장 깊은 구간에 위치한다(그림 13.9 참조).

활동 2: 탁구

시간: 20분

설명: 교사는 디자인된 수영 레인의 수영장 양쪽에 훌라후프 또는 바구니를 설치한다. 각 표적은 총 5개의 탁구공으로 시작한다. 학생들은 수영을 하거나 상대 팀의 목표물을 향해 걸어가고 한 번에 한 개의 공을 자신의 팀 목표물로 되돌리는 임무를 맡는다. 각 레인은 수영 그룹으로 구성되며, 예를 들어 수준 1과 수준 2는 얕은 쪽에서 같은 레인에 있으며 두 팀으로 나누어진다. 과제를 보다 공격적으로 도전하기 위해 학생들은 팀원에게 핸드오프 **handoff: 자기 팀의 다른 선수에게 공을 주는 것**를 사용한다. 나중에 파트너 패스를 추가하여 과제를 확장할 수 있다. 패스를 팀 동료가 받지 못하면 턴오버 **turnover: 패스 등을 상대에게 빼앗겨 공격권이 넘어가는 것**로 간주되고 상대팀의 턴오버에 가장 가까운 선수는 착지한 공부터 시작한다. 이 활동에는 수비수가 없다. 경기는 시간이 지날 때까지 5분 간격으로 계속 진행된다.

단서

- 패싱 ― 팀 동료가 준비되었는지 확인하라.
- 실질적인 패스 ― 빈 공간을 찾아라.
- 주고 간다.
- 의사소통을 한다.

활동 대형: 교사는 수영장 가장자리에 각 표적에 탁구공 5개를 놓고 각 수영 레인(예: 훌라후프 또는 바구니)에 대해 두 개의 표적을 설치한다. 수영장의 각 구역은 폭이 2레인이며 수영장을 수평으로 나눌 수 있는 레인 라인이 있다. 수준 1과 수준 2는 얕은 구간, 수준 3과 수준 4는 중간 구간, 수준 5와 수준 6은 가장 깊은 구간에 위치한다(그림 13.9 참조).

활동 3: 워터 볼

시간: 20분

설명: 교사는 수영장 가장자리를 따라 각 팀에게 최소 3가지 목표물(훌라후프, 볼링핀, 킥보드, 바구니)을 설치한다. 학생들은 각 표적을 향해 수영을 하거나 걸으며 상대 팀의 목표 중 하나에 공을 던지거나 떨어뜨려 점수를 얻으려고 한다(최소한 두 개의 공이 있어 학생들이 더 많은 참여 기회를 갖는다). 이 활동을 위해서 학생들은 수비를 사용할 수 있지만, 수비수들은 적어도 팔을 벌린 길이만큼 떨어져 있어야 한다. 이 과제를 더 공격적으로 도전하게 하기 위해, 학생들이 핸드오프와 패스를 사용하도록 격려한다. 패스를 팀 동료가 받지 못하면 턴오버 turnover로 간주되고 상대팀의 턴오버에 가장 가까운 선수는 착지한 공부터 시작한다. 시간이 다 될 때까지 게임은 계속 진행된다.

단서

- 패싱 ― 팀 동료가 준비되었는지 확인하라.
- 실질적인 패스 ― 빈 공간을 찾아라.
- 의사소통을 한다.
- 물 위에 공을 놓는다(공과 함께 수영할 때).
- 공이 당신 앞에 있어야 한다(공과 함께 수영할 때).
- 수비 ― 팔을 벌린 길이만큼 떨어져 있어야 한다.

활동 대형: 교사는 각 팀을 위해 수영장 가장자리를 가로질러 적어도 세 가지 목표(예: 훌라후프, 볼링핀, 킥보드 또는 바구니)를 설치한다. 수영장의 각 구역은 폭이 2레인이며 수영장을 수평으로 나눌 수 있는 레인 라인이 있다. 수준 1과 수준 2는 얕은 구간, 수준 3과 수준 4는 중간 구간, 수준 5와 수준 6은 가장 깊은 구간에 위치한다(그림 13.9 참조).

유니버설 디자인 구성 요소

다양한 참여 방법

- 교사는 안전, 도전 및 학습 목표를 극대화하기 위해 각 수영 수준의 학생들에게 장비와 활동 변화에 대한 다양한 옵션을 제공한다. 수업에서는 모든 학생들이 워터 볼 게임에 참여하지만, 수영장의 깊이와 부유 기구의 사용은 학생들의 수영 수준에 따라 달라진다. 활동의 특징은 다양한 공을 사용하고 득점할 목표도 있다는 것이다.

다양한 표현 수단

- 모든 학생들이 자료에 접근할 수 있도록 수업 내용을 여러 가지 방법으로 제시해야 한다. 수업을 위해 학생들은 시연, 과제 카드(사진, 단서 및 지시사항)와 교사 수업 및 단서를 통해 교육을 받는다.

행동 및 표현의 다양한 방법

- 교사는 학생들이 학습을 표현하거나 시연할 수 있는 대안들을 허용해야 한다. 특별한 수업을 위해 학생들은 다음 수업에서 사용할 수 있는 워터 볼 게임용 그룹 플레이 디자인을 완성한다(그림 13.10). 평가 도구를 사용하여 학생들은 공격적인 플레이에 모든 팀원을 참여시키기 위해 자신의 학습을 평가한다. 평가 도구는 그룹 협업을 허용하고 각 선수의 장단점을 설명할 수 있다.

〈워터 볼 공격 플레이〉

설명: 참고 자료의 경우 다음 수업에서 사용할 수 있는 워터 볼 게임에 대한 그룹 플레이 디자인을 완료한다. 플레이는 공격 플레이 중에 모든 팀 구성원이 어느 정도 참여해야 한다. 플레이 중에 그리거나 쓸 수 있으며, 아래의 제공된 공간을 사용한다.

그림 13.10 학생들이 워터볼 게임용 그룹 플레이 디자인을 완성할 수 있는 참고 자료

부록

장비구입처

장비	회사명	웹사이트
Balls: Foam balls Textured balls Auditory balls Sensory balls Various sized balls	US Games Flaghouse S&S Worldwide Gopher	usgames.com flaghouse.com ssww.com gophersport.com
Goalballs	Goalfix United States Association of Blind Athletes	goalfixsports.com usaba.org
Eye shades	Goalfix United States Association of Blind Athletes	goalfixsports.com usaba.org
Knee/elbow pads	Gopher	gophersport.com
Beep baseballs	National Beep Baseball Association	nbba.org
Bowling balls/pins	Flaghouse	flaghouse.com
Racquets/paddles	Flaghouse	flaghouse.com
Beeping bases	National Beep Baseball Association Flaghouse	nbba.org flaghouse.com
Parachutes	US Games	usgames.com
Jump ropes	US Games	usgames.com
Equipment that glows	S&S Worldwide	ssww.com
Boundary markers	Gopher	gophersport.com
Beanbags	S&S Worldwide	ssww.com
Wrist/ankle bells	S&S Worldwide	ssww.com
Beep kickball	The Beep Kickball Association	beepkickball.com
Discs/frisbees	Flaghouse	flaghouse.com
Scooters	US Games Flaghouse	usgames.com flaghouse.com
Juggling scarves	Gopher Toledo Physical Education Supply	gophersport.com tpesonline.com

장비	회사명	웹사이트
Dome cones	US Games Toledo Physical Education Supply	usgames.com tpesonline.com
Pop-up goals	Gopher Flaghouse	gophersport.com flaghouse.com
Hula hoops	Flaghouse Toledo Physical Education Supply	flaghouse.com tpesonline.com
Bats	Flaghouse	flaghouse.com
Batting tee	Gopher Flaghouse	gophersport.com flaghouse.com
Mats	Gopher Toledo Physical Education Supply	gophersport.com tpesonline.com
Noodles	US Games Toledo Physical Education Supply	usgames.com tpesonline.com
Timer	Gopher Toledo Physical Education Supply	gophersport.com tpesonline.com
Foam footballs	Flaghouse	flaghouse.com
Sensory tunnels	Flaghouse	flaghouse.com
Tethers	Goalfix	goalfixsports.com
Adjustable basketball hoop	Flaghouse	flaghouse.com
Pinnies	US Games	usgames.com

참고문헌

서문

Haegele, J.A. (2019, April 24). Inclusion illusion: Questioning the inclusiveness of integrated physical education. *Quest.* doi:10.1080/00336297.2019.1602547

Harnacke, C. (2013). Disability and capability: Exploring the usefulness of Martha Nussbaum's capabilities approach for the UN Disability Rights Convention. *The Journal of Law, Medicine & Ethics, 41*(4), 768-780. https://doi. org/10.1111/jlme.12088

Individuals with Disabilities Education Act (IDEA). (1997).

Kurth, J.A., & Mastergeorge, A.M. (2012). Impact of setting and instructional context for adolescents with autism. *Journal of Special Education, 46,* 36-48.

Lieberman, L.J., & Houston-Wilson, C. (2018). *Strategies for inclusion.* Champaign, IL: Human Kinetics.

Lieberman, L.J., Lytle, R., & Clarcq, J. (2008). Getting it right from the start: Employing the universal design for learn- ing into your curriculum. *Journal of Physical Education, Recreation & Dance, 79,* 32-39.

Matzen, K., Ryndak, D., & Nakao, T. (2010). Middle school teams increasing access to general education for stu- dents with significant disabilities: Issues encountered and activities observed across contexts. *Remedial and Special Education, 31*(4), 287-304. https://doi.org/10.1177/0741932508327457

Meegan, S., & MacPhail, A. (2006). Irish physical educa- tors' attitude toward teaching students with special educational needs. *European Physical Education Review, 12*(1), 75-97.

Norwich, B. (2008). Dilemmas of difference, inclusion and disability: International perspectives on placement. *Euro- pean Journal of Special Needs Education, 23*(4), 287-304.

Pantic´, N., & Florian, L. (2015). Developing teachers as agents of inclusion and social justice. *Education Inquiry, 6*(3), 331-351.

Rapp, W.H. (2014). *Universal Design for Learning in action: 100 ways to teach all learners.* Baltimore: Paul H. Brookes.

Rapp, W.H., & Arndt, K. (2012). *Teaching everyone: An introduction to inclusive education.* Baltimore: Paul H. Brookes.

Rapp, W.H., Arndt, K.L., & Hildenbrand, S.M. (2019). *Picture inclusion: Snapshots of successful diverse classrooms.* Baltimore: Paul H. Brookes.

United Nations Educational, Scientific and Cultural Organi- zation (UNESCO). (1994). *The Salamanca statement and framework for action on special needs education.* Paris: Author.

UNESCO. (2005). *Guidelines for inclusion: Ensuring access to education for all.* Paris: Author.

United Nations General Assembly. (1989, November 20). *Convention on the rights of the child.* A/RES/44/25.

United Nations General Assembly. (1993, December 20). *Stan- dard rules on the equalization of opportunities for persons with disabilities.* A/RES/48/96. Retrieved May 27, 2019, from www.refworld.org/docid/3b00f2e80.html

United Nations International Children's Emergency Fund (UNICEF). (2007). *Promoting the rights of children with disabilities.* Innocenti Digest No. 13. UNICEF. Retrieved October 10, 2016, from www.un.org/esa/socdev/unyin/ documents/children_disability_rights.pdf

U.S. Department of Education (2014). *36th Annual report to Congress on the implementation of the Individuals with Dis-abilities Education Act.* Retrieved from https://www2.ed.gov/about/reports/annual/osep/2014/parts-b-c/36th-idea-arc.pdf

Verma, G.K., & Kalekin-Fishman, D. (2017). *Approaches to educational and social inclusion: International perspectives on theory, policy, and key challenges.* New Your, NY: Routledge.

Chapter 1

Amey, R. (2015). Do the trends of universal design for learn- ing and differentiation impact the placement of students with disabilities in physical education? *Journal of Physical Education, Recreation & Dance, 86*(7), 51.

The Center for Applied Special Technology (CAST). (2018a). *About.* Retrieved from www.cast.org/our-work/about-udl.html#.WukPFdMvxME

The Center for Applied Special Technology (CAST). (2018b). *Universal Design for Learning guidelines, version 2.2.* Retrieved from http://udlguidelines.cast.org

Center for Inclusive Design and Environmental Access. (n.d.). *Principles of universal design.* Retrieved from http://idea. ap.buffalo.edu/udny/Section3.htm

Connor, D.J., & Lagares, C. (2007). Facing high stakes in high school. *Teaching Exceptional Children, 40*(2), 18-27.

Edyburn, D.L. (2010). Would you recognize universal design for learning if you saw it? Ten propositions for new direc- tions for the second decade of UDL. *Learning Disability Quarterly, 33*(1), 33-41.

Egan, A.M., Dreyer, M.L., Odar, C.C., Beckwith, M., & Garrison, C.B. (2013). Obesity in young children with autism spec- trum disorders: Prevalence and associated factors. *Child- hood Obesity, 9*(2), 125-131. doi:10.1089/chi.2012.0028.

Haegele, J.A., & Sutherland, S. (2015). Perspectives of students with disabilities toward physical education: A qualitative inquiry review. *Quest, 67*(3), 255-273.

Israel, M., Ribuffo, C., & Smith, S. (2014). Universal design for learning: Recommendations for teacher preparation and professional development. CEEDAR Document No. IC-7. Retrieved from http://ceedar.education.ufl.edu/wp-content/uploads/2014/08/IC-7_FINAL_08-27-14.pdf

Mandigo, J., Francis, N., Lodewyk, K., & Lopez, R. (2012). Physical literacy for educators. *Physical Education and Health Journal, 75,* 27-30.

Minarik, D.W., & Linter, T. (2011). The push for inclusive classrooms and the impact on social studies design and delivery. *Social Studies Review, 50*(1), 52-55.

Rapp, W.H. (2014). *Universal Design for Learning in action: 100 ways to teach all learners.* Baltimore, MD: Paul H. Brookes.

Rapp, W.H., Arndt, K.L., & Hildenbrand, S.M. (2019). *Picture inclusion: Snapshots of suc- cessful diverse classrooms.* Baltimore, MD: Paul H. Brookes.

Taunton, S, Brian, A., & True, L. (2017). Universally designed motor skill inter- vention for children with and without disabilities. *Journal of Developmental and Physical Dis- abilities, 29*(6), 941-954.

The Universal Design for Learning Implementation Research Network (UDL-IRN). (2014). Five-step instructional pro- cess. *Teaching Exceptional Children, 46*(5), 134.

The Universal Design for Learning Implementation Research Network (UDL-IRN). (2019). *Home page.* Retrieved from: https://udl-irn.org/

Vanderbilt University. (2019). *Universal design in architec- ture.* Retrieved from: https://iris.peabody.vanderbilt.edu/ module/udl/cresource/q1/p01/udl_01_link_ud/

Chapter 2

Baghurst, T., Tapps, T., & Kensinger, W. (2015). Setting goals for achievement in physical education settings. *Strategies, 28*(1), 27-33. doi:10.1080/08924562.2014.980876

Bernacchio, C., & Mullen, M. (2007). Universal design for learning. *Psychiatric Rehabilitation Journal, 31*(2), 167-169. doi:10.2975/31.2.2007.167.169

Coleman, J. (2017). What is the effect of peer-monitored Fitnessgram testing and personal goal setting on per- formance scores with Hispanic middle school stu- dents? *Journal of Physical Education, Recreation & Dance, 88*(1), 67. doi:10.1080 /07303084.2017.1249778

Constantinou, P. (2010). Keeping the excite- ment alive. *Journal of Physical Education, Recreation & Dance, 81*(3), 30-35.

doi:10.1080/07303084.2010.10598446

Crova, C., Struzzolino, I., Marchetti, R., Masci, I., Vannozzi, G., Forte, R., & Pesce, C. (2014). Cognitively challenging physical activity benefits executive function in overweight children. *Journal of Sports Sciences, 32*(3), 201-211. doi:10.1080/ 02640414.2013.828849

Dalton, E.M., & Brand, S.T. (2012). *The assessment of young children through the lens of universal design for learning(UDL).* Forum on Public Policy Online, 2012(1), 1-18. Florian, L., & Black-Hawkins, K. (2011). Exploring inclusive pedagogy. *British Educational Research Journal, 37*(5), 813-828. doi:10.1080/01411926.2010.50 1096.

García-Campos, M.D., Canabal, C., & Alba-Pastor, C. (2018). Executive functions in universal design for learning: Moving towards inclusive education. *International Journal of Inclusive Education.* doi:10.1080/13603116.2018.1474955

Gay, G. (2002). Preparing for culturally responsive teaching. *Journal of Teacher Education, 53*(2), 106-116.

Grenier, M., & Lieberman, L.J. (Eds.). (2018). *Physical educa- tion for students with severe disabilities.* Champaign, IL: Human Kinetics.

Grenier, M., Miller, N., & Black, K. (2017). Applying uni- versal design for learning and the inclusion spectrum for students with severe disabilities in general physical education. *Journal of Physical Education, Recreation & Dance, 88*(6), 51-56. doi:10.1080/07303084.2017.133016

Hilgenbrinck, L. (2016). What's in your ape bag? *Palaestra, 30*(2), 11-16.

Lieberman, L.J., & Houston-Wilson, C. (2018). *Strategies for inclusion: Physical education for everyone.* Champaign, IL: Human Kinetics.

McMillan, J.H., & Heran, J. (2008). Student self-assessment: The key to stronger student motivation and higher achievement. *Educational Horizons, 87*(1), 40-49. Retrieved August 23, 2017, from http://files.eric.ed.gov/fulltext/EJ815370. pdf

Meyer, A., Rose, D.H., and Gordon, D. (2014). *Universal design for learning: Theory and practice.* Wakefield, MA: CAST Professional Publishing.

Mujea, A. (2014). The improvement of speed in mentally deficient pupils through the use of differentiated instruc- tion in the physical education lesson. *Procedia: Social and Behavioral Sciences 117,* 534-538.

National Center on Universal Design for Learning. (2014). *What is UDL?* Retrieved from www.udlcenter.org/abou-tudl/what-isudl

Rapp, W.H. (2014). *Universal design for learning in action: 100 ways to teach all learners.* Baltimore, MD: Paul H. Brookes.

Rapp, W.H., & Arndt, K. (2012). *Teaching everyone: An intro- duction to inclusive education.* Baltimore, MD: Paul H. Brookes.

Rapp, W.H., & Arndt, K.L., & Hildenbrand, S.M. (2019). *Pic- ture inclusion: Snapshots of successful diverse classrooms.* Baltimore, MD. Paul H. Brookes.

Rose, D.H., Gravel, J.W., and Gordon, D.T. (2014). Universal design for learning. In L. Florian (Ed.), *The SAGE hand- book of special education* (vol. 2, pp. 475-490). London: SAGE.

Seijts, G.H., & Latham, G.P. (2001). The effect of distal learn- ing, outcome, and proximal goals on a moderately com- plex task. *Journal of Organizational Behavior, 22,* 291-307.

Sherlock-Shangraw, R. (2013). Creating inclusive youth sport environments with the universal design for learning. *Journal of Physical Education, Recreation & Dance, 84*(2), 40-46. doi:10.1080/07303084.20 13.75719

Society of Health and Physical Educators (SHAPE) America. (2014). *National standards and grade-level outcomes for K–12 physical education.* Champaign, IL: Human Kinetics.

Solmon, M.A. (2015). Optimizing the role of physical educa- tion in promoting physical activity: A social-ecological approach. *Research Quarterly for Exercise and Sport, 86*(4), 329-337. doi:10.1080/02701367. 2015.10917127

van der Meer, L., Didden, R., Sutherland, D., O'Reilly, M., Lancioni, G., & Sigafoos, J. (2012). Comparing three augmentative and alternative communication modes for children with developmental disabilities. *Journal of Developmental and Physical Disabilities, 24*(5), 451-468. doi:10.1007/s10882-012-9283-3

Vargas, T.M., Beyer, R., & Flores, M.M. (2018). Coaching ath- letes with hidden dis- abilities: Using universal design for learn- ing to effectively coach all athletes. *International Sport Coaching Journal, 5*(2), 176-182. doi:10.1123/iscj.2018-002

Vargas, T.M., Flores, M.M., & Beyer, R. (2015). Coaches' per- ceptions and proposed sol- utions for challenging behav- iors: Implications for athletes with hidden disabilities. *International Journal of Sports Science & Coaching, 10*(5), 783-796. doi.org/10.1260/1747-9541.10.5.783

Xiang, P., Gao, Z., & McBride, R.E. (2011). Student teachers' use of instructional choice in physical education. *Research Quarterly for Exercise and Sport, 82*(3), 482-490. doi:10.1080/0270 1367.2011. 10599781

Chapter 3

Alves, M., Grenier, M., Haegele, J., & Duarte, E. (2018, August 17). "I didn't do anything, I just watched": Perspectives of Brazilian students with physical disabilities toward physical education. *International Journal of Inclusive Education.* doi:10.1080/1360 3116. 2018.1511760

Block, M., & Obrusnikova, I. (2007). Inclusion in physical education: A review of the lit- erature from 1995-2005. *Adapted Physical Activity Quarterly, 24,* 103-124.

Bredahl, A.M. (2013). Sitting and watching the others being active: The experienced diffi- culties in physical educa- tion when hav- ing a disability. *Adapted Physical Activity Quarterly, 30*(1), 40-58.

Brian, A., Lieberman, L., Grenier, M., Egan, C., & Taunton, S. (2017). 50 million strong for all: Universally designed CSPAP to align with APE best practices. *Journal of Physi- cal Education, Recreation and Dance, 88,* 30-36.

Coates, J., & Vickerman, P. (2008). Let the chil- dren have their say: Children with special educational needs and their experiences of physical education—a review. *Support for Learning, 23*(4), 168-175. doi:10.1111/ sufl.2008.23.issue-4

Conderman, G., & Johnston-Rodriguez, S. (2009). Beginning teachers' views of their collaborative roles. *Preventing School Failure: Alternative Education for Children and Youth, 53,* 235-244. doi:10.3200/ PSFL.53.4.235-244

Friend, M., & Cook, L. (2012). *Interactions: Collaboration skills for school professionals* (7th ed.). Boston: Pearson.

Grenier, M. (2011). Coteaching in physical ed- ucation: A strategy for inclusive practice. *Adapted Physical Activity Quarterly, 28,* 95-112.

Grenier, M., & Lieberman, L.J. (Eds.). (2018). *Physical edu- cation for children with mod- erate to severe disabilities.* Champaign, IL: Human Kinetics.

Haegele, J.A., & Sutherland, S. (2015). Perspectives of students with disabilities toward physical education: A qualitative inquiry review. *Quest, 67*(3), 255-273.

Hamilton-Jones, B.M., & Vail, C.O. (2014). Preparing special educators for collabo- ration in the classroom: Pre-service teach- ers' beliefs and perspectives. *International Journal of Special Education, 29*(1), 76-86.

Healy, S., Msetfi, R., & Gallagher, S. (2013). 'Happy and a bit nervous': The experi- ences of children with autism in physical education. *British Journal of Learning Disabilities, 41,* 222-228. doi:10.1111 /bld.12053

Hodge, S., Lieberman, L., & Murata, N. (2012). *Essentials of teaching adapted physical education.* Scottsdale, AZ: Holcomb Hathaway.

Individuals with Disabilities Education Act. (2004). *Sec. 300.114 LRE requirements.* Retrieved from https://sites. ed.gov/ idea/regs/b/b/300.114

Kwon, E.H. (2018). Status of introductory APE course and infusion in PETE program. *Palaestra, 32*(1), 32-39.

Lieberman, L., & Houston-Wilson, C. (2018). *Strategies for inclusion* (3rd ed.). Champaign, IL: Human Kinetics.

Petrie, K., Devcich, J., & Fitzgerald, H. (2018). Working towards inclusive physical educa- tion in a primary school: "Some days I just don't get it right". *Physical Education and Sport Pedagogy, 23*(4), 345-357.

Piletic, C.K., & Davis, R. (2010). A profile of the introduction to adapted physical education course within undergraduate physical education teacher education programs. ICHPER- SD. *Journal of Research in Health, Physical Education, Recreation, Sport & Dance, 5,* 26-32.

Rapp, W.H., Arndt, K.L., & Hildenbrand, S.M. (2019). *Picture inclusion: Snapshots of successful diverse classrooms.* Baltimore, MD: Paul H. Brookes.

Spencer-Cavaliere, N., & Watkinson, E.J. (2010). Inclusion understood from the perspectives of children with dis- ability. *Adapted Physical Activity Quarterly, 27,* 275-293.

Suomi, J., Collier, D., & Brown, L. (2003). Factors affecting the social experiences of students in elementary physical education classes. *Journal of Teaching in Physical Educa- tion, 22,* 186-202.

Tant, M., & Watelain, E. (2017). Forty years later, a system- atic literature review on inclusion in physical education (1975-2015): A teacher perspective. *Educational Research Review, 19,* 1-17.

U.S. Department of Education. (2005). *Twenty-fifth annual report to Congress on the implementation of the individu-als with disabilities education act.* Retrieved from www. ed.gov/about/reports/annual/osep/2003/index.html

U.S. Department of Health and Human Services: U.S. Department of Education. *Policy statement on inclusion of children with disabilities in early childhood programs.* Retrieved from www2.ed.gov /policy/speced/guid/ear-lylearning/joint-statement-full-text.pdf

Chapter 4

Bredahl, A.M. (2013). Sitting and watching the others being active: The experienced difficulties in physical educa- tion when having a disability. *Adapted Physical Activity Quarterly, 30*(1), 40-58.

CAST. (2019). Checkpoint 4.1: Vary the methods for response and navigation. Retrieved from http://udlguidelines.cast.org/action-expression/physical- action/response-navigation

Grenier, M., & Lieberman, L.J. (Eds.). (2018). *Physical edu- cation for children with moderate to severe disabilities.* Champaign, IL: Human Kinetics.

Kohl, H.W., & Cook, H.D. (2013). *Educating the student body.* Washington, DC: National Academies Press.

Lund, J., & Veal, M.L. (2013). *Assessment-driven instruction in physical education.* Champaign, IL: Human Kinetics.

National Center on Universal Design for Learning. (2012). *UDL guidelines—version 2.0.* Retrieved from www.udl-center.org/aboutudl/udlguidelines/principle2

Salvia, J., Ysseldyke, J.E., & Bolt, S. (2009). *Assessment in special and inclusive education.* (11th edition). Boston: Houghton Mifflin.

SHAPE America. (2013). *National PE standards.* Retrieved from www.shapeamerica.org/standards/pe/

Chapter 5

Alberto, P.A., & Troutman, A.C. (2009). *Applied behavior analysis for teachers* (8th ed.). Upper Saddle River, NJ: Prentice Hall.

Bambara, L.M., Koger, F., & Bartholomew, A. (2011). Building skills for home and community. In M.E. Snell & F. Brown (Eds.), *Instruction of students with severe disabilities* (7th ed., pp. 529-569). Upper Saddle River, NJ: Pearson.

Bartholomew, A.L., & Griffin, N. (2018). Using a Universal Design for Learning checklist to teach secondary transi- tion skills. *Career Development and Transition for Excep- tional Individuals, 41*(4), 245-251.

Block, M.E., & Obrusnikova, I. (2007). Inclusion in physical education: A review of the literature from 1995-2005. *Adapted Physical Activity Quarterly, 24*(2), 103-124.

Browder, D. M., Wood, L., Thompson, J., & Ribuffo, C. (2014). *Evidence-based practices for students with severe disabili-ties* (Document No. IC-3). Retrieved from University of Florida, Collaboration for Effective Educator, Develop- ment, Accountability, and Reform Center website, http://ceedar.education.ufl.edu/tools/innovation-configurations/

Bryan, R.R., McCubbin, J.A., & van der Mars, H. (2013). The ambiguous role of the para-educator in the gen-eral physical education environment. *Adapted Physical Activity Quarterly, 29,* 164-183. https://doi.org/10.1123/apaq.30.2.164

Carpenter, B., Egerton, J., Cockbill, B., Bloom, T., Fothering- ham, J., Rawson, H., & Thistlethwaite, J. (2015). *Engaging learners with complex learning difficulties and disabilities: A resource book for teachers and teaching assistants.* London: Routledge.

Collins, B.C. (2012). *Systematic instruction for students with moderate and severe disabilities.* Baltimore: Paul H. Brookes.

Cooper, J.O., Heron, T.E., & Heward, W.L. (2007). *Applied behavior analysis* (2nd ed.). Upper Saddle River, NJ: Pearson.

Downing, J. (2006). On peer support, universal design, and access to the core curriculum for students with severe disabilities: A personnel preparation perspective. *Research and Practice for Persons with Severe Disabilities, 31*(4), 327-330.

Grenier, M., & Lieberman, L.J. (Eds.). (2018). *Physical edu- cation for children with moderate to severe disabilities.* Champaign, IL: Human Kinetics.

Grenier, M., Miller, M., & Black, K. (2017). Applying Univer- sal Design for Learning and the Inclusion Spectrum for Students with Severe Disabilities in General Physical Education. *Journal of Physical Education, Health, Recre- ation, and Dance, 88*(6), 51-56.

Grenier, M., & Miller, N. (2015). Using peers as natural sup- ports for students with severe disabilities in general physical education. *Palaestra, 29*(1), 22-26.

Haycock, D., & Smith, A. (2011). To assist or not to assist? A study of teachers' views of the roles of learn- ing support assistants in the provision of inclusive physical education in England. *International Journal of Inclusive Education, 15*(8), 835–849. http://doi. org/10.1080/136031109034 52325

Hodge, S., Lieberman, L.J., & Murata, N. (2012). *Essentials of teaching physical education:*

Culture, diversity, and inclusion. New York: Routledge Taylor & Francis Group.

Hums, M.A., Schmidt, S.H., Novak, A., & Wolff, E.A. (2016). Universal design: Moving the Americans with Disabilities Act from ac-cess to inclusion. *Journal of Legal Aspects of Sport, 26,* 36-51.

Individuals with Disabilities Education Act (IDEA). (2004). *Sec. 300.8 (c)(7)—Multiple disabilities.* Retrieved from https://sites.ed.gov/ idea/ regs/b/a/300.8/c/7

Individuals With Disabilities Education Improvement Act, H.R. 1350, Pub. L. No. P.L. 108-446 (2004).

Institute for Human Centered Design. (2015). *Universal design.* Retrieved from https://humancentereddesign.org/ univer-sal-design

Klavina, A., & Block, M. (2008). The effect of peer tutoring on interaction behaviors in inclusive physical education. *Adapted Physical Activity Quarterly, 25,* 132-158.

Klavina, A., Kristen, L., Hammar, L., Jerlinder, K., & Soulie, T. (2013). Cooperation ori-ented learning in inclusive physical education. *European Journal of Special Educa- tion, 29,* 119-134.

Klavina, A., & Rodionova, K. (2015). The effect of peer tutor- ing in physical education for middle school students with severe disabilities. *European Journal of Adapted Physical Activity, 8*(2), 3-17.

Lee, S.H., & Haegele, J.A. (2016). Tips for effec-tively utilizing paraprofessionals in phys-ical education. *Journal of Physi- cal Education, Recreation & Dance, 87*(1), 46-48. https://doi.org/10.1080/073030 84.2016.1110479

Lieberman, L.J. (Ed.). (2007). *A paraprofes-sional training guide for physical education.* Champaign, IL: Human Kinetics.

Lieberman, L.J., & Conroy, P. (2013). Training of paraeducators for physical education for children with visual impairments. *Journal of Visual Impairment & Blindness, 107*(1), 17-28.

Lieberman, L.J., & Houston-Wilson, C. (2018). *Strategies for inclusion: Physical education for all* (3rd ed.). Champaign, IL: Human Kinetics.

Ludwa, N., & Lieberman, L.J. (2019). Spikeball

for all: Univer- sally designing Spikeball. *Journal of Physical Education, Recreation and Dance, 90*(1), 48-51.

Martin Ginis, K.A., Nigg, C.R., & Smith, A.L. (2013). Peer- delivered physical activity interventions: An overlooked opportunity for physical activity promotion. *Translational Behavioral Medicine, 3*(4), 434-443. doi:10.1007/s13142-013-0215-2

Miller, A., Lieberman, L., Lane, K., & Owens, R. (2019). Pre- paring your paraeducator for success. *Journal of Physical Education, Recreation & Dance, 90*(5), 47-51.

Nakken, H., & Vlaskamp, C. (2007). A need for a taxonomy for profound intellectual and multiple disabilities. *Journal of Policy and Practice in Intellectual Disabilities, 4*, 83-87.

National Education Association. (n.d.). *Getting educated: Paraeducators*. Retrieved March 29, 2018, from www.nea. org// home/18605.htm

Orelove, F.P., Sobsey, D., Gilles, D. (Eds.). (2017). *Educating students with severe and multiple disabilities*. Baltimore, MD: Paul H. Brookes.

Piletic, C., Davis, R., & Aschemeier, A. (2005). Paraeducators in physical education. *Journal of Physical Education, Recreation & Dance, 76*(5), 47-55. http://doi.org/10.1080/07303084. 2005.10608253

Smith, B.R., Schuster, J.W., Collins, B., & Kleinert, H. (2011). Using simultaneous prompting to teach restaurant words and classifications as non-target information to secondary students with moderate to se- vere disabilities. *Education and Training in Autism and Developmental Disabilities, 46*(2), 251-266.

Spooner, F., Browder, D.M., & Mims, P. (2011). Evidence based practices. In D.M. Browder & F. Spooner (Eds.), *Teaching students with moderate and severe disabilities* (pp. 92-125). New York: Guilford.

Udvari-Solner, A., Bouchard, K.A., & Harrell, K. (2017). Instructing students with severe and multiple disabilities in inclusive classrooms. In F.P. Orelove, D. Sobsey, & D.L. Gilles (Eds.), *Educating students with severe and multiple disabilities* (pp. 351-405). Baltimore: Paul H. Brookes.

U.S. Department of Education, National Center for Education Statistics. (2019). Retrieved from https://www2.ed.gov/ about/re- ports/annual/osep/2018/parts-b-c/ 40th-arc-for- idea.pdf

Waugh, R.E., Fredrick, L.D., & Alberto, P.A. (2009). Using simultaneous prompting to teach sounds and blending skills to stu- dents with moderate intellectual disabilities. *Research in Developmental Disabilities, 30*, 1435-1447. doi:10.1016/ j.ridd.2009.07.004

Westling, D., & Fox, L. (2009). *Teaching stu- dents with severe disabilities* (4th ed.). Upper Saddle River, NJ: Merrill Prentice Hall.

Chapter 6

Bartholomew, A.L., & Griffin, N. (2018). Using a universal design for learning checklist to teach secondary transition skills. *Career Development and Transition for Exceptional Individuals, 41*(4), 245-251.

Capp, J.M. (2017). The effectiveness of univer- sal design for learning: A meta-analysis of literature between 2013 and 2016. *International Journal of Inclusive Education, 21*(8), 791-807. doi:10.1080/ 13603116.2017.1325074

Coyne, P., Ganely, P., Hall, T., Meo, G., Murray, E., & Gordon, D. (2006). Applying univer- sal design for learning in the classroom. In D.H. Rose & A. Meyer (Eds.), *A practical reader in universal design for learning* (pp 1-13). Cam- bridge, MA: Harvard Education Press.

Crawford, S., O'Reilly, R., & Flanagan, N. (2012). Examin- ing current provision, practice and experience of initial teacher training providers in Ireland preparing pre service teachers for the inclusion of students with special educa- tion needs in physical education classes. *European Journal of Adapted Physical Activity, 5*(2), 36-49.

Kwon, E.H. (2018). Status of introductory APE course and infusion in PETE program. *Palaestra, 32*(1), 32-39.

Lieberman, L.J., & Grenier, M. (2019). Infusing universal design for learning into physical education professional preparation programs. *Journal of Physical Education, Recreation & Dance, 90*(6), 3-5.

Lieberman, L.J., Lytle, R., & Clarcq, J. (2008). Getting it right from the start: Employing the universal design for learn-ing into your curriculum. *Journal of Physical Education, Recreation & Dance, 79,* 32-39.

Lirgg, C.D., Gorman, D.R., Merrie, M.D., & Shewmake, C. (2017). Exploring challenges in teaching physical educa- tion to students with disabilities. *Palaestra, 31,* 13-18.

Mitchell, S.A., & Walton-Fisette, J.L. (2016). *The essentials of teaching physical educa- tion: Curriculum, instruction and assessment.* Champaign, IL: Human Kinetics.

Özer, D., Nalbant, S., Ag ̆ lamış, E., Baran, F., Samut, P.K., Aktop, A., & Hutzler, Y. (2013). Physical education teach- ers' attitudes towards children with intellectual disabil- ity: The impact of time in service, gender, and previous acquaintance. *Journal of Intellectual Disability Research, 57,* 1001-1013. doi:10.1111/j.1365-2788. 2012.01596.x

Rose, D.H., & Meyer, A. (2000). Universal de- sign for learning. *Journal of Special Education Technology, 15*(1), 67-70.

Rose, D.H., & Meyer, A. (2002). *Teaching every student in the digital age: Universal design for learning.* Alexandria, VA: ASCD.

Rose, D.H., & Meyer, A. (Eds.). (2006). *A prac- tical reader in universal design for learning.* Cambridge, MA: Harvard Education Press.

Samalot, A. (2018). Transition planning. In L.J. Lieberman & C. Houston-Wilson (Eds.), *Strategies for inclusion.* Champaign, IL: Human Kinetics.

Taunton, S.A., Brian, A., & True, L. (2017). Universally designed motor skill inter- vention for children with and without disabilities. *Journal of Developmental and Physical Disabilities, 29*(6), 941-954.

Chapter 7

Lieberman, L., Brian, A., & Grenier, M. (2019). The Lieber- man–Brian inclusion rating scale for physical education. *European Physical Education Review, 25*(2), 341-354.

Wilhelmsen, T., & Sorensen, M. (2017). Inclusion of children with disabilities in physical education: A systematic review of literature from 2009 to 2015. *Adapted Physical Activity Quarterly, 34*(3), 311-337.

Chapter 8

CAST. (2011). *Universal design for learning guidelines version 2.0.* Wakefield, MA: Author. Retrieved from www.udl-cen-ter.org/aboutudl/udlguidelines

Eredics, N. (2018). *Inclusion in action: Practical strategies to modify your curriculum.* Baltimore: Paul H. Brookes.

National Center on Universal Design for Learning. (2014). *What is UDL?* Retrieved from www.udlcenter.org/abou-tudl/what-isudl

Rapp, W. (2014). *Universal design for learning.* Baltimore: Paul H. Brookes.

Rose, D.H., & Meyer, A. (2002). *Teaching every student in the digital age: Universal design for learning.* Alexandria, VA: ASCD.

Salend, S.J. (2016). *Creating inclusive class- rooms: Effective, differentiated and re- flective practices* (8th ed.). Columbus, OH: Pearson.

찾아보기

저자 소개

Lauren J. Lieberman, PhD New York 주립대학교 Brockport 대학 석좌교수

Michelle Grenier, PhD New Hampshire 대학교 교수 및 특수체육 프로그램 책임교수

Ali Brian, PhD South Carolina 대학교 체육교육과 부교수 및 특수체육연구소장

Katrina Arndt, PhD St. John Fisher 대학 통합교육 전공 교수

도움을 준 사람들

Jenna Fisher, PhD Candidate
South Carolina 대학교

Emily N. Gilbert, MSEd
South Carolina 대학교

Benjamin J. Miedema, PhD
South Carolina 대학교

Sally Taunton Miedema, PhD
South Carolina 대학교

Matthew J. Patey, MPE, PhD Candidate
South Carolina 대학교

Adam Pennell, PhD
Pepperdine 대학교

Alexandra Stribing, MSEd
South Carolina 대학교

Laurie Wengerter, BS, MS
서부 New York 공립학교(3지역청)

역자 소개

최승권, 교육학박사, 용인대학교 특수체육교육과 교수

강문주, 체육학박사(수료), 성광학교 교사

김권일, 체육학박사, 한국스포츠정책과학원 책임연구위원

박병도, 체육학박사, 한국국제대학교 특수체육교육과 교수

이재원, 이학박사, 용인대학교 특수체육교육과 교수

진주연, 체육학박사, 서울시립대학교 스포츠과학과 교수